县级媒体融合实战策

中共河南省委宣传部 编

中原出版传媒集团
中原传媒股份公司
大象出版社
·郑州·

图书在版编目(CIP)数据

县级媒体融合实战策/中共河南省委宣传部编. —
郑州：大象出版社，2021.10
ISBN 978-7-5711-1356-8

Ⅰ.①县… Ⅱ.①中… Ⅲ.①县-传播媒介-研究-中国 Ⅳ.①G219.2

中国版本图书馆 CIP 数据核字(2022)第 019558 号

县级媒体融合实战策
中共河南省委宣传部 编

出 版 人	汪林中
策划编辑	李亚楠　张韶闻
责任编辑	高　莉　江雯清　张　庆
责任校对	耿新超　张迎娟　倪玉秀　梁迎霞
特邀设计	刘　民
美术编辑	杜晓燕

出版发行	大象出版社(郑州市郑东新区祥盛街 27 号　邮政编码 450016)
	发行科　0371-63863551　总编室　0371-65597936
网　　址	www.daxiang.cn
印　　刷	河南新华印刷集团有限公司
经　　销	各地新华书店经销
开　　本	720 mm×1020 mm　1/16
印　　张	28.5
字　　数	380 千字
版　　次	2021 年 10 月第 1 版　2021 年 10 月第 1 次印刷
定　　价	86.00 元

若发现印、装质量问题，影响阅读，请与承印厂联系调换。
印厂地址　郑州市经五路 12 号
邮政编码　450002　　电话　0371-65957865

编辑委员会

总策划
王仁海
主　编
方启雄　崔为兵
执行主编
翁铁军
副主编
龚　勋　王春阳　张中峰　刘海涛
成　员
董　堃　田　珂　高　娟　张　克
韩静雯　刘　静

目 录

专家话融媒

积极建强县级融媒体中心 …………………………… 003

透视社会治理背后的传媒力量 ………………………… 007

全力构建市县融媒生态链 ……………………………… 020

郑州市

中牟县融媒体中心：大融合，再出发 ………………… 031

巩义市融媒体中心：决战融合战场 …………………… 034

荥阳市融媒体中心：融之有"荥"，合而精彩 ………… 038

新密市融媒体中心：创新机制，融中求变 …………… 042

新郑市融媒体中心：转型！突围！从一名融媒记者的素能提升之路说起 …………………………………………… 045

登封市融媒体中心：创新体制机制运行模式，深度推进媒体融合发展 …………………………………………… 049

开封市

杞县融媒体中心：融创并行，构建县级融媒新格局 … 055

通许县融媒体中心：乘风起，"融"久远 …………… 060

尉氏县融媒体中心：统筹衔接，未来可期 …………… 064

兰考县融媒体中心：守正创新，砥砺前行 …………… 068

洛阳市

孟津县融媒体中心：创新体制机制，变"输血"为"造血" …………… 075

新安县融媒体中心：高标准"建起来"，高质量"用起来" …………… 080

栾川县融媒体中心：乘风破浪绘蓝图，拥抱融合新时代 …………… 084

嵩县融媒体中心：把好新闻写在希望田野，把好声音传到万户千家 …………… 088

汝阳县融媒体中心：守正创新正当时，融媒发展谱新篇 …………… 091

宜阳县融媒体中心：务实建设重利用，力求实效最大化 …………… 095

洛宁县融媒体中心：融字当头，实干为先 …………… 099

伊川县融媒体中心：内容为王，创新为要 …………… 103

偃师市融媒体中心：深化媒体融合，推动转型发展 …………… 107

平顶山市

宝丰县融媒体中心：涅槃重生，聚力启航 …………… 113

叶县融媒体中心：以改革促发展，以融合赢未来 …… 117

鲁山县融媒体中心：抓好"三个关键"，夯实融合发展 … 122

郏县融媒体中心：守正创新，融合转型 …………… 126

舞钢市融媒体中心：创新传播方式，舞钢融媒驶入快车道 … 130

汝州市融媒体中心：坚持守正创新，全面融合发展 … 135

安阳市

安阳县融媒体中心：以人为本，干字当先，融媒发展谱新篇 … 141

汤阴县融媒体中心：融媒这事，汤阴他们这样做 …… 145

滑县融媒体中心：守正创新，多元拓展，加快媒体深度融合发展 … 148

内黄县融媒体中心：做足"融"字大文章　构建传播新格局 … 152

林州市融媒体中心：引导群众，服务群众，建设人文山水城市 … 156

鹤壁市

浚县融媒体中心：守正创新，融合发展 …………… 163

淇县融媒体中心："融"全媒之力，"暖"百姓之心 … 167

新乡市

新乡县融媒体中心：推动媒体深度融合，做大做强主流媒体 173

获嘉县融媒体中心：守正创新，融合发展 177

原阳县融媒体中心：高标准建设，多层面融合，高效能运行 181

延津县融媒体中心：深化媒体融合，提升服务水平 ... 185

封丘县融媒体中心："封"起云涌，融合出彩 190

长垣市融媒体中心：以融为基，抢占先机 194

辉县市融媒体中心：探索创新，打造网格化政务信息管理系统 198

焦作市

修武县融媒体中心：守正创新发展，融合媒体新生 ... 205

博爱县融媒体中心：创新思维，融合发展 209

沁阳市融媒体中心：传媒因融合而精彩 213

孟州市融媒体中心：守正创新，融通发展开新篇 217

濮阳市

清丰县融媒体中心：多媒相融，合谱新乐章 223

南乐县融媒体中心：坚持守正创新，推进融合发展 ... 226

范县融媒体中心：扎实推进媒体融合发展，彰显服务群众力量 229

台前县融媒体中心：打造基层新型主流媒体 232

许昌市

鄢陵县融媒体中心：优化配置，融合发展 …………… 239

襄城县融媒体中心：以深度融合促媒体发展 ………… 242

禹州市融媒体中心：因势而谋，应势而动，顺势而为 …… 245

长葛市融媒体中心：守正创新，稳步推进融合发展 … 248

漯河市

舞阳县融媒体中心：积极探索县级媒体持续发展之路 …… 255

临颍县融媒体中心：创新求发展，融合谋新篇 ………… 259

三门峡市

渑池县融媒体中心：加快融合发展，构建媒体传播矩阵 …… 265

卢氏县融媒体中心：坚持守正创新，推动媒体深度融合发展 …… 269

义马市融媒体中心：内容加运营，充分发挥融媒体作用 …… 273

灵宝市融媒体中心：狠抓"融"字文章，切实增强"四力" …… 276

南阳市

南召县融媒体中心：守正创新，深度融合，全力打造新型主流舆论阵地……283

方城县融媒体中心：多措并举，求真务实 ……287

镇平县融媒体中心："一体四翼"，其乐融荣 ……290

淅川县融媒体中心："融"出创新路径，"合"成传媒主阵地……294

社旗县融媒体中心：紧跟时代，一"融"俱荣 ……298

唐河县融媒体中心：有"融"乃大，唯"合"则强 …301

新野县融媒体中心：新时代，新传媒 ……305

桐柏县融媒体中心：融媒建设初见成效 ……310

邓州市融媒体中心：全力向内容生产高地进发 ……313

商丘市

民权县融媒体中心：做大做强融媒体，唱响时代最强音 ……319

睢县融媒体中心：加强融媒建设，传播睢县强音 ……323

宁陵县融媒体中心：扬帆再出发，铸造新辉煌 ……327

柘城县融媒体中心：同心向"融"，"融"荣与共 …330

虞城县融媒体中心："两心"相融合，画好"同心圆" ……334

夏邑县融媒体中心：筑梦融媒，砥砺前行 ……338

永城市融媒体中心：突出重点，抓住关键，推动媒体深度融合……341

信阳市

罗山县融媒体中心：以"融"为媒，主力军进入主阵地 …………………………………………………………… 347

光山县融媒体中心："融"字当先，移动优先，创新为先 …………………………………………………………… 350

新县融媒体中心：立足红色资源，做有"温度"的新闻 …………………………………………………………… 353

商城县融媒体中心：守正创新，融合发展 ………… 357

固始县融媒体中心：与时俱进，相融共生，让主流媒体吹响新时代宣传号角…………………………………… 361

潢川县融媒体中心：聚力发展谋新篇 ……………… 364

淮滨县融媒体中心：以媒体融合发展为契机，提升"四力" …………………………………………………………… 369

周口市

扶沟县融媒体中心：以"融"为媒，增强"四力" … 375

西华县融媒体中心：创新机制，融合发展，构建全媒体传播主阵地………………………………………………… 379

商水县融媒体中心：媒体融合，永远在路上 ………… 384

沈丘县融媒体中心：发展纪实 ……………………… 388

郸城县融媒体中心：走在前面，干在实处，努力打造县级融媒体中心建设标杆…………………………………… 392

太康县融媒体中心：深度融合，占据县域传媒制高点 …………………………………………………………… 396

鹿邑县融媒体中心：创新机制担使命 ………… 400
项城市融媒体中心：以改革创新推进媒体融合向纵深发展
………………………………………………………… 404

驻马店市

西平县融媒体中心：守正创新，有"融"乃强 ……… 411
上蔡县融媒体中心："八力"齐发成效显，唱响主流
"好声音" ……………………………………………… 415
平舆县融媒体中心：两个中心融合发展，线上线下双翼齐飞
………………………………………………………… 419
正阳县融媒体中心：以用户思维，借移动优先，实现媒体融
合跨越发展 …………………………………………… 423
确山县融媒体中心：立足实际，打造融媒体"中央厨房"
………………………………………………………… 425
泌阳县融媒体中心：创新机制，融赢未来 …………… 427
汝南县融媒体中心："融"出守正主阵地，"合"出创新大
平台 …………………………………………………… 431
遂平县融媒体中心：守正创新谋宏图，融合发展谱新篇 …
………………………………………………………… 435
新蔡县融媒体中心：守正创新，以融为媒，建强、用好县级
融媒体中心 …………………………………………… 438

后记 ………………………………………………… 441

专家话融媒

积极建强县级融媒体中心

黄楚新

2020年11月3日,《中共中央关于制定国民经济和社会发展第十四个五年规划和二〇三五年远景目标的建议》发布,其中提到"推进媒体深度融合,实施全媒体传播工程,做强新型主流媒体,建强用好县级融媒体中心"。如何建强用好县级融媒体中心,文件为县级融媒体中心的发展提出了新要求和新方向。

在2020年年底基本实现县级融媒体中心全国全覆盖之后,建强县级融媒体中心有其深刻的必要性。一方面,我们正处在全媒体时代,媒体融合成为媒体发展的常态。而县级媒体作为基层媒体,融合思想相对落后,推进融合发展的进程相对缓慢,甚至脱节于全媒体时代。另一方面,县级媒体的受众流失严重,纷纷转向移动端,县域的自媒体受到县域居民的追捧。在内力和外力的双重驱动下,建强用好县级融媒体中心刻不容缓。县级融媒体中心不能是简单的挂牌成立,而应该是服务党和国家的发展大局,因此需要在顶层设计、经营管理、内容生产、技术应用、人才建设等方面全方位地建强。

加强顶层设计,争取政策支持。我国一直重视对媒体发展进行顶层设计,县级融媒体中心的发展也一直备受党和国家的关注。2018年11月,中央全面深化改革委员会第五次会议审议通过《关于加强县级融媒体中心建设的意见》,县级融媒体中心建设上升为国家战略。2019年1月15日,中宣部和国家广电总局联合发布了《县级融媒体中心建设规范》《县级融媒体中心省级技术平台规范要求》。2019年4月11日，国家广电总局发布了《县级融媒体中心网络安全规范》《县级融媒体中心运行维护规范》《县级融媒体中心监测监管规范》。随着相关规范文件的出台，县级融媒体中心建设的路径、方向逐渐清晰。在2020年年底基本实现县级融媒体中心全国全覆盖的基础上，县级融媒体中心不是简单的挂牌成立，更应该建强用好，而建强与用好离不开党和国家的顶层设计和政策扶持。在相关政策出台后，县级融媒体中心建强用好的路径将会更加明确，建强用好也有望步入快车道。

破除机制束缚，强化经营管理。我国媒体长期受到政策支持，一方面促进传统媒体的变革发展，一方面有些媒体也失去创新发展的激情和动力，尤其是长期僵化不变的机制已经不适应时代的发展，县级媒体竞争力不足的局面已然形成。突破县级媒体的体制机制桎梏，加快市场化进程，推进扁平管理，实现多元发展成为大势所趋。浙江长兴传媒集团从成立之初就注重多元化经营，集团旗下有电视、广播、报纸、网站、APP、科技公司等，仅一年的县域治安监控服务费就高达3600万元。长兴传媒通过多元化经营实现2018年总收入2.3亿元，2019年总收入2.5亿元，2020年总收入2.6亿元。如何建强县级融媒体中心？事业化发展还是市场化发展，成为县级融媒体中心不得不进行的抉择。2020年中央经济工作会议指出，2021年"要紧紧扭住供给侧结构性改革这条主线，注重需求侧管理，打通堵点，补齐短板，贯通生产、分配、流通、消费各环节，形成需求牵引供给、供给创造需求的更高水平动态平衡"，"充分挖掘县乡消费潜力"，这给建强县级融媒体中心提供了方法路径，即走市场化发展之路，拓展经营渠道，加快布局下沉市场，挖掘县乡消费潜力，提高县级融媒体中心的服务供给能力，更好地满足人民日益增长的信息服务需求。

深耕优质内容，搭乘流量快车。全媒体时代，优质内容仍然是媒体生存发展的法宝。随着新媒体的发展，"流量为王"的声音不绝于耳，普通人借助流量成为网红，赚得盆满钵满；一些媒体为了流量做起了"标题党"，以吸引用户的眼球，仿佛有了流量就拥有了一切。县级的一些自媒体发展迅速，阅读量、点赞量、评论量、转发量等流量数据亮眼，而传统媒体却逐渐失去了受众。不可否认，流量在全媒体时代的作用明显，可以推动县级媒体变革发展，县级媒体可以也应该搭乘流量快车。县级媒体要正视流量的作用，不能对其嗤之以鼻，要学习研究流量，最终善于运用流量推动媒体的发展。内容为王依然是新媒体环境下媒体生存的不变法则，然而，增强互动性、共享性，吸引更多用户广泛参与和分享，也是必不可少的。不过需要注意的一点是，县级融媒体中心也不能迷失在流量的旋涡中，要明确流量只是助力，优质内容才是媒体发展壮大的法宝。

布局前沿技术，创新生产分发。技术创新迅猛发展，一些前沿技术相继在传媒分发中应用。建强县级融媒体中心，布局前沿技术、创新分发不可或缺。近年来，AR、VR、H5、区块链、新闻游戏、短视频等深入到新闻的生产分发全流程，极大地满足了人们对信息传播的需求。然而，县级融媒体中心技术条件相对薄弱，一些好的内容没有前沿技术进行分发传播，使得传播力和影响力大大减弱。包括县级媒体在内的传统媒体，具有内容优势和公信力优势，缺少的是生产分发的技术创新。因此，县级融媒体中心在建强技术方面，可以加强与技术公司合作开发相应产品，这样既能减少技术阻力，又能根据自身实际及时调整产品功能。县级融媒体中心要建强用好离不开技术创新，需要将自身的内容、公信力、贴近性等优势与技术创新结合，让技术为建强用好县级融媒体中心助力。

改革薪酬制度，吸引全能人才。人才是发展的第一要素，建强县级融媒体中心的重要举措之一便是打造一批全能型、复合型人才，以适应不断发展变化的全媒体时代。全媒体时代信息传播的实时性、互动性、趣味性不断增强，传统的采编人员越来越不适应媒体的发展，全能型、复合型人才急需。由于县级融媒体中心处在县区，远离一、二线城市，导致人才更加匮乏。建强县级融媒体中心就需要建强人才库，一方面需要加强本地媒体人才的培训，让采编人员学会新媒体分发，让新媒体运营人员学会简单的采编工作，充分发掘本地人才的潜能，实现人才本地化；另一方面，加强引进外来人才，改革薪酬制度，完善激励机制和评价机制，让外来的人才能够留下来。通过培训本地人才和引进外来人才，县级融媒体中心的建强将会有持续不断的发展动力。

（黄楚新：中国社会科学院新媒体研究中心副主任，中国社会科学院新闻与传播研究所数字媒体研究室主任、研究员，博士生导师）

透视社会治理背后的传媒力量

王晓伟

习近平总书记指出，推进国家治理体系和治理能力现代化，必须抓好城市治理体系和治理能力现代化。运用大数据、云计算、区块链、人工智能等前沿技术推动城市管理手段、管理模式、管理理念创新，从数字化到智能化再到智慧化，让城市更聪明一些、更智慧一些，是推动城市治理体系和治理能力现代化的必由之路，前景广阔。

自2018年9月中宣部在长兴县召开全国县级融媒体中心现场会以来，在省、市宣传部门的关心指导下，长兴传媒集团紧紧围绕县级融媒体中心"新闻＋政务＋服务"的要求，在争当基层治理现代化排头兵进程中不断创新，坚定不移推动数字化转型，用互联网思维重构县级融媒体中心建设，向全力全面打造全国一流区域互联网信息服务提供商的目标不断迈进。

▲全国县级融媒体中心现场会（2018年9月，长兴县）

一、助力社会治理，全领域引导服务

1. 内容生产深耕本土，引导群众服务群众

围绕中心，服务大局。 融媒体中心每年围绕县委、县政府中心工作推出时政类、民生类重大主题报道近40个，举办活动300多场，制作专题片100多部。广播、电视外宣排名年年位列全省县级台前茅，连续10年被浙江广电集团评为新闻协作特等奖单位。2020年新冠肺炎疫情期间策划推出的"防控阻击战""夺取双胜利"系列主题报道，共推出抗疫报道800余篇，推送短视频、短音频、H5、直播等新媒体产品840余个，获人民网、央视网、新华网以及《光明日报》等中央级媒体点赞报道。中宣部《宣传工作》刊登长兴传媒集团疫情防控宣传典型经验和做法。2020年6月开始，牵头联动长三角地区110家县级融媒体中心策划制作的《你好　长三角》，网络互动参与达3000多万人次，成为极具影响的网络文化宣传作品；同年9月6日，牵头联动环太湖五个兄弟台共同制作16小时移动直播《下一捕　十年后》，移动端总观看量达1000多万人次。

监督问政，助力治理。 积极承担县级融媒体中心在社会治理当中的角色和担当，不断提升自身引导功能和服务功能。自2017年以来，持续推出季播型融媒体舆论监督节目《直击问政》。历年来平均收视率达到5.38%，成为截至目前影响力较大的节目之一，为县委、县政府推动中心工作起到了很好的舆论监督作用。常态化开设舆论监督栏目《直击一线》，全面聚焦种种乱象，对各种问题进行曝光，督促相关单位整改；曾获评浙江省新闻名专栏的《小彤热线》，舆论监督类新闻约占新闻总量的50%，充分利用全平台报料通道以及市民督导团，发挥热线和督导两大功能。

公益品牌，弘扬正能量。 打造长兴传媒集团"星星公益""温暖""和美之声""为爱发声""帮扶在行动""送给亲人"六个公益品牌，积聚力量践行善事，4年间项目受益人数已超20万。疫

▲ 主题报道

▲ 大型活动

▲ 专题片

▲公益品牌活动

情期间，推出大型公益活动"送给亲人"，第一季活动累计慰问一线执勤人员超 5000 人，送出的爱心商品超 2 万件，金额达 60 多万元。积极策划帮扶节目，启动帮扶直播，开展线上预订，着力解决蔬菜滞销难题，搭建起市民与菜农之间信息对接桥梁，助农销售总额达 260 万元。助农"云帮扶"被评为湖州市第二批担当破难典型案例。

2. 城市大脑不断扩容，数字化身影不断拓展

研发存储系统——云数据中心。2012 年开始布局大数据产业，介入县域数据服务配套项目。2016 年集团投资 4000 万元筹建云数据中心（"政务云""民生云"），3 年时间内完成 4 次扩容。通过建设运维云数据中心构建"智慧枢纽"，为"掌心长兴"APP 承接政府、社会投资类信息化项目提供平台、项目、数据支撑，有效增强创新驱动源头供给。云数据中心以云技术平台为支撑，承接各职能部门 IT 业务、管理平台、APP、公众号等业务，为其提供有弹性、可伸缩的基础云服务，进一步增强政务服务的实用性，为长兴城市大脑建设提供了"存储细胞"。国家发改委将长兴作为国家县域治理现代化首创示范样板。

建设感官系统——智能视频监控。以"雪亮工程"为基础构建了传媒第二张信息网络，建设运维 16000 余路治安监控，接入各类监控 10000 余路，覆盖全县所有乡镇及行政村、社区，积极运用人脸识别、VR全景、热点成像等先进技术，构建精细智能化监控体系，为基层社会治理和智慧城市安装了一层新的"数字视网膜"。长兴基层治理综合信息平台入选浙江省城市大脑（智慧城市）应用优秀典型案例。

打造中枢神经系统——城乡一体化信息栅格（CIG）。2017年与航天五院合作开发城乡一体化信息栅格，并编制智慧长兴规划，建设"1个核心平台+5个协同平台"，依托其跨部门、跨层级的海量数据交换、清洗、转化和标准化处理等功能，为用户提供高质量的泛在服务。已归集56个单位，15.24亿条数据，发布服务190个，调用250.06万次，基本建立了覆盖全县各单位、各系统的数据共享通道，有效打破了县级信息壁垒，为深入推进政府数字化转型和智慧城市建设打下扎实基础。

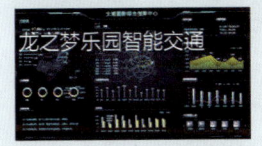

▲ 信息化项目

3. 指尖民意互动活跃，数字化治理形成闭环

自主研发的集"新闻+政务+服务"于一体的"掌心长兴"客户端（4.0版本）于2020年5月完成优化迭代，目前下载量超92万次。长兴县融媒体中心成为浙里办同源发布全省试点的县级融媒体中心。

政务信息公开，做云上政务平台。"掌心长兴"与政府部门开展紧密合作，通过云计算、大数据等互联网技术将政务服务模块接入，对政务信息实时公开，与县内12345热线、网格系统打通，实

▲ "掌心长兴"客户端（4.0 版本）

现信息共享，通过一站导引、一网通办和一端服务，变"最多跑一次"为"一次都不用跑"。目前，已开通长兴政务通网上办事业务 250 余项，提供数字电视、水、电、气等民生服务，真正实现"一站式"网上缴费。同时，畅通群众实时反映诉求的渠道。通过 APP 上的"政民通""解纷码""云上律师""长兴微眼"等应用，媒体积极跟踪，进行线上线下"爆料＋曝光"，解决群众日常纠纷。

归集海量数据，做社会治理平台。自主研发"文明诚信码"应用，用大数据建立家庭诚信档案，规范约束自然人的诚信行为，以正向激励为目标，让居民从被动管理到主动自治，创新了基层治理模式，有效推动社会诚信建设。截至撰稿时，长兴县已实现 16 个乡镇街道共 265 个村社区全覆盖，生成以户为单位的"文明诚信码"21 万个，共计 60 余万本地户籍人口，录入文明诚信档案数量超过 14.5 万条，实现近 10 个部门、135 家联盟商家的应用联动，引导群众开展志愿服务 11800 多次、义务献血 1900 多次、捐款捐物 5800 多次。"文明诚信码"系统，不仅成为县域空间治理数字化应用典型案例，还先后入选"湖州市精神文明建设十件大事"、省政府"观星台"优秀应用和全国走好网上群众路线典型案例，并获得 2020 年浙江省广电金潮奖二等奖。

抓住本土需求，做实用服务平台。开发移动端民生应用指尖饭卡，利用"平台＋食堂＋商家"的运营模式，创新数字消费模式，目前共入驻单位 284 家，商户 207 家，人员 12349 人，资金沉淀 8322 万元。

"掌心商城"版块引入优质供应链产品、对口扶贫产品、本地农产品等，以优惠的价格、贴心的服务去引导用户消费，满足用户吃的需求；同时还面向注册用户推送充值有礼、宠粉礼包、VIP福利等活动，完成APP内充值、抽奖、登录、互动、阅读等任务，即送现金或福利。开发"未来社区数字服务"平台，将社区服务业务引入"掌心长兴"客户端，建设包含1890社区服务热线、掌心商城、智慧医疗、省钱宝、一点就灵等多个应用场景的60多项服务，实现城市社区服务全覆盖，打造智慧便民的"生活圈"。

4. 治理体系日渐完备，政府效能显著提升

深化"基层治理四平台"建设，在"多通融合""事件处置""研判分析""综合指挥"等方面亮点纷呈，成效显著。自该平台运行以来，全县基层网格员共办结事件72万件，处理效率达99.67%，事件平均办结时间从52小时变为3.8小时，速度提高92.69%，被列为全省基层治理四平台7个试点县（市、区）之一。

二、践行社会治理，实现数据互联互通

1. 从政策上，党委重视，政府采购

2016年，县委、县政府下发《关于印发长兴县云数据中心建设方案的通知》，明确长兴县云数据中心由长兴传媒集团建设，同时云资源和云计算单价通过专家论证，由慧源公司负责云中心运维服务并收取租赁费用。2019年8月制定出台了《加快推进政府数字化转型和智慧城市建设实施方案（2019—2023）》，提出了"1246N"的总体框架体系，从顶层规划开始，新一轮政府数字化转型和智慧城市建设将正式启动。

之后，《长兴县公共数据管理办法》《长兴县公共数据管理实施细则》《长兴县政务云管理办法》等一系列规章制度相继出台，全面推进数据归集治理和安全防护工作制度化、规范化，目前在用

数据归集率、数据更新率、数据治理率均达到100%，完成15家单位整合上"云"，确保了全县政府数字化转型和智慧城市建设高效稳定运行。

2. 从服务上，制定标准，规范管理

长兴传媒集团总结8年来内部管理与服务经验，在市、县宣传部门的指导下，于2019年9月编制并发布了全国首个《县级融媒体中心管理与服务规范》地方标准，对完善国家的县级融媒体中心建设标准化体系提供了县域实践性参考，实现县级融媒体中心建设的"长兴模式"的可复制、可推广，为全国的县级融媒体中心建设提供了"长兴经验"。

2019年7月，长兴传媒集团获得由浙江省互联网信息办公室颁

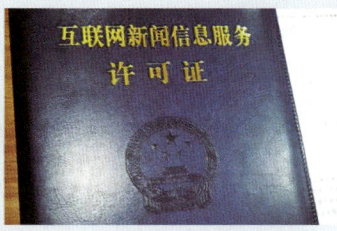

▲获得首张县级互联网新闻信息服务许可证

▲制定《县级融媒体中心管理与服务规范》地方标准

▲自主研发融媒眼智慧平台

发的首张县级互联网新闻信息服务许可证。

2020年1月,长兴传媒集团研发的融媒眼智慧平台荣获国家广电总局媒体融合成长项目荣誉称号;7月,长兴传媒集团入选国家广播电视总局全国广电基本公共服务试点。

3. 从管理上,派员驻点,集中统筹

长兴传媒集团与县大数据发展管理局进行深度合作及服务,先后派驻售前技术、项目经理、项目实施、数据分析、数据管理、软件开发等岗位人员10余人至县大数据局进行服务,与县大数据局各科室保持密切沟通。

4. 从应用上,丰富场景,注重体验

依托长兴云数据中心、CIG系统和智能视频监控网络,承建了"智慧交通""智慧法院""智慧邮管""吕山乡村大脑""矛调中心""清廉e管家""未来乡村"等37个集成类项目。完成城乡协同治理、智慧政务服务、智慧民生服务、应急指挥决策、产业经济服务五大协同平台建设。完成雉城街道社会治理创新实践平台、政法委综合指挥中心、长兴县人民医院病案数字化等34个信息项目,为民政局等15个部门提供云资源租赁服务。同时承接本地天能集团、铁鹰电源等大型企业智能监控建设项目。开发长兴党员分类管理系统,被列为全国九大试点之一;打造全国首个河长制智慧平台,建立了河道智能监管体系;定制开发犬联网,成功实现湖州三县三区全覆盖。

5. 从人才上,组建团队,强化培训

对技术人才和技术力量进行有效整合并充分利用,成立长兴传媒集团技术委员会,目前集团拥有一支集项目经理、产品经理、前端开发、后端开发、手机开发、UI设计等于一体的研发团队。仅2020年,已申请拥有省安防技术防范行业资信三级、通信总承包三级、涉密信息系统集成乙级等资质,拥有河长制智慧平台、慧-居家养老服务综合平台等软件著作权11项。与华为合作实施潜龙腾渊——

▲ 创新大赛＋业务培训活动

传媒科技人才 3 年培训计划，提升团队的创新能力和研发水平，为集团向互联网信息服务提供商转型提供技术支撑和服务保障。

三、融合"两个中心"，发挥文明实践乘数效应

长兴县是全国新时代文明实践中心建设试点县，自 2018 年开展试点以来，充分发挥县级融媒体中心示范县优势，开拓创新，通过线上线下同频共振，全力唱响主旋律、传播正能量，不断巩固壮大主流思想舆论阵地，切实打通了宣传群众、教育群众、关心群众、服务群众的"最后一公里"。

1. 阵地融合，打造平台驱动的联动优势。坚持移动优先理念，主动探索将县级融媒体中心、新时代文明实践中心、基层社会治理中心等平台功能整合到一起，充分提升平台驱动的联动优势。发挥融媒体中心的技术优势，开发了集"点单派单—活动发布—内容审核—过程跟踪—服务评价—宣传报道—信息存储—数据抓取"等功能于一体的新时代文明实践云平台，截至撰稿时，长兴县在云平台上注册志愿者 6.6 万人，开展志愿服务活动 8 万余次。将长兴生活资讯频道改版升级为"文明学习"频道，广播、报纸、网络推出《诚实守信》《传统文化》等系列专栏，还在"掌心长兴"APP 上开启了文明实践专题频道，将"'老施'来了"县域理论宣讲品牌的短视频以及"诚信档案"的诚信码集成其中，让客户端成为"掌上"新时代文明实践的新阵地。

2. 队伍融合，实现文明实践队伍统一调度。整合融媒体中心的

"掌心长兴"智慧党建、长兴新闻网、长兴微博、网络大V等平台的800多名网络志愿者，组建"文明实践网络传播志愿者"队伍，开展文明实践新闻编辑、活动审核、资源管理、培训推广、技术保障等融合建设工作。将志愿者与新闻工作者的信息归集到文明实践云平台统一调度，实践中心确定活动项目后，按照点派单流程指派相关志愿者认领和实施，同时利用融媒体全程宣传造势，实时呈现，为文明实践持续赋能。

3. 内容融合，提升文明实践精准化服务效益。融媒体中心与文明实践中心工作人员互为补充，实现信息多点采集、一次加工、统一审核发送。文明实践云平台入驻"掌心长兴"APP，全面汇总群众需求，招募志愿者，在线匹配志愿服务内容。文明实践服务平台整合县内180多项志愿服务"菜单"供群众在线自主点单，群众点单后，自动发送到后台并形成派单服务；利用系统"数据统计"模块，通过大数据自动统计，准确了解群众需求。

4. 品牌融合，打造文明实践服务亮点特色。依托"掌心长兴"APP建立文明诚信档案管理系统平台，通过文明实践云平台招募126名宣讲志愿者，组建"'老施'来了"宣讲团。依托县融媒体中心，通过网络调查征集宣讲主题，定制宣讲菜单，实现不同受众之间的差异化来料加工和内容供给。同时，坚持线上线下多轮驱动，开展"百堂党课进礼堂"等系列线下宣讲活动，将党的创新理论送到基层。

5. 融通"学习强国"平台，进一步提升影响力。自2019年3月起，长兴县组建学习强国供稿编辑部，充分发挥平台互通优势，积极推送本地优质稿件，长兴传媒集团旗下电视、广播、报纸、新媒体等多个平台配合联动，第一时间抓取最新、最优、最全素材，并充分利用记者、摄像、编辑、技术专业所长，对重点报道进行精细化二次加工，在保质保量完成稿件上送要求的同时进一步提高了录用率，打响了长兴的知名度。2020年全年累计报送稿件2845篇，其中湖州平台录用 2189 篇，浙江平台录用 554 篇，全国平台录用 128 篇，位居湖州市第一名。2020 年 12 月，长兴作为浙江省首批 6 家试点单位之一，完成"长兴融媒体中心"县级融媒号账号申请、栏目框架搭建、前期内容填充等工作，目前已在正常运营中。全年组织开展"我最喜爱的习总书记的一句话"征文活动、"学习日"学习分享等推广、宣传活动 6 场，进一步扩大了平台的影响力。

四、提升社会治理能力，加速数字化布局

1. 加强顶层设计，促进要素互联、基础完善和资源共享

融合集团科技公司和慧源公司，打造智慧产业运营平台，实行一套班子、一个团队、一体发展。成立集团技术管理委员会，建立健全相关规章制度，打破各部门技术人员各自为政的局面，整合现有技术力量统筹安排。平时按各自职责在各部门、公司开展工作，一旦有需求，马上征召调度相关人员组成骨干团队，围绕项目、课题进行技术攻关，形成团队作战，促进要素互联、基础完善和资源共享，为集团的媒体融合和智慧发展发挥出技术管理委员会的引领作用。

2. 加大共享力度，探索建设开放利用共享平台，打造数字开发生态圈

计划启动筹建长兴县数字产业园区，提供数字企业转型咨询、信息对接、解决方案、项目路演、人才培训、技术输出、成果转化、协同创新等全链条服务，赋能传统企业转型发展。打造跨越物理边界的"虚拟产业园"和"虚拟产业集群"，促进产业链向更高层级跃升。以"长兴模式"为样板，打造数字产业研发量产基地、数字生活服务配套基地、数字技术交流培训基地，为"数字长兴"建设提供多角度、全方位的技术支撑。

3. 经营异军突起，让长兴传媒集团媒体融合向纵深发展更有底气

集团于 2018 年成立科技公司，当年完成营收 5000 万元，2019 年完成营收 6600 万元，较 2018 年增长超 30%。2020 年，科技、慧源两大公司整合资源，全力打造智慧信息产业运营平台，全年创收突破 1 亿元，争取到 2022 年使平台创收占集团总收入的 1/2，实现动能转换。

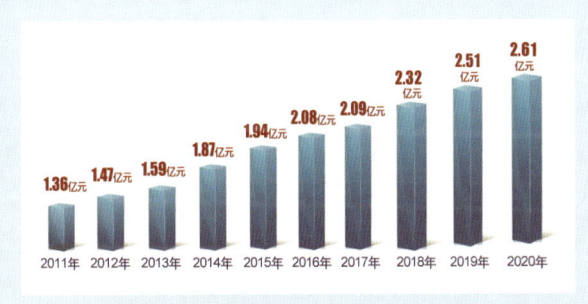

▲长兴传媒集团 2011—2020 年整体营收

4. 目标坚定不移，朝着全力全面打造全国一流区域互联网信息服务提供商的目标奋进

以数字化推进社会治理，离不开党委、政府的高度重视、持续推动。必须从长远和战略的高度，强化组织领导，强化统筹协调，以超前的移动互联网思维、创新担当的精神、务实高效的工作作风，抓住数字化契机，让媒体在社会治理进程中，发挥更大的积极作用。

（王晓伟，浙江长兴传媒集团总编辑，浙江省记协副主席）

全力构建市县融媒生态链

浏阳市融媒体中心

"全媒体价值链"是浏阳市融媒体中心一直坚持的发展理念。

2014年以来，浏阳市融媒体中心坚持以全媒体调度为抓手、手机APP为核心、互联网技术为纽带、媒体融合为基础、用户需求为价值取向，不断推进全媒体、台网、跨界、区域等层面的深度融合，初步构建了各要素相互支撑、互为补充、持续完善的市县融媒生态链。

一、做　法

1. 构建"全媒体价值链"

传统媒体离开了新媒体被边缘化是必然的，而新媒体离开了传统媒体就缺乏了人力、内容和公信力的支撑，新媒体与传统媒体之间的关系是我就是你、你就是我、相互依存、不可分割。主流媒体地位不仅体现在电视、电台和纸媒，更体现在手机屏。新媒体与传统媒体最大的区别，就在于互联网化。因此，植入"互联网+"的元素，是实现传统媒体提质转型的关键。浏阳市融媒体中心大力推进传统媒体和新媒体融合发展，实现人员、内容、技术、渠道、市场等要素的融合发展，构建了"全媒体价值链"。

资讯融合发布。重构采编制播流程，建立健全新闻资讯的"总控平台"与"调度平台"，对电视台、电台、手机台等"三台"的平台和人员实行统一调度和管理，电视台记者一次外采，即可同时生产手机台新闻、广播新闻、电视新闻，确保新媒体首发、全媒体跟进、融媒体传播。浏阳市融媒体中心"一体策划、一次采集、多种生成、多元传播、全天滚动、全媒覆盖"的全媒体调度，有效推进了各媒体平台优势互补、资源共享，既保证了新闻的时效性，满足各阶段受众的收听收视需求，又培养了一专多能的全媒体采编队伍，同时有效提升了融媒体中心的传播力和影响力。打造立体舆论监督体系，整合电视台《"浏"言板》、电台《浏阳双声道》、手机台《市民互动》等三大舆论监督平台，听取呼声、受理投诉，每年接收市民咨询、建议、投诉3000余条，99%以上得到政府和相关部门答复，成为政府与群众沟通交流的重要纽带和桥梁，媒体公信力充分彰显。

产业融合经营。将传统电视、电台广告发布与手机台、微信公众号广告发布紧密结合，集成打包，统一刊例，建立适应市场和受众的广告发布集群。实行特定区域、行业电视台全媒体经营代理制、项目统筹调度制，实行重点经营业务整体策划运营，规避了各自为战、此长彼消的问题，市场份额不断扩大。坚持做"大型活动举办专家"和"专业视频提供商"，每年承办大型活动100余场次，并全程开展全媒体直播，实现活动"线下＋线上"的双重影响力，"直播浏阳"品牌深受好评，创收超过1000万元。作为浏阳"专业视频提供商"，每年制作各类宣传片、专题片100余个，业务辐射浏阳周边区县，收入300余万元。"作视频找融媒体中心""有活动找融媒体中心""办直播找融媒体中心"已成为浏阳人的文化消费习惯，在湘鄂赣具有良好的品牌效应。通过产业融合经营，浏阳市融媒体中心各媒体收入逆势增长。

技术融合共享。以"掌上浏阳"手机台为依托，建设浏阳市融媒体中心媒资库，实现内部数据共享，同时汇集储存各级各部门、各乡镇、各行业的各类信息。研发运用"多屏分发"技术平台，将新闻资讯、直播节目、社会公共服务信息等数据信息同步分发到手机端、PC 端、30 万融媒体中心数字电视用户、户外屏、广播终端，实现了数据的互联互通，构建了较为完整的资讯传播链条，适应各类人群资讯获取喜好和习惯，也有效助推了浏阳信息化进程。浏阳市融媒体中心成为实现"多屏分发"技术实质运用的县级融媒体中心。

2. 开发"智慧城市数据链"

"大数据"和"智慧城市"是市、县媒体转型升级重大机遇，必须牢牢把握，主动而为。浏阳市融媒体中心坚持移动优先战略，集全台之力率先开发"掌上浏阳"手机台，并迅速成为区域内最强大的新媒体。同时，以手机台为纽带，积极主动对接政府和相关职能部门，打造一系列"智慧城市"项目，开发"智慧城市数据链"。

推进"掌上浏阳"APP 开发。2015 年开发了集智慧城市、新闻发布、广播电视直播和点播、掌上商城等功能于一体的综合移动应用软件"掌上浏阳"（浏阳手机台）APP，成为浏阳信息量最大、点击量最高、最受群众关注的综合信息服务平台。"掌上浏阳"按照"了解浏阳，一切尽在掌上浏阳"的发展定位，被定位为浏阳市官方信息数据发布平台、新闻资讯和视频产品互联网传输平台和浏阳市融媒体中心最重要的新媒体平台，同时，更是被作为服务市委、市政府和人民群众的重要载体。2016 年，与芒果 TV、新湖南客户端一并获评湖南十大最受欢迎移动应用软件产品，成为全省唯一获此荣誉的县级 APP；仅用两年时间，就实现点击量过亿，成为全国首个实现点击量过亿的县级 APP。

推进"智慧城市"项目建设。2016 年 9 月 1 日，"掌上浏阳"的"掌上政务"版块上线运行，标志着"掌上浏阳"APP 正式成为政府官方信息发布平台。此后，主动对接政府部门，不断研发"智慧城市"项目，天天学习、智慧环保、智慧党建、E 监督、掌上税务、智慧教育、智慧停车、智慧旅游、智慧人社、公益扶贫、云保险、全国工商举报平台、湖南省食药监平台等项目相继上线运行，目前开发"智慧城市项目"达14个，"掌上浏阳"APP成为推动政府刚需和百姓刚需融合的桥梁，实现服务群众高效化、便捷化。由此，浏阳市融媒体中心成为"智慧浏阳"建设主体单位，也成为融媒体中心部门承建和打造"智慧城市"项目的典范，充分彰显了浏阳市融媒体中心在助推城市信息化建设和发展上的实力与担当，同时优化了融媒体中心经营结构，目前"智慧城市"项目每年可创收300万元。

推进"数据融媒体中心"发展。"谁掌握了数据，谁就掌握了未来"，浏阳市融媒体中心把大数据作为转型发展的又一突破口。2015年建立"浏阳市融媒体中心大数据中心"，积极对接"数字城市"项目。几年来，先后通过整合融媒体中心内部媒资、对接并绑定浏阳官方和市场数据、联通全国性数据网，浏阳市融媒体中心已打造自有数据平台，基本整合了浏阳区域内各种数据资源，并吸附一定量的全国性数据。浏阳市融媒体中心"大数据中心"发布的环保、交通、教育、扶贫等行业和领域大数据分析报告，为政府提供了相关决策参考，并引起社会广泛关注，标志着浏阳市融媒体中心正从"频道融媒体中心"向"数据融媒体中心"迈进。

3. 打造跨界融合产业链

"媒体融合绝非简单的媒介融合。"浏阳市融媒体中心审时度势，立足资源优势，积极推进"融媒体中心+"项目，主动融入关联行业，跨界拓展，延伸产业链条，培育融媒体中心新业态，着力打造"跨界融合产业链"。

打造教育培训产业链条。开发"在线教育"项目，在有效整合全国和引进长沙四大名校优质教育资源的基础上，充分发挥台网融合优势，由电视台录制制作幼教、小学、初中、高中各阶段浏阳本地名师优秀教育同步课程。同时，利用浏阳市融媒体中心网络到城乡、到村组、到屋场、到小区、到住户的全覆盖网络，绑定30万电视用户家庭，将教育资源分发到每台电视终端，实现浏阳行政区域全覆盖，让全市学生分享全国、长沙、浏阳名师的优质教育资源，有效助推浏阳教育信息化、均衡化发展，成为浏阳教育精准扶贫重点项目。通过"在线教育"这一特色服务，每年发展电视用户1万户，创收达300万元。继续加大台网融合力度，进一步充实培训教育项目和内容。电视台、电台利用自身的人才和设备优势，开展播音主持等培训，同时与全国知名培训机构合作，开展科学实验、书法、演讲口才等各类培训。同时对线下课程进行全程录制，同步开展手机、电视线上招生培训，打造了一条线上、线下完整的教育培训产业链，2018年创收100万元，并逐步发展成为融媒体中心新兴产业项目。

承建市政信息工程项目。充分利用媒体公信力、影响力和融媒体中心网络优势，大力承接市政重点信息工程项目。建设运营农村广播"村村响"工程，采用有线共缆传输技术建设，网络公司负责运营维护，电台负责节目生产播出，每年可创收超过300万元，项目获评湖南省先进，成为台网融合和跨界拓展的成功范例。承建"天网"工程，成为湖南省融媒体中心部门承建"天网"工程的范例，有效提高了网络利用率，项目由网络公司负责运行维护，每年运营费220万元，成为又一经济增长点。通过跨界拓展，延伸产业链条，开发经营新领域，浏阳市融媒体中心经营格局得到有效优化。

开发跨界合作产业项目。2016年融媒体中心有线与广视合作推出高清互动电视，融媒体中心无线与联通合作推出"无线+宽带"，均实现了点播、时移、回看等视频业务功能，并开发了应用商店、在线游戏、在线教育、电商平台、健康顾问等增值业务，实现了用户从"看电视"向"用电视""玩电视"转变，目前网络增值业务收入每年达1000万元。2017年5月，浏阳市融媒体中心和中国联通开启全面战略合作，将资源相互置入，为用户提供全业务产品，有效解决了融媒体中心宽带数据出口问题。2018年，与中国联通进一步深化战略合作，平台相互整合，业务共同营销，开辟了浏阳市融媒体中心网络发展新局面。利用融媒体中心网络和技术优势，开发智能家居项目，为客户打造系统完善的智能家居产品，目前每年项目收入达200万元。利用融媒体中心品牌影响策划组织汽车文化节、海宁皮草节、自驾游、家电内购活动等线下实体营销活动，每年创收达1000万元。通过新兴项目开发和实施跨界合作发展，使浏阳市融媒体中心在激烈的市场竞争环境下更具竞争力。

4. 延伸区域联盟合作链

由于受人口、区域和经济总量等因素制约，市县融媒体中心发展平台狭小，成为制约发展的最大瓶颈。市县融媒体中心要突破困境，必须打破区域界限。浏阳市融媒体中心既"深耕本土"，又"立足全国"，积极搭建区域性和全国性平台，不断扩大发展空间，延伸"跨域联盟合作链"。

搭建区域性联盟平台。2014年11月，按照"平台共建、资源共享、合作共赢"的原则，浏阳市融媒体中心牵头成立了湘鄂赣市县广播电视联盟体。实施"新闻资讯共享、专题栏目共建、媒体活动联办、广告免费置换"政策，联盟台实现从自制自播向联合生产、联合销售、联合收益的"众筹"模式跨越。联盟体成员台从成立之初的18个增加到目前的39个，《周边动态》和《行走湘鄂赣》栏目在联盟台的电视和手机"双屏"播出，覆盖3000万人口。湘鄂赣广播电视联盟体成为市县融媒体中心媒体跨区域发展的成功典型，被誉为做得实、有影响的市县融媒体中心联盟。联盟平台的运行不仅起到了宣传、推介当地的作用，得到地方党委政府的高度肯定，同时由于覆盖面的扩大，有效吸引了商家的广告投放和活动举办，带动了各联盟台经营增量，目前浏阳市融媒体中心通过联盟平台每年可带动200万元以上的经营收入。

建立全国性合作平台。2016年"中国市县电视台原创节目交流中心"落地浏阳，浏阳市融媒体中心具体负责策划、管理、运营。

节目交流中心按照"平台共同搭建、节目免费交流、利益共同分享"原则，共同开发《联盟视界》栏目，包括"走读中国""美食中国""民俗中国""匠心中国"等4个版块。经过两年的运行，目前原创节目交流中心在全国有274家市县电视台会员和267家手机客户端，《联盟视界》栏目电视、手机"双屏"落地播出，覆盖全国1亿以上人口，被湖南省新闻出版融媒体中心局评为视听示范项目，被湖南卫视誉为"不上星的卫视"，浏阳市融媒体中心媒体融合发展逐步向全国延伸。目前，浏阳市融媒体中心已与全国供销系统负责筹建的供销频道达成全面战略合作，供销频道节目制作中心已落户浏阳，浏阳市融媒体中心全面负责供销频道县市一级节目的策划、制作，为浏阳携手全国市县台实现节目"上星"和全面传播创造了条件，同时参股供销频道经营，进一步扩大跨域经营发展规模，浏阳市融媒体中心迈出了从区域发展向全国发展具有里程碑意义的关键一步。

成立手机直播联盟平台。2018年，浏阳市融媒体中心发起成立"湘鄂赣手机直播联盟"，目前已有31家手机台加盟。湘鄂赣手机直播联盟开发统一的直播应用平台，各会员台联合拓展浏阳周边市县的直播市场，打造湘鄂赣市县融媒体中心新媒体，集用户数据、宣传包装、产业拓展于一体的直播协作机构，实现区域融媒体中心新闻节目、活动举办和手机直播的融合发展，引领湘鄂赣市县文化消费潮流。2018年1月，湘鄂赣手机直播联盟第一次联合直播第四届湘鄂赣好声音总决赛，观看人数达250多万，"直播浏阳"从此跳出浏阳，走向湘鄂赣。

二、体　会

1. 提升品牌价值是融媒发展的根本目的

融媒体中心是党委政府的"喉舌"，是群众的公共服务平台。习近平总书记在全国宣传思想工作会议上指出：要扎实抓好县级融媒体中心建设，更好引导群众、服务群众。其根本就是要巩固好主流宣传舆论阵地，提升主流媒体的品牌价值，这也是县级融媒建设的根本取向和目的。所以，我们在推进融媒发展上，始终践行"贴牢党政、贴紧基层、贴近群众"理念，坚持"党政满意、群众喜欢"的价值取向，通过"做强新闻、做精专题、做大活动"，不断提升媒体品牌影响力，宣传舆论主阵地作用充分发挥，主流媒体引导力充分彰显，从而也有效带动了事业产业的快速发展。

2. 坚持融合创新是融媒发展的不二选择

面对新时期舆论生态的深刻变化，媒体之间单打独斗，片面追求电视台、电台、手机台单个媒体影响力，已经无法适应时代的要求。融合创新成为实现融媒体中心生存发展的必然选择。所以，我们在推进融媒发展的过程中，积极探索尝试，不断加大融合创新力度，大力推进体制机制的创新、传播方式的创新、经营方式的创新、人员管理的创新，从传统媒体与新媒体的简单相"加"入手，逐步推进内容、理念、体制、技术、管理、人才等方面的深度相"融"，开创了浏阳市融媒体中心融合创新的新局面。

3. 拓展平台载体是融媒发展的关键要素

市县融媒体中心单纯依靠敲敲打打、修修补补的方式已不能从根本上突破困局，必须动大手术，全力优化发展格局。浏阳市融媒体中心将拓展经营发展平台作为优化格局的关键，站在更高的位置、面向更广阔的空间来谋划发展，主动将小平台融入大平台，在推动大平台建设、发展的同时，也带动自身的发展。浏阳市融媒体中心于2016年提出"挺进全国最强市县融媒体中心阵列，比肩全国中等地级台水平，建设全国影响力融媒体中心传媒"的发展目标，明确了"高清时代、直播时代、融媒时代、数据时代、上星时代和上市时代"的发展路径，浏阳市融媒体中心在目标的引领下积极搭建新平台、创造新载体、拓展新业务、开发新技术，开创了一个又一个发展的崭新局面。

4. 激发内生动力是融媒发展的不竭源泉

融媒建设需要行政力量整合资源，给予政策扶持，但最重要的还是要激发团队自动自发的创业动力。"自强不息，敢为人先"，这是湖湘文化浸润下产生的浏阳精神；用改革的思维、以创新的理念去解决前行道路上的困难，以奔跑的姿态去追逐梦想，这是浏阳市融媒体中心的价值观。坚持以人为本，不断创新管理方式和激励机制，凝聚和激发团队拼搏精神。彻底打破在编职工与招聘职工的身份界限，在全系统实施企业化运作、全员聘用制、全员绩效制；优秀的聘用制人员同样能够担任中层干部甚至能够成为台属单位班子成员；对特殊岗位的优秀聘用人才采取最低薪酬保障制度。机制的完善和管理的创新，优化了队伍结构，激发了员工工作激情。同时，倡导做奔跑融媒体中心人的理念，要求干部、员工时刻保持奔跑的姿态，不断开拓创新、奔跑前行，设立创新案例奖、外宣创优奖和台长特别奖，开展"明星团队""明星员工""十大经营能手"评选，大力培育干部员工进取情怀，营造创先争优、赶超奋进的良好氛围。

郑州市

中牟县融媒体中心：
大融合，再出发

中牟，地处中原腹地、黄河之滨，兼具郑州、开封两市开拓进取之气魄、深厚文化之底蕴。成立于2018年的中牟县融媒体中心，以自身独特的优势和明晰的思路，成为紧密融入中牟社会的权威媒体。

中牟县融媒体中心坚持"大融合"思路，实现机构、内容、渠道、平台、人员、经营、管理深度融合。

总编室、新闻采编部、图文制作部、新媒体部等9个机构、100余人的采编播队伍，形成完善的融媒产业链。融媒体中心已形成由广播、电视、"中牟观察"、"云上中牟"APP、中牟广电传媒微信公众号、车载广播FM107.9、1663个乡村广播接收终端组成的媒体宣传矩阵。

"云上中牟"APP打通大象新闻客户端、今日头条信息共享通道，

实现优先推送。中牟广电传媒微信公众号粉丝 26000 余人。中牟融媒官方抖音号吸纳粉丝 15 万,总播放量突破 1 亿次,传统电视媒体中的《中牟新闻》《党纪国法》《今日中牟》等 11 个自办栏目,日生产时长近 100 分钟的节目,点亮荧屏。大型演出活动实现现场直播,全年直播 30 余场,电视产品通过新媒体平台进一步扩大传播效应。

新冠肺炎疫情期间,在国家、省、市多家媒体发布中牟抗击疫情、企业复工复产的消息 387 条。《中牟电力部门全力服务返乡外出务工人员》在央视新闻频道播出。《河南中牟:讲好黄河故事　打造时尚文旅创意新城》等多篇消息在"学习强国"河南平台播出。多次荣获全省供片先进单位、市级文明单位等 20 余项省市级荣誉。

全新融媒指挥大厅、编辑室、演播厅、数字化技术装备为融媒发展提供了保障。我们将以媒体融合为己任，以与中牟政治、经济、文化全面发展相适应为目标，磨砥刻厉，锲而不舍，实现新的跨越！

巩义市融媒体中心：
决战融合战场

2020年以来，巩义市融媒体中心积极担负"举旗帜、聚民心、育新人、兴文化、展形象"的使命任务，为"三宜"美丽新巩义建设积极营造良好舆论氛围。

一、完善媒体平台

整合报纸、广播、电视等人才、设备资源，新注册"巩义融媒"微博、今日头条号，发展"巩义融媒"微信公众号，打造包括"云上巩义"客户端在内"六位一体"宣传矩阵，建立"一次性采集、多平台发布"的工作机制，形成"网媒领唱、众媒合唱"的工作合力。其中，"云上巩义"客户端实现与省级技术平台互联互通，并13次荣登"河南县级融媒体中心指尖传播榜"，2次获得奖励；"巩义融媒"微信公众号粉丝数量实现翻番，成为市内外群众了解巩义的首选平台；"巩义融媒"今日头条号累计阅读量接近1000万人次。在办好传统媒体平台基础上，动员鼓励记者编辑转战新媒体战场。"两微一端"在全省首批获颁"互联网新闻信息许可证""信息网络传播视听节目许可证"。

二、强化内部管理

完成融媒体中心党总支建设,配齐配强党支部和纪检力量。落实"第一议题"制度,开设"每日指尖课堂"、每周讲堂,组织开展政治理论、融媒体业务等学习培训,提升"脚力、眼力、脑力、笔力"。落实意识形态主体责任和一把手"第一责任"及班子成员"一岗双责制",加强全部媒体平台的监管监测。强化以人民为中心的导向和"字字千钧、秒秒政治、天天考试"的理念,建立新闻策划采访调度会流程,完善《信息内容审核和发布制度》《重大选题备案制度》等,严格执行新闻宣传"三审三校"制度和重要稿件"七审核"制度,把干部职工思想和行动统一到中央和省委、市委的决策部署上来。

三、加强舆论引导

坚持团结稳定鼓劲、正面宣传为主,聚焦打好"三大攻坚战""摘星夺旗创三宜""创建文明城市""2020年杜甫故里诗词大会"等重头工作,开设专题专栏120多个,策划组织实地采访160余批次,举行晚会、发布会、知识问答、扶贫助力等活动20余项,发布各类新闻信息2万余条。其中,《巩义时讯》刊发稿件6000余篇,共计400余万字,未发生一起政治性、原则性新闻事故;电视新闻被央视采用9条(次),被河南电视台采用40条(次);新媒体平台阅读量过万的新闻产品月均5条以上,截至目前阅读量超过10万的信息达6条。

在疫情防控阻击战期间,采制的稿件被新华社采用3次、被中央电视台采用7次、被中宣部"学习强国"学习平台采用20多次,3个月在市外新闻媒体刊发稿件总数超过了2019年全年数量。主动向助力抗疫企业和商户回馈免费广告的典型经验,被周边其他县市借鉴学习。

四、下一步打算

一是加快融合步伐。根据融媒体建设的要求优化组织架构，再造策、采、编、发、管等工作流程，统一绩效考核办法，引入竞争激励机制，引导全体人员加强专业技术学习，把资源和精力从传统媒体聚焦到新兴媒体，推动内容、渠道、平台、管理深度融合，更好服务全市改革发展稳定大局。

二是扩大我市新兴媒体平台影响。按照"移动优先"原则，发挥"巩义融媒"系列新媒体平台作用，运用大众化、易共鸣的语言，对内对外讲好巩义故事、传播巩义声音，加快形成广泛覆盖、"第一时间发布、分级信息传播"全媒体报道格局，增强新闻舆论工作的亲和力、吸引力和凝聚力。

三是开展多元化经营。利用自身公信力和影响力,做好传统广告业务,积极开展政务、教育、健康等业务,开展专题片制作、会展活动、新媒体服务、大活动策划、重点工作展示宣传等;探索多元化创收渠道,增加自身"造血"功能。

荥阳市融媒体中心：
融之有"荥"，合而精彩

2018年9月，荥阳市融媒体中心顺应改革大潮，应运而生；2020年7月，荥阳市融媒体中心以优秀成绩通过省考核组考核验收；2020年10月，荥阳市融媒体中心正式建成投用。中心因势而谋、应势而动、顺势而为，围绕"融"字做文章，从顶层设计着眼，从体系建设入手，依托省级融媒体技术平台整合资源，逐步实现信息内容、技术应用、平台终端、人才队伍共享融通。

融"媒体"　汇"能量"

荥阳市融媒体中心重塑融媒体组织新架构，整合频率频道、有线广播、报纸、移动客户端、微信公众号、网站、手机报、微博、抖音等平台，实现统一指挥、有序调度，一次采访、多角度报道、多平台呈现、多渠道传播，形成了荥阳市域内首家全媒体宣传矩阵。中心下设办公室、总编室、新闻采访部、政务服务部、活动策划部、广播部、播出部、技术保障部、网络传输与维护部等9个部室，旗下拥有13个融媒体平台，新媒体用户超过20万，有线电视用户超3万户。

荥阳市融媒体中心积极打造提供各类政务服务、便民服务的综合服务平台和社区信息枢纽，开展网络问政。仅半年，就收集转办各类网民诉求553条，进一步密切了党群、政民关系，促进了社会和谐稳定。

开展荥阳市电视少儿才艺大赛，网上投票人数近 5 万人次，观看网络直播人数达 7.1 万人次；每年通过各新媒体平台进行"修身行善　明礼守法"全民行动楷模候选人事迹公示及投票评选，参与近 20 万人次；荥阳市电视少儿才艺大赛、荥阳市少儿春晚直播等，2000 多人参赛，8000 余名家长及市民现场观看，3 万余人次关注，两个月内客户端点击量达 47 万；开展创建全国文明城市知识问答、健康知识电视大赛在线答题，范围覆盖全市各级团体和单位，进一步巩固壮大了荥阳市新闻宣传舆论阵地。

融时代　新荥阳

荥阳市融媒体中心坚持"以人民为中心"的工作导向，狠抓全媒体记者的脚力、眼力、脑力、笔力，唱响荥阳声音，讲好荥阳故事。

一是外宣上稿提质提量。 加大对外宣传力度，主动加强与上级媒体的对接，及时上送精心采编制作的好新闻，把来自荥阳的新闻第一时间传播出去。

二是内宣策划亮点纷呈。 精心策划新闻选题、选准新闻报道方式，及时准确、全面深入地宣传报道荥阳市经济社会事业发展的新典型、新成效，圆满完成了各项宣传报道任务。

三是围绕民生聚民心暖人心。 紧紧围绕群众关心、舆论关注、社会关切的热点要点开展宣传、解疑释惑。通过专题采访、追踪报道，开展社会公益宣传，真正做到接地气、显生气、有灵气，真正让人民群众喜闻乐见、爱听爱看。

四是权威发布，汇聚力量，当好抗疫宣传主力军。 面对新冠肺炎疫情，荥阳市融媒体中心迅速响应，全面应对，深入报道，切实做到守土有责、守土担责、守土尽责，为疫情防控营造良好的舆论环境和社会氛围。

据统计，2020 年新冠肺炎疫情期间，广播、电视、手机台、手

机报、荥阳网、荥阳发布等 10 个宣传平台平均每天播发各类新闻稿件 80 余条次，累计点击量达到 580 万次，其中点击量在 10 万以上的稿件 15 篇；播发防护知识、抗击疫情公益广告 670 余条次、视频 6 条 410 分钟。疫情防控重点报道采用数量多次跃居郑州市第二名。

融传播　新担当

（一）深化改革，强化管理，健全媒体融合机制。

着力打造一支政治坚定、业务精湛、作风优良、党和人民放心的新闻宣传队伍，加强制度建设，深化体制机制改革，确保统一管理、科学合理运营，推动媒体融合向深度发展，跑出"加速度"。

一是定岗定责，分工明确。在确保稳定的基础上，对单位干部岗位进行自查，依规进行增减，做到分工明确，调度有序。建强新闻主业干部队伍，进一步明确总编室、政务服务部、新闻采访部各部门职责，规范单位中层任命，捋顺职责和分工。

二是健全机制，科学奖惩。按照"分类管理、科学设岗、以岗定薪、统筹兼顾、明确职责"的总体要求，建立健全评价激励、薪酬分配、职务晋升等机制，打破人员身份差别限制，通过不断完善全媒体考核评价和薪酬分配制度，极大调动了人员积极性。

三是加强培训，建强队伍。加强政治理论学习，鼓励人员考取从业资格证；每周召开新闻阅评和业务研讨会，定期邀请省、郑州市专家开展全员专题培训；先后到项城、舞钢、滑县学习借鉴融媒体中心建设经验，开阔视野，更新观念。

（二）干在实处，走在前列，媒体融合结硕果。

"荥阳发布"微信公众号获得"2018年度河南政务微信（市县类）影响力十强"，在河南政务微信影响力月榜（市县类）中稳居前列，多次冲进榜单前十名；"荥阳新闻"微信公众号获得"2018年度荥阳市最具影响力政务类微信公众号"，在河南省新媒体聚合榜广电榜稳居前列；"我看荥"荥阳手机台2017年11月在第五届网络视听大会上作了全国经典案例推广，2018年2月获得首届"创力量"广电融媒评选"年度政务服务贡献媒体"，2018年3月入选郑州市百家网站建设推进工程网站，2019年1月获得第二届广电融媒评选"年度政务服务贡献媒体"；2020年6月，荥阳市融媒体中心获得县级融媒上送河南省级技术平台采稿量十强，受到嘉奖；14件新闻作品获得河南省县级台新闻奖，其中，作品《带着妈妈去上课》获得电视新闻专题一等奖。

荥阳市融媒体中心将认真按照新时代宣传工作要求，结合中心实际，在媒体融合上不断创新，着手实施一系列改革措施，打破制度藩篱，打破体制壁垒，在推动深度融合、全面转型上再下功夫，不断提高新闻舆论工作的能力和水平，在新时代展现新气象，实现新作为，作出新贡献。

新密市融媒体中心：
创新机制，融中求变

新密市融媒体中心以媒体融合为契机，积极探索传统媒体和新兴媒体融合的新路子，在实践中坚持融合、发展、管理并进，围绕新闻＋政务＋服务，创新机制，不断提升新闻信息生产、传播、服务能力，更好地发挥了舆论引导功能，争取早日实现"一次性采集、多渠道发布、快速度传播、广覆盖受众"的新格局。

新密市融媒体中心成立于2020年3月，为新密市委直属事业单位，归口市委宣传部领导。内设总编室、融媒调度部、采访部、视频部、音频部、图文部、新媒体部、办公室、技术部、播控部10个科室。

新密市委大力支持融媒体中心建设，拨付专项资金，对老办公用房进行改造提升，建设融媒体指挥调度中心和问政演播厅，采购补充了必要的设备设施。

目前中心队伍整合已经全部到位，电视新闻频道、广播928频率、报纸《新密时讯》、"云上新密"客户端新媒体等平台从人员、业务上均实现了有机融合。下一步将建立包括广播、电视、报纸、微信公众号、客户端、短视频在内"六位一体"的宣传矩阵。

"云上新密"客户端开设有资讯、疫情防控、短视频、文化等专区，可以满足用户对信息的多样化需求；开设了直播版块，可以和电视新闻频道、广播92.8频率、"新密融媒"抖音号等同步连线，并机直播；可以和企业、商家开展线下现场直播活动；开通了便民版块，

市民可通过"云上新密"APP办理有线电视、水电、违章、火车票、出入境、住房公积金等各类日常生活服务的查询和缴费。随着"云上新密"客户端的不断优化，之后将开通问政版块。目前，"云上新密"APP，全市各乡镇、街道办事处和市直各单位均已入驻。

2020年，在中央政策和市委的大力支持下，新密市融媒体中心职工纷纷立足新起点，重新抖擞精神，以豪迈的热情，投入融媒体建设和发展之中，为唱好新密新闻宣传主旋律谱写新篇、再扬风帆。

我们坚持"大屏转小屏，大屏牵手小屏，线上线下结合"，使新闻宣传时效性更强，市民阅读更便利，对外展示了美丽新密的良好形象。围绕两会、三级干部会、疫情防控、创文创卫、脱贫攻坚、大气污染防治、全域旅游、乡村振兴战略实施、生态文明建设等市

委市政府中心工作，围绕全市开展的杏花节、油菜花节、槐花节、国际服装节、美妆节、银博会等节庆活动，组织开展了34场直播活动，制作播发短视频500多条。特别是在疫情防控宣传工作中，新闻记者冲在疫情防控第一线，不怕危险、夜以继日、连续作战、不负重托、不辱使命，开辟了《坚决打赢疫情防控阻击战》《战疫路上最美的人》《疫情防控一线的共产党员》《三送一强》等专栏，融媒体共发稿7682篇，为全市抗击新冠肺炎疫情营造了浓厚的舆论氛围。疫情防控期间举行的防控演练，使我们首次具备了异地远距离无线传输直播的能力。

我们举全融媒体中心之力投入新密两会，实现了新闻宣传和直播创新，人大代表、政协委员和市民通过收听收看两会盛况，达到了历年来最好的宣传效果。

2020年10月，"梨园春戏曲晚会"走进美丽乡村米村镇朱家庵村，通过"云上新密"和抖音进行直播，在线观看人数超7万，服务群众10万人以上。

媒体融合，我们已在路上。下一步新密市融媒体中心将继续深化融媒体改革，发挥自身资源优势，不断提升自身造血功能，围绕市委、市政府中心和重点工作，一如既往地做好新闻宣传，全方位展示新密经济社会发展成就，也为融媒体中心高质量发展营造良好氛围。

新郑市融媒体中心：转型！突围！从一名融媒记者的素能提升之路说起

2020年7月25日，一大早，刚上班的融媒记者沈磊接到临时采访任务：黄帝文化与黄河文化研讨会在新郑举行，前去采访并第一时间为微信、"云上新郑"APP、报纸、电视等融媒体平台提供稿件。

时间紧迫，沈磊即刻出发，在前往会场的车上，根据活动通知，他在采访本上迅速拟定了十几条采访提纲，并对不确定内容查资料、问同事。

很快，一篇用于刊发报纸头题、近1000字的重点报道完成。而且根据11名专家发言，整理出来的5000多字摘编完成，用于刊发报纸文化专版。

当天晚上，沈磊看到新闻在"云上新郑"APP的阅读量达到5000+、微信平台阅读量达到8000+、抖音阅读量达到2万+……

这样的沈磊，在"新郑融媒"一抓一大把；这样的工作流程，也只是他们的"常规操作"。因为，自新郑市融媒体中心成立之日，针对全体采编人员的"素能提升"就如同空气，常伴左右。

"打造具备单兵作战综合素质的全媒体记者"，是新郑市融媒体中心"素质提升"的小目标，只有让记者掌握全媒体时代各种新技术、新技能，与时俱进学习新理论、新知识，不丢下新闻采写"看家本领"，通过增强"四力"练好内功，才能面对新媒体的冲击和挑战，适应融媒时代的发展需要。为此，新郑市融媒体中心开始探索通过"素能提升"，走出一条转型、突围之路！

输血造血——塑造业务全能

转型，意味着改变。改变，就要由内而外。传统媒体记者脑中的"内存"里没有存储新媒体需要的"文件"，就需要从别的地方"复制"。

为此，融媒体中心每年举办通讯员培训班、业务点评会、培训会……将新华社、河南报业集团、河南广电等上级媒体的资深采编人员，以及河南大学、郑州大学等教授专家"请进来"现场辅导、"面对面"沟通交流。

他山采石——培养创新思维

在自我完善的同时，如何实现创新突破，仅仅依靠"请进来"的被动学习还不够。于是，新郑市融媒体中心结合现有各融媒平台的不同发展诉求，有的放矢走出去采集"他山之石"，实现"哪里不会点哪里"。

浙江长兴县融媒体中心、杭州二更学院、长沙高新区融媒中心、南京大学新媒体培训班、新乡原阳融媒体培训班、厦门短视频运营集训……通过分批次选派采编人员外出轮流培训等方式，组织骨干力量到行业新锐进行实操历练，拓宽了大家的视野，提高了思维创新性，不少同志感叹"原来新闻还可以这么玩"。

同时，与河南大学等高校进行校地共建，加强新闻人才的输送、培训和交流，加速培养"能写会拍、能采会制"的全媒型人才。

碰撞火花——表达趋向多元

全媒体时代，内容符合受众"跳读"习惯、语言"短平快"的新闻才有生命力；音频、视频、直播、VR、无人机，掌握这些新技能是融媒记者的标配，玩不转就要被淘汰。

眼花缭乱的网络语言和新技术，对于习惯传统媒体采编的老同志自然是陌生的。对此，融媒体中心通过面向社会招聘，吸纳了一批自带技能属性的新鲜血液。

当老练的专业报道遇上新鲜的表达方式，碰撞出的火花，注定让"新郑融媒"的新闻产品，更具表达的多元性。

把握风向——政治日益敏锐

新的时代，要求记者更快、更强，懂得更多，做得更实。主流媒体记者无论何时何地，都不能丢了弘扬主旋律、传播正能量的责任和使命。这就要把握党委政府的中心工作，思百姓之所思，想百姓之所想。

为了不断提升政治理论修养，融媒体中心坚持利用每周三例会时间，通过集中理论学习和各科室轮流领学，确保采编人员政治敏锐性持续处于高水平状态。并定期针对当前全市工作中心策划专题报道，用小切入点来呈现大题材。

增强内功——报道更加专业

做新闻要以内容为王，做记者要练看家本领。

记者的看家本领就是新闻采写，但"好新闻不是写出来的，而

是走出来的"。只有走进基层，沉入生活，上接天线，下接地气，不断增强"脚力、眼力、脑力、笔力"，才能在快节奏的新闻采写活动中手到擒来，写出一篇篇冒着热气的鲜活新闻。

新郑市融媒体中心通过开展"好书增四力""好记者讲好故事"等活动，调动采编人员增强"四力"的积极性、主动性；将全体采编人员分派下去，包乡镇到村组，包市直单位到基层站所，实现每周采写并刊登"沾泥土、带露珠"的稿件不少于10篇；基层新闻、民生新闻的权重日益增大。同时，为抢占融媒时代舆论阵地，在调整采编流程后，部分采编人员从政务活动采访中脱离出来，有了更多的时间和精力走下去，引导记者践行"四力"，采集到"沾泥土、带露珠"的稿子同比增加30%。《郑州日报·新郑新闻》A稿比例从不足10%提高到24%；新郑融媒微信公众号的原创稿件也有明显增长，2021年6月全省政务微信排名，上升至第6位。

新闻是时代的产物，媒体融合的大趋势不可阻挡，压力和冲击还将继续。新郑市融媒体中心将持续通过"素能提升"，在融媒时代强势突围，融出"新"天地，传播"郑"能量！

登封市融媒体中心：创新体制机制运行模式，深度推进媒体融合发展

登封市融媒体中心自2018年9月揭牌以来，围绕习近平总书记提出的"要扎实抓好县级融媒体中心建设，更好引导群众、服务群众"的要求，因势而谋、应势而动、顺势而为，明确了建成全省一流县级融媒体中心的目标，不断加快推进媒体融合发展，创新体制改革，再造采编流程，使主流媒体具有强大的传播力、引导力、影响力、公信力。在2020年7月省委宣传部对县级融媒体中心建设的考核中，登封市融媒体中心获得了优秀等次。

明确目标，打造全省媒体融合样板

在登封市融媒体中心建设的过程中，登封市委书记、市长分别多次召开常委会、常务会，明确将登封市融媒体中心建成全省一流县级融媒体中心的目标，并作为郑州市探索创新市县共建融媒体中心的试点，开展对口业务指导，确立在登封市文化馆一楼实施建设项目，努力将登封市融媒体中心打造成全省的样板和亮点。

在全面推进传统媒体与新媒体的深度融合中，登封市融媒体中心按照一次采集、多元生成，移动优先、一体发展、多屏互动等融媒体传播要求，充分利用电视、广播、报纸、户外大屏、应急广播等传统媒体宣传平台，依托"云上登封"客户端，以及"登封发布"微信公众号、登封市广播电视台微信公众号、登封市广播电视台官

方微博、"登封发布"抖音官方平台、"登封发布"今日头条号、"登封发布"百度百家号等新媒体宣传平台，努力打造具有影响力和竞争力的新型主流媒体，目前，"登封发布"和登封市广播电视台两个微信公众号粉丝近8万人，登封发布抖音号粉丝超百万人。

在"爱上登封"抖音短视频大赛活动中，该活动的总播放量超2.1亿次，单条播放量突破1.2亿次，用户留言超6000万条，点赞突破500万个，有效提升了登封的知名度、美誉度。

深化融合体制机制，锻造全媒体人才队伍

一是打造全媒体队伍，实现人的融合。2020年8月12日，通过调研摸底，根据业务特点，重新设置了视频部、音频部、总编室、采编部、新媒体部、媒体发展部、播控部、办公室8个科室，根据业务特长和工作夙愿，将报社、电视台、广播电台等原来的人员重新进行了业务分配，原来只会写稿的报社记者，现在也能扛起摄像机；原来只从事传统媒体生产的记者，现在也开始从事采编发等新媒体方面的工作。

二是开展"比学习、强业务、大练兵"主题教育活动。我们通过集中培训、外出培训、请专家来登封培训、对口上级单位岗位轮训、部室学习、个人学习等不同形式的强化学习，不断提高每位员工的业务本领，尤其是新媒体工作方面的业务技能，努力满足媒体融合发展中的素能需求。另外，我们通过新闻策划会、编前会、优秀作品评选会等方式，不断提高新闻宣传水平，努力生产出更多优质的媒体融合产品。我们还组织全体人员注册建立了各自的媒体号，将生产的内容通过员工各自不同特色的媒体号，有效拓展了我们的宣传推广传播渠道。

三是推行国有企业改制，实现采编播与经营分离。将经营业务从融媒体中心分离出来，将登封市融媒体中心所属的登封市龙翔文

化传媒有限公司改制成登封市国资服务中心控股的国有公司，按照市场经营模式，自主开展视频制作、栏目录制、活动承办等经营业务。

四是理顺用人机制，激发员工干事热情。实施专业素养评定考核与工资挂钩机制，我们首次在聘用人员中评出 10 名业务骨干，将他们的工资标准提高 60% 左右。随后我们还要分批次进行评选，提升工资水平，让更多的优秀员工在媒体发展的关键期，更好地发挥工作的积极性和创造性，在全中心形成羡慕骨干、追赶骨干、争当骨干的氛围。

创新发展模式，更好发挥舆论主阵地作用

登封市融媒体中心通过一整套措施，不断推进整体革新，使主流媒体充分发挥主阵地作用。

一是盘活媒体融合发展体制，建立科学合理的薪酬制度，同工同酬、优劳优酬，留住优秀人才，激发全媒体队伍活力。

二是加快公司运营改制，拓展文化服务功能，把市区内电子大屏归由融媒体中心经营，把"少林武术节"等重大文化节会交由融媒体中心承办，打通线上线下，提升造血功能，打造登封的主流舆论阵地。

三是把智慧登封城市大脑与融媒体中心新闻指挥系统紧密结合，把全市大数据集合在一起，全面承担域内政务服务、便民服务、舆情监测，搭建随时发现问题、及时解决问题，引导群众、服务群众的综合服务平台、社区信息枢纽。

目前，登封已经从机构、内容、渠道、平台、人员、经营等各个方面，初步实现了媒体深度融合。接下来，登封市将进一步加快融媒体中心新址的建设，争取将登封市融媒体中心早日建成县域舆论的主阵地、服务群众的综合平台和社区信息枢纽，浓墨重彩讲好登封故事，凝聚全市上下高质量建设美丽登封的共识与力量，为加快建设"天地之中世界文化名城"和建设"中国少林功夫国际旅游目的地城市"提供充分的舆论支撑。

开封市

杞县融媒体中心：
融创并行，构建县级融媒新格局

　　杞县在推动媒体融合发展中，牢牢把握"融为一体、合而为一"这一关键，始终坚持以"引导群众、服务群众"为根本遵循，牢牢把握"党媒姓党"原则，树立"移动优先""内容为王"发展理念，突出抓好"顶层设计"，创新全媒运行机制，全力打造"媒体+"信息传播与服务平台，打通党和政府与人民群众紧密联系的"最后一公里"，在实践中构建出县级融媒传播、服务新格局。

一、建成一个中心，形成全媒格局

　　一是做好顶层规划设计。杞县县委、县政府坚持把县级融媒体建设作为落实意识形态工作责任制、壮大基层主流思想舆论阵地的首要任务坚决执行，作为"一把手工程"，成立了由县委书记挂帅的融媒体中心建设领导小组，出台了《杞县加强媒体融合建设发展实施方案》，明确了融合发展的"顶层设计"和"路径规划"。

　　二是强化资金编制保障。杞县投入资金近400万元用于基础设施建设和软、硬件设备配置，中心采编播等设备先进水平在全省县级媒体位于领先行列。同时，县委编办批复组建杞县融媒体中心，为中共杞县县委直属单位，归口中共杞县县委宣传部领导，核定编制由59名增加至116名，确保机构编制、人员配备到位。

　　三是细化部门职责功能。打破以往电视台、电台、新媒体各自

为战的宣传模式，成立了"六中心四部门"，即指挥调度中心、采编中心、制作中心、审发中心、广播中心、大活动中心和播音主持部、事业发展部、综合保障部、技术部。

四是实现媒体深度融合。县委宣传部牵头，率先将手机报、微信公众号等业务融入县融媒体中心。各级政府网站以及部分自媒体主动对接，融入融媒体中心进行统一管理，形成了全县新闻宣传一张网的全媒体格局，牢牢掌握了"党管媒体"的主动权。

二、明确融媒方向，实现全媒发声

一是注重内容为王。杞县把更好"引导群众、服务群众"作为媒体作用发挥的检验标准，继续扎实开展好"走转改"，全媒记者深入基层一线，挖掘、采制了大量来自一线的新闻原创作品。2020年以来，全媒记者采制了15700余条来自一线的新闻作品。发表脱贫攻坚的作品中，中央级媒体353篇、省级重点媒体823篇，6篇作品阅读量超100万人次，阅读量30万人次以上作品25篇，为全县脱贫攻坚工作营造了良好的舆论宣传氛围。

2020年新冠肺炎疫情防控期间，融媒体中心充分发挥全媒优势，在开封市率先利用"云上杞县"平台，实时更新信息12000余条，浏览量达到20万人次。先后采制了疫情防控作品1800余篇，270余

篇作品先后被省、市多家媒体和"学习强国"平台采用播发。先后以戏曲、小品、歌曲等形式录制了疫情防控节目和知识音频120条，分发至全县近600个村播放。融媒体中心官方抖音发布短视频446条，单条信息点击量10万以上的37条，20万以上的22条。多媒体平台齐头并进，真正实现了全媒发声。

二是拓展"媒体+"功能。 杞县融媒体中心全力打造"云上杞县"APP，开设了问政、资讯、杞县订阅号、党建、乡镇、学习等版块；开通了问政功能和便民服务功能，为用户提供了政务、医疗、教育以及缴费、查询、出行等一系列便民服务和各类与群众生活息息相关的政策信息、新闻资讯。目前，"云上杞县"APP下载量达14万，注册用户18.8万。

三是搭建网络问政平台。 杞县融媒体中心与县纪委监委、督查局联合打造了《政情直通车》《问政帮你办》等具有本土特色的品牌栏目，以网络平台为媒介，打通党和政府跟人民群众紧密联系的"最后一公里"。《问政帮你办》自推出后，网友留言近万条，问题办结满意率达到了92%，便捷、透明、高效的问政服务得到了网友们的真心点赞。

三、突破造血瓶颈，增强全媒活力

一是以融媒体中心为主体，成立科技文化传媒公司。在确保"新闻立台"原则的基础上，积极探索多元化发展道路。以传媒公司为载体，开展教育培训、线下活动、视频制作、广告设计等业务，实行企业化管理经营，依托公司经营效益，实现"自我造血"能力。中心成立以来，先后举办了"杞县春节联欢晚会""杞县舞蹈大赛""寻找特约新主播""杞县青年歌手大赛"等大型线下活动。同时，还积极承办了"杞县道德模范表彰大会"、"杞县首届新风尚集体婚礼"、敬老孝老"饺子宴"等重大文化活动，实现了文化建设和经营创收"双赢"。

二是加快推进广告经营制度改革，创新广告创收策略。首先，进一步明确新闻宣传和经营创收部门职能，把创收主动权下放给各创收部门，并鼓励中心全员创收。其次，制定广告创收提成办法并报上级部门审核，通过提成奖励，有效激发干部职工的创收积极性，从而带动中心收入逐步提升。

自中心2018年年底挂牌运行以来，国家广电总局、省委宣传部县级融媒专班、省网信办、市委宣传部等各级领导先后到中心调研、指导工作；汝南、卫辉、新安、延津、淇县等多家兄弟单位前来参观学习，交流经验。2019年，省委宣传部《河南新闻动态》、开封市改革办简报分别刊登和推广了融媒体中心建设的经验做法。杞县融媒体中心代表分别在全省2019年县级融媒体中心培训班以及2020年开封市疫情宣传工作会议上作了典型发言。2020年7月，在全省县级融媒体中心考核验收中，杞县融媒体中心取得了开封市属县区第一，位列全省优秀方阵的好成绩。

通许县融媒体中心：
乘风起，"融"久远

一年多来，通许县融媒体中心在县委、县政府的正确领导下，坚持一手抓宣传，一手抓融媒改革，不断创新体制，讲好通许故事，自觉承担起"举旗帜、聚民心、育新人、兴文化、展形象"的使命任务，为通许经济社会发展积极贡献了媒体力量。

为加快推动通许各类媒体在体制机制、生产流程、平台建设、人才技术等方面的融合工作，2018年，根据县委安排，县委宣传部、县广播电视台先后多次赴先进地区进行了参观考察。

2019年2月至4月，县委常委会专题研究县融媒体中心筹建事宜，县政府专门召开县长办公会专题部署融媒体中心建设相关工作，并成立县融媒体中心建设领导小组，切实把此项工作作为县委"一把手"工程和意识形态工作责任制的重要内容。

2019年3月，总投资360万元的融媒体中心在原广播电视综合楼内部开始进行全新升级改造和建设。经过两个多月的紧张施工，于6月28日，经县委、县政府同意，通许县融媒体中心正式挂牌成立，并投入使用。

通许县融媒体中心融电视、广播、政府网、微信公众号、"云上通许"APP、手机报等多种县域主流媒体平台为一体，为成功打通媒体融合"最后一公里"，更好地传递党委政府的声音、引导服务好群众奠定了坚实的基础。

通过整合资源、规范流程、统筹调度、聚合发力，融合后主流媒体的优势得到了充分有效的发挥。采编中心的记者们外采的稿件通过一次采集，可以在电视、公众号、客户端、短信平台等不同形式进行多路制作、分头包装，体现出了形式上"八仙过海，各显其能"的风格，然后通过"三审三校"的工作流程，在不同宣传平台和渠道上播发和推送，传统媒体和新媒体的"联袂"发力，使全县的新老受众都能在不同的媒体平台接收到党和政府的声音及各类资讯，这种"中央厨房"式的采、制、播模式是县级融媒体中心运行以来在工作形态、工作方法、工作机制方面最直接、最有效的体现。

　　按照"向移动媒体倾斜"的工作原则，通许县融媒体中心重点打造了"云上通许"客户端，将本地广播、电视、手机报、公众号、网站等主流媒体平台全部嵌入该APP，切实融为一体，并保持每日适时更新，真正实现了"一机在手，尽览通许大事小情"。同时，该APP的便捷即时性已凸显其强大的生命力和广泛的关注度，尤其是在2020年新冠肺炎疫情防控最严峻的时刻，即时发布和推出政府部门的相关政策和资讯，通过APP的传播和朋友圈的大量转发，让广大人民群众以最快的时间了解到党和政府的声音及各类知识动态，为有力打赢这场阻击战发挥了无可代替、不可或缺的作用。其中在"云上通许"客户端开辟的"人人献出一点爱　众志成城控疫情"

系列报道在河南省委宣传部主办的《河南新闻动态》第663期中刊发。目前，该APP每月推送本地稿件量在200篇以上。

依托"云上通许"APP，设置了"问政""便民""直播"等版块，通过与城管、公安、银行等多部门合作，实现各部门联动，达到掌上政务、便民服务有效及时服务全县百姓的效果。

2020年，通许县融媒体中心通过"云上通许"客户端在"直播"版块，对"中国开封菊花文化节通许分会场""中国农民丰收节通许分会场"等大型活动进行了全程直播，对活动的盛况及通许的名优特新农产品进行了大力的推介和宣传，达到了很好的宣传效果。同时，通许县融媒体中心还利用该客户端对省、市重要新闻发布会进行适时转播和推送，让全县人民群众在"掌上"及时了解政策形势、新闻动态。

为加快推进"云上通许"客户端安装下载数量，县委宣传部专门研究下发有关文件，要求全县县直各单位、乡（镇）全体干部职工积极下载，建立联络机制，大力推进"云上通许"APP的关注度和使用量。

融合刚刚起步，创新永远在路上；乘风而起，唯有融合才能长久。县级融媒体中心建设是把握正确舆论导向，巩固壮大主流思想舆论的战略举措，是强化新闻舆论阵地、提升社会治理水平、加大

风险防范力度的有效方法。在下一步的工作中，通许县融媒体中心将在加大智慧项目建设、积极筹备电商平台工作、提升融媒产品传播力等方面下功夫，在创新上更进一步，切实为全县群众搞好服务，解决生产生活难题，尽快实现通许融媒在权威性和传播力上的"全面提升"。

尉氏县融媒体中心：
统筹衔接，未来可期

　　尉氏县融媒体中心起步虽比前期试点县较晚，但尉氏县委、县政府对融媒体中心建设高度重视，专门成立了由县委书记梁东雁为组长，县长张锋，县委常委、宣传部部长叶伟为副组长的建设领导小组。由县委、县政府高位推动，投入1000余万元，建立了一套高标准的技术平台和顺畅的工作体系。

　　在办媒上，尉氏县融媒体中心不仅打破了传统媒体的思维定式，还优化整合了媒体资源，形成了"传统传播＋移动传播"为主体的融媒矩阵，倡导"三个全员"，即全员自学、全员轮训、全员服务；开展了多次系统培训，达成新闻资源多平台共享，实现了"统筹策划、一次采集、多种生成、多元传播、科学评价、有效应用"的专业模式。

　　增加社会民生类新闻占比，民生新闻占比增加到50%。截至

2020年11月底，尉氏网共发表稿件1505条、"尉氏之声"微博发表1550余条。"云上尉氏"APP共发表2779条稿件，其中820余篇优质稿件被省级平台大象新闻采用。多次进入河南县级融媒体中心大象新闻客户端"云上河南"优质稿件点击量前10名，稿件采用量全省前10名。

尉氏县融媒体中心始终认为传统媒体与新媒体是互补共生关系。新媒体平台对资讯的快速传播，更契合现代用户接受信息的习惯，所以传统媒体要扩展报道的影响力，就少不了新媒体平台；当然，新媒体平台同样离不开传统媒体，无论是新闻信息的生产和供给，还是在公信力上，都依赖传统媒体。而融媒人要做的就是把两者有机地融合贯通，取长补短。

以2020年8月份大规模降雨导致城市内涝的情况为例，当时大多数群众都难以出行，但是又特别关心身边的汛情。及时的信息发布成了很多人甚至是政府部门的刚需，尉氏县融媒体中心第一时间进入应急状态，精心策划、周密部署，内宣外宣、网上网下，融媒体中心全体职工协同作战，电台、电视台、手机报、"云上尉氏"手机客户端等全平台联动，共同讲好了尉氏防汛救灾故事。既发挥好党和政府的喉舌作用，做好引导宣传，又做好党和政府的灵耳亮目，为指挥部及时提供一线防汛的最新动态，受到了尉氏县委、县政府

的通报表彰。在两天时间内自采播发防汛稿件13篇(件)，其中《您"蓝朋友"送水来了》的报道获得省平台指尖排行榜第二名。这里体现的就是一个新媒体平台传播与传统媒体报道方法的融合共赢。"传统"不是媒体的负担，而是优势，通过传播正能量，为广大受众做好大科普，从而达到辟谣治谣的目的，也促使尉氏融媒体中心实现信息采集到信息传播模式的重塑。

对于下一步工作，尉氏县融媒体中心将依托初步形成的全媒体矩阵，在变与不变中进行改革。既坚持党媒姓党不变，牢牢把握新闻舆论工作的正确政治方向，积极推动融媒体建设与事业发展相融合，又不断提升专业技术水平，着力打造坚强战斗堡垒。不断增强用户黏性的思维与方法，通过整合社会力量与旗下各平台用户资源，使各平台之间联合共通、相互融合。使各方面的配合协同化、规范化，从而更好地服务群众，得到群众认可。作为这方面工作的初步探索，尉氏县融媒体中心与县督察局、网信办联合开通"云上尉氏"APP网络问政服务，打通了"服务群众最后一公里"。

统筹衔接，未来可期。《中共中央关于制定国民经济和社会发展第十四个五年规划和二〇三五年远景目标的建议》发布，明确提出"推进媒体深度融合，实施全媒体传播工程，做强新型主流媒体，建强用好县级融媒体中心"。在中央和国家层面的不断推动下，媒体融合发展将进入新阶段。相信在党的政策的正确指引下，在县委、县政府的大力支持下，在全体干部职工的共同努力下，尉氏县融媒体中心事业将不断发展，尉氏融媒体全体职工有决心、有信心完成党和人民赋予我们这一代媒体人的新使命。

兰考县融媒体中心：
守正创新，砥砺前行

2018年12月28日，兰考县融媒体中心正式挂牌成立，2020年4月份再次深化对管理体制和运行机制的改革，按照生产流程再造组织机构、分配人力资源、重塑薪资系统，破除了人力、平台、管理、技术等方面的"痼疾顽症"，开启了兰考县媒体融合发展的新篇章。

一、探索融合渠道，推进体制机制改革

作为习近平总书记第二批党的群众路线教育实践活动联系点，兰考县委、县政府高度重视媒体融合发展工作和县级融媒体中心建设，县委全面深化改革委员会领导小组将媒体融合发展列入重点突

破改革项目,下发《兰考县融媒体中心改革方案》。

兰考县融媒体中心立足实际,整合原有电视、广播、新媒体等多个传播平台,取消原有频道制,打破"你是你、我是我"的原有模式,形成"一次采集、多元生成、多渠道传播"的生产流程,实现了传统媒体和新兴媒体的优势互补、协调推进、一体发展,有效提升了主流新闻舆论的传播力、引导力、影响力。

二、发挥融媒优势,讲好兰考故事

兰考县融媒体中心在改革融合过程中始终坚持党的领导,加强党性教育,全力服务好县委、县政府中心工作,尤其是在脱贫攻坚、乡村振兴、文明城市创建等方面,配合县委、县政府进行了长期高频率的宣传报道,讲好兰考故事,为兰考发展加油鼓劲,在全县营造了浓厚的舆论氛围。

时政栏目《兰考新闻》,充分体现了"大屏+小屏"的互动理念,在小屏上开设留言板,引导受众发声,形成观点碰撞,并将各方面观点整合后连接到大屏上,丰富节目形式,提升宣传报道的效果。而民生栏目《生活帮》利用小屏收集群众的操心事、烦心事、揪心

事，栏目记者帮助解决后，通过大屏播出提升媒体公信力和影响力，通过小屏回应增强节目的服务性和互动性。

在疫情防控期间，兰考融媒快速响应、全媒联动，第一时间聚焦疫情防控总体态势，发布权威信息、回应公众关切、讲好战"疫"故事、有力引导舆论，在最短的时间里，以最快的速度打响了疫情防控的宣传战。特别是策划拍摄的《兰考疫情防控四部曲》，为鼓舞抗疫士气、凝聚社会力量发挥了积极作用。

三、坚持移动优先，强化融合传播

2020年疫情得到控制后高三开学时，兰考融媒通过"云上兰考"客户端，实时直播高三学生入学场景，全方位展现学校防控工作，观看人次达8万多，及时消除了家长的顾虑，在社会上引起了强烈反响。此外，兰考融媒还做了两会、文明城市创建、集体婚礼、人口普查等网络直播，移动优先的传播顺应了社会发展形势，媒体的舆论引导力和影响力也逐渐增强。

2021年扶贫日期间，兰考融媒策划了脱贫系列报道《听我说谢谢你》，展示脱贫攻坚成果和群众幸福生活。作品在"兰考手机台"微信公众号、视频号、"云上兰考"APP、快手、抖音等多个平台同步推送，受到了大量关注，并被推送到河南电视台"大象新闻"APP首页置顶、"学习强国"平台，点击量累计超过10万人次。

四、做强做活产业，实现效益双丰收

兰考县融媒体中心坚持采编经营两分开，整合现有资源，积极对接市场，探索多种盈利渠道。比如，盘活广播直播车、电视直播车等资产，以市场化形式面向全省开放。以建设县域综合服务平台为抓手，与有关部门、单位开展深度合作，通过合办专栏、举办晚会、承办活动等，实现社会效益和经济效益相统一。2021年兰考融媒举

办了国庆大合唱、医师节晚会、教师节表彰、重阳节晚会、集体婚礼、房展车展等大型活动，不仅提高了经济效益，还提升了融媒影响力和公信力，树立了大活动品牌形象。

为营造良好的税收环境，规范税收秩序，促进财税收入，2021年兰考融媒与税务局联合举办"开票有奖"活动，鼓励消费者消费索要发票，为国家增加税收，截至目前，"开票有奖"活动已开展两期，从4月15日至9月30日，共录入发票5万余张，参与人数上万人，录票总金额达 2000 余万元。通过线上、线下多种方式宣传发动，消费者的护税意识明显增强，活动达到了良好的效果。

改革永远在路上，下一步，兰考县融媒体中心将进一步加大在内容生产、技术支撑、运营管理等方面的创新力度，更好履行新时代赋予的职责与使命。

洛阳市

孟津县融媒体中心：
创新体制机制，变"输血"为"造血"

孟津县融媒体中心自2019年8月挂牌成立以来，创新体制机制，全媒立体传播，强化功能发挥，尝试市场化运营，引导群众、服务群众，努力走出具有孟津特色的融媒发展之路。

融合发展，融出生机

一是强化技术支撑。投入650万元财政专项资金用于融媒体中心建设。目前，已接入省平台实现全省一张网，自主开发的"掌上孟津"客户端已投用，电视信号实现高清数字化播出。

二是创新体制机制。中心设置新闻和运营两大中心，全员聘任、绩效考核、薪酬激励。新闻中心通过阅评制度按稿件质量分级评定奖励，与10%绩效考核工资"单挂钩"；运营中心通过基础工资与基本工作量、奖励工资与运营收益15%"双挂钩"。

三是拓展运营渠道。探索事业体制、企业管理，成立"孟津广播电影电视传媒有限公司"，承接县域宣传推介活动、启动直播带货营销新模式，激发自我造血功能。

四是打造品牌立体传播。开通"孟津融媒"各平台账号，力争多渠道、快节奏、立体式传播。目前"孟津融媒"抖音号粉丝量突破21万，"孟津融媒""孟津发布"微信公众号粉丝量10.7万。

增加黏性，发挥功能

孟津县站位社会治理高度，融合做强传统媒体、做大新媒体，不断增加用户数量、用户黏性，强化发挥三大功能。

一是强化主流舆论功能。做强做优传统媒体，打造主流舆论阵地，重点通过省、市、县三级APP和"学习强国"、新华社客户端，推出回应热点关注的《新闻观察》、推介诗和远方的《走遍孟津》、服务基层一线的《直通政务》三大品牌栏目。仅疫情期间，就在各级媒体刊发新闻197篇，新华社客户端刊发46篇，"学习强国"刊发76篇。通过排兵布阵立体发声，全县经济发展、社会民生、历史文化等信息得以有效传播，孟津县融媒体中心的影响力、公信力全面提升。

二是强化综合服务功能。做大做强新媒体，打造"新闻+政务+

服务",疫情期间"孟津融媒"各账号平台围绕中心工作和群众关切主动设置话题,第一时间发布权威信息,23场不同侧重点的直播让群众宅在家也愿意看、能参与、能互动,很大程度上把受众"绑"在融媒平台不愿离开,用户数量迅速增长,4月5日"欢迎孟津援鄂医疗队凯旋"直播实时在线观看人数达19.2万,互动、点赞超40万人次。

三是强化信息枢纽功能。积极参与"智慧孟津"建设,建成县人民医院、县中医院"智慧行业"项目,朝阳镇卫坡村、麻屯镇卢村、后楼村"智慧村庄"项目。"掌上孟津"客户端设置"微信息"专区,"孟津融媒"公众号设置商圈《今日信息》子栏目,主推本地生活和便民信息,累计浏览445.4万人次。

激活动力,全面运营

积极适应新形势下互联网媒体格局,全面拥抱互联网,打造新天地。

一是绩效+薪酬,激活动力。新闻中心工资与绩效单挂钩,运营中心工资与奖金双挂钩,最大程度调动工作积极性,体现同工同酬、优劳优酬。两大中心人员根据发展需要、个人能力和意愿可竞争性流动。通过机制调动,目前各类宣传片制作周期由原来的1个月缩短至7天,运营中心人员工资也大幅提高。

二是直播+网红,破冰市场。全力打造"直播经济""抖音经济""短视频经济",助力脱贫攻坚、衔接乡村振兴。"孟津融媒"微信、抖音、快手平台23场直播收入近百万元;推出"姐妹花""兄弟档"网红主持人直播带货,与孟津电商平台和益农信息社利益分成,推销山药、孟津梨等农产品3万余斤,4月底开始实现多平台同步直播常态化,在收获社会效益、经济效益的同时,积累运营经验,培养专业人才,加强队伍建设。

三是服务+运营，自我"造血"。自主开发的"掌上孟津"客户端设置8个栏目、8个专区。以优质服务为前提，"小店""商城""微经济""微信息"等专区主要对本地特色、特产等进行自主运营。目前已有101家特色店铺入驻"小店"，30家房产、商超等较大规模商户入驻"商城"，通过固定服务费和约定分成等方式互利双赢。下一步运营专区还将开启电商模式，自主实现线上下单、支付。

　　下一步，孟津融媒**一是做强主流舆论**。围绕传承红色基因、弘扬黄河文化、决胜全面小康、"三治"并进服务进村、公民思想道德建设、文明创建、文旅融合等中心工作，策划开展"黄河情·孟津颂"诗词大会、新时代理论宣讲大赛、"最美孟津人"楷模发布厅、"班超故事"演艺等系列活动，实现互动传播高质量，做强主流舆论。**二是做大融媒品牌**。策划实施推广"四季孟津""万里黄河孟津蓝""解码孟津"系列创意微视频推广项目，"社会公德、职业道德、家庭美德先进典型"系列楼宇公益广告项目，"孟津故事、黄河文化、红色基因"微电影展示项目，强化《直通政务》《新闻观察》《走遍孟津》三大栏目，做大孟津融媒品牌。**三是提升运营成效**。"掌上孟津"客户端目标用户数量突破10万人,进一步扩大抖音号粉丝量,增加受众量、提高日活量。深度参与"智慧城市""智慧管理""智慧行业""智慧村庄"建设。用好微信、抖音、快手等直播平台提升运营成效,真正把融媒体中心建成主流舆论阵地、综合服务平台、社区信息枢纽。

新安县融媒体中心：
高标准"建起来"，高质量"用起来"

2018年，新安县被河南省确定为县级融媒体中心建设试点县。2018年12月底，新安县融媒体中心挂牌成立。两年来，新安县认真贯彻落实中央、省委、市委关于加强和改进新闻舆论工作的要求，坚持以习近平新时代中国特色社会主义思想为指导，加快推进主流媒体融合转型，创新机制，筑牢主阵地、挺进主战场，构建起来全媒体传播新格局。

高位推动，画好"一张图"

新安县将融媒体建设作为"一把手工程"，由县委书记总负责，县委常委、宣传部长具体抓，成立了县编办、人社、财政等相关部门积极参与的融媒体中心建设工作推进组，把推动媒体融合发展纳入全面深化改革内容，明晰融合发展定位，学习和借鉴外地融媒体建设经验，坚持用媒体融合理念谋划推进。新安县紧盯融媒体中心"融"的关键点，投入资金1000余万元，由河南大象融媒体技术有限公司承建的融媒体指挥中心技术平台于2019年8月建成投入使用，并与省平台实现了对接，成功打造了"资源通融、内容兼容、宣传互融、利益共融"党的新型主流舆论阵地、综合服务平台。优化整合县广播电视台与新闻中心资源，形成融报、台、网、微于一体的全媒体矩阵。

平台赋能，织密"一张网"

县融媒体中心建设的关键是用"融"的理念强化"融"的深度和广度，重点在"准""新""微""快"上下功夫，精准定位受众，利用短视频、直播等传播手段，打造与主流媒体品格和气质相一致的新闻精品。紧紧围绕县委、县政府工作大局，深耕本土资源，创作有影响力的作品，讲好新安故事，唱响发展主旋律。

坚持移动优先，发挥本土主流媒体的舆论引导力，充分利用"云上新安"客户端、微信公众号、抖音、新安网、微博等新媒体平台，抢占新的舆论场，第一时间推出有温度、有力度、有深度的宣传报道。

走好网上群众路线，利用新媒体平台，设置话题征集、投票活动，同时聚焦群众关心的社会热点、焦点、难点话题进行深入挖掘报道、引导释疑，创新报道方式，今年以来，10万人次以上阅读的新媒体作品持续出现。

媒体融合后，传播力、引导力、影响力、公信力显著增强。"云上新安"APP设置有"热点""要闻""微视频""新安号""文明实践"和"党建服务"等板块，第一时间推送报道，与"新安县发布"和"新安融媒"微信公众号、新安网、广播电视和报刊相互配合，推出各具特色的报道，既满足了时政报道现场的需要，也满足了群众对信息的需求，织就了一张融合发展的宣传矩阵网。

建强用好，下活"一盘棋"

建得好更要用得好。2020年年初的新冠肺炎疫情防控战是融媒体中心成立后的第一场硬仗，新安县融媒体中心人员迅速反应，从休假中立即归队，成立党员先锋队和青年突击队，赶赴一线开展采编工作，针对报纸、电视相对滞后的问题，年轻的融媒体新媒体"两微一平台"发挥了至关重要的作用，发布公告、撰写评论、开展访谈、制作小视频、宣传复工复产，同时引导社会自媒体转发主流媒体的消息，全县上下集中精力防控疫情。2020年10月7日晚，策划直播的"我在新安等你——与秋晚·同国庆·共心安走进应天门主题晚会"，吸引3000多名游客现场观看，线上直播累计近百万人收看，对传递新安形象起到了良好的效果。

建得好更要服务好。打造"新闻+政务"服务平台，探索整合党政部门信息资源，主动融入和服务中心工作。新安县融媒体中心先后承办了"樱桃谷骑行赛""全国樱商大会""冬桃节""中国书法·年展首届千唐志斋'蛰庐奖'颁奖典礼"等大型活动。与县扶贫、商务等部门对接，县长、县直部门一把手、镇党委书记等直播带货60余场次。2020年5月份，对樱桃经济文化节进行直播。大会期间，与外地媒体联动，实现了新安分会场和烟台主会场嘉宾互

动、同步直播，为新安樱桃走出新安、走向全国起到了巨大的推介作用。新安县青要山镇小沟村是新安县融媒体中心的扶贫帮扶村，先后组织举办了"小沟桃花节""冬桃节"及主持人直播带货活动，小沟村成了"春有桃花节，夏有避暑游，秋有百味果，冬有采摘游"的网红村。

　　坚持"新闻立台、内容为王、融合共享、创新发展"的工作理念，以内容为根本，内部抓质量，外部树形象，融媒体中心各项工作成果丰硕。在省委宣传部组织的全省县级融媒体中心建设验收中，被评定为"优秀"等级。近日，新安还经中宣部批准，正在加紧建设全国首批县级融媒体中心"学习强国"平台。新安县融媒体中心注重与上级平台联动，重要稿件在省市台、"学习强国"平台、腾讯视频、今日头条等媒体上推送。特别是《抗疫有我》《党旗飘飘》《白衣执甲　勇士归来》等栏目，新安宣传片《我在新安等你》、旅游推介片《县委书记当导游》《我为新安特产代言》等一批作品的关注度和点击量创历史新高。今年以来，新安县融媒体中心上稿中央级媒体平台11条、省级45条、市级204条、"学习强国"平台166条，进一步扩大了新安的影响力。

　　建起来，用起来，强起来，未来的新安融媒将持续探索，守正创新，奋力前行，努力打造具有时代特色的强势媒体。

栾川县融媒体中心：
乘风破浪绘蓝图，拥抱融合新时代

为顺应新时代媒体发展趋势，栾川县坚持以习近平新时代中国特色社会主义思想为指导，全面推动融媒体中心建设，促进传统媒体和新兴媒体优势互补、一体发展，进一步提升了党的新闻舆论传播力、引导力、影响力、公信力。

夯实基础　整合资源

自 2019 年以来，栾川县参与融媒体建设工作人员分别前往北京市昌平区、周口市项城市等地考察学习融媒体建设工作，有针对性地学习成功经验，并结合实际分析栾川情况。从 2019 年 4 月起，分 3 批 12 人次的各媒体工作人员前往洛阳学习"中央厨房"直播平台运用、移动客户端发布与应用等融媒体技术，提升新闻从业人员业务能力。

2019 年 5 月 30 日，栾川县融媒体中心挂牌成立。洛阳市委宣传部副部长、网信办主任杨霞和栾川县委书记董炳麓一同为融媒体中心揭牌。同时，投资 700 余万元建成的融媒体指挥调度中心启用，配置了功能齐备的新闻采、编、播设备，至此完成媒体机构、传播平台和人员的整合，实现新闻采、编、播、发、管等流程再造。

如今，栾川县融媒体中心广播、电视、《今日栾川》、中国栾川网、手机报、微信微博、快手抖音、"云上栾川"APP 八个媒体组成的融媒矩阵已在信息内容、技术应用、平台终端、管理手段等方面完成深度共融互通，成为栾川主流舆论阵地。

融合互通　成效显著

（一）唱响主旋律，讲好栾川故事

围绕县委、县政府中心工作，栾川县融媒体中心专题策划"抗击疫情　我们始终在一起""学习贯彻党的十九届五中全会精神""大干六十天　决胜收官战""融媒走村看脱贫""选出'好头雁'换届迎振兴"等专题，派记者深入基层一线，挖掘深度报道，采集出一大批"沾泥土、带露珠、冒热气"的高质量作品，通过融媒矩阵，实现一次采集、多元生成、一键分发、全媒传播，真正构建起多平台共享、多渠道分发的融媒体业态，赢得社会各界广泛好评。

疫情防控期间，《出征！6勇士的高清照片，出发前的感人场景》《感谢你，每一个平凡的栾川人》《一份"特别的捐赠"》《打算外出务工的栾川人，有专车了》《又又小朋友，祝你生日快乐！》等众多稿件阅读量、传播量都达到新高，更有许多网友留言互动。

（二）用好融媒平台，打造优质品牌

栾川县融媒体中心积极谋划，通过直播活动助力县域经济发展。2020年8月，举办了"高山花海　清凉三川"大型直播活动，让观众通过手机感受三川镇的红色文化、特色农产品、特色美食、精品民宿，直播活动结束后，吸引了大批游客到现场观光游览，打响了三川文化旅游品牌，带动了当地群众增收致富。

2020年10月，栾川县融媒体中心联合栾川县公安局夜查酒驾，同时针对道路不文明行为开展专项整治检查，活动通过线下拍摄、线上云直播、门户媒体宣传、直播APP接入、全媒体辅助宣传大力营造社会治安良好、社会秩序井然、健康向上的社会风气，直播吸引了广大群众在线观看并留言互动，为栾川创建"全国文明城市"

注入了力量。

为有效解决占用、堵塞消防车通道问题，确保消防车通道畅通，2020年12月，栾川县融媒体中心联合县消防救援大队，利用全媒矩阵优势，开展"打通生命通道从我开始"为主题的直播活动，直播深入全县重点小区，重点查处私家车占用消防通道现象，提高了人民群众防火安全意识，得到广大群众普遍认可。

2020年9月，栾川县融媒体中心举办城关镇首届"新时代道德模范"颁奖晚会，"助人为乐、见义勇为、诚实守信、敬业奉献、孝老爱亲、邻里和睦、创新创业、遵纪守法"道德模范现场接受表彰，激发了人民群众心中向善的力量，全面展示了人民群众崇尚文明、奋发向上、斗志昂扬、追求美好生活的精神风貌。

（三）提高造血能力，助力融媒发展

栾川县融媒体中心结合县域经济实际情况，依托媒体资源，大力推广"融媒＋商务"活动，对有意向单位企业提供"打包式"服务，借助新媒体的影响力，全力打造"直播经济""短视频经济""节会经济""影视制作经济"等商务服务项目，靠着一个个项目的攻坚，获取可持续发展的动力，实现社会效益和经济效益双丰收。

移动优先　服务群众

栾川县融媒体中心坚持移动优先原则，在"云上栾川"APP、中国栾川网等媒体开设问政版块，群众有诉求可以通过网络进行反馈，栾川融媒会及时督促相关单位进行回复。对于反映比较广泛、长时间得不到解决的问题，栾川融媒定期进行集中收集和调查，并通过《百姓问政》节目的形式，真正解决群众诉求。

日前，2021年首期电视问政已录制完毕，首期节目主要聚焦"云上栾川"APP中群众反映的物业管理问题、道路维修问题，以及烂尾楼迟迟不解决问题，节目现场相关单位当场对群众作出承诺，限期整改，解决问题。

同时，栾川融媒在广播电台开设《问政听民声》栏目，也将网络上百姓关注的社会热点、难点问题通过声音的方式进一步传送，栏目通过主播播报、电话采访问题相关单位、特邀评论员做客录播间等形式，围绕问政版块所反映的问题，为群众答疑解惑。运用全媒平台实行一系列举措，通过舆论监督推动工作落实，切实解决百姓的烦心事、忧心事、难心事，赢得广大民众好评。

嵩县融媒体中心：把好新闻写在希望田野，把好声音传到万户千家

嵩县融媒体中心于 2019 年 9 月挂牌成立，按照"党媒姓党、守正创新、融合发展"思路，务实、稳步推进传统媒体和新媒体融合发展，各项工作实现了开门红，传播力和影响力得到了显著提升。

按照移动优先的原则，嵩县融媒体中心以"云上嵩县"APP 为核心，整合嵩县电视台、广播电台、应急广播系统、嵩县网、抖音、微信、微博、头条号 8 个平台，打造"1+8"融媒体传播矩阵，实现了县域媒体"三屏一声"全覆盖。

按照"新闻＋政务＋商务＋服务"建设理念，着力打造嵩县主流新媒体，服务群众第一端。一是在做好移动端方面。全力打造"云上嵩县"客户端，目前注册用户突破 10 万，达到 10.5 万人。"今日嵩县"微信公众号 3 万多订阅量，抖音、头条订阅量也稳步提升。在《人民日报》发布的 2019 年 4 月至 2020 年 4 月全省 104 个县传播热度排名中，嵩县位居河南省第 11 名、洛阳市第 1 名。6 月 16 日至 6 月 30 日，在河南县级融媒体中心省级平台稿件采用量排名中，嵩县位列全省第 6 名，受到通报表彰。二是在做好新媒体产品方面。我们坚持"内容为王"，突出即时性，结合群众关注点，重点做好直播、短视频制作，例如在 2020 年 5 月开展的"端午乡村文化旅游节"直播活动中，有 14 万用户在线观看，截至目前共开展"中秋月家国情国庆晚会""风景这边读好"大型读书活动、直播带货卖蜂

蜜等各类直播活动 11 次。短视频方面，在"云上嵩县"开辟专栏，鼓励用户上传分享精彩视频；策划制作精品节目，例如《水韵陆浑》，分为 1 分、3 分等两个版本，分别在新华网、抖音、云上、腾讯等平台推出，5 天全网浏览量突破 400 万。三是在围绕中心工作方面。开展新闻供给侧改革，重点围绕"防疫宣传""复工复产""脱贫攻坚""两程理学研讨""走向我们的小康生活"等 5 个专题进行报道，创新开展主播说新闻等报道方式。在"云上嵩县"建立嵩县新闻、乡镇、县直、订阅等页面，实时更新，让群众第一时间了解工作动态。四是改革体制机制方面。重点实行项目制，在兼顾公平的基础上，打破原来的部门限制，按项目大小、贡献多少进行绩效考核。截至目前，共完成各类大型活动 18 次、专题片制作 60 余部、新闻报道 3000 余条，人员积极性得到充分调动。

工作中坚持创新新闻理念，打造精品力作，主张"跳出嵩县看嵩县，站在全国看嵩县"，树立大新闻格局。在创作思路上做到"三大"，即"大格局、大气魄、大手笔"，上接习近平新时代中国特色社会主义思想，下连县域经济社会发展亮点工作，紧盯中央和省市主流媒体风向，找出在当地的生动实践。在创作上坚持"三精"，即"精准选题、精细制作、精美力作",凡是嵩县融媒出品,必属精品。在具体创作上做到落实、落地、落小,用小切口反映大主题、用小故事反映大变化,画好嵩县高质量发展工笔画。截至目前,嵩县融媒共在市级以上媒体播发新闻200条,其中中央电视台17条、新华社15条、河南电视台等省级媒体83条(其中《河南新闻联播》17条、《聚焦》栏目10条)、洛阳电视台等市级媒体108条(其中《洛阳新闻联播》19条)。

  深刻把握"五变五不变":一变的是新闻生产方式,从广播电视、新媒体单打独斗各做各的到构建中央厨房一体筹划采编播发,不变的是创意引领,策划先行;二变的是新闻传播方式,从传统渠道为主到移动优先,不变的是内容为王,主题为要;三变的是群众观看需求,从看电视、听广播、读报纸到发微信短视频、刷抖音和快手,不变的是对有温度的文字有情怀的视频,沾泥土、带露珠、冒热气精品力作的需求;四变的是发展思路,从广播、电视、新媒体三足鼎立,条块分割,到打造全媒矩阵,实现融合发展,不变的是围绕中心服务大局,不断做大做强主流舆论的要求,唱响主旋律,弘扬正能量的任务;五变的是融媒发展所需人才,从传统的摄像、播音、编辑等岗位区分到需求更多的集采编播发技能于一身的全媒型人才,不变的是坚持党媒姓党绝对忠诚,做好党和人民喉舌的根本要求。经过一年多的努力,嵩县融媒体中心先后在中国视协的评选中获一等奖3个,在河南省广电协会的评选中获一等奖3个。

汝阳县融媒体中心：
守正创新正当时，融媒发展谱新篇

2019年5月14日，汝阳县融媒体中心正式挂牌成立，围绕整合媒体平台资源，实施移动优先战略，增强品牌内容的核心竞争力，构建全方位媒体服务新格局，在服务转型中切实推进汝阳县融媒体中心建设发展。

创新服务能力，打造服务型融媒体中心

汝阳县融媒体中心积极拓展"新闻＋政务＋服务＋商务"功能，着力打造综合服务平台。

一是坚定政治方向，服务党委、政府中心工作，打牢融媒根基。融媒体中心成立后，传播力量增强，认可度显著提升。2019年以来，仅电视直播30余场，将会议开到最基层，有效地传播了县委、县政府的声音。还对县内重大活动进行网络直播，如"七一"时代先锋、廉洁标兵等，选树了一批正面典型，更好地发挥了围绕中心、服务大局的作用。

二是依托媒体资源，服务企业单位，实现自我造血。汝阳县融媒体中心成立新媒体部和社会活动部，对企业、单位开展宣传服务，目前与汝阳农商银行、汝阳金堆城钼业、洛阳中联等重点企业达成战略合作协议，提供"打包式"服务，获取可持续发展的动力。主动承接一些社会活动，与商家、企业等合作，联合举办了儿童节晚会、毕业典礼、中秋晚会等活动，利用融媒体中心资源搞好经营，努力实现社会效益和经济效益双丰收。

三是坚持内容为王，服务社会大众，讲好汝阳故事。丰富融媒体产品形态，汇聚视频、图文等，区别于电视、报纸的长篇大论，推送的内容以短视频为主，更接地气儿。《汝阳味道》栏目，以人文视角聚焦，记录现实生活，一经推出单条阅读量平均都在1万以上，获得受众一致好评；《脱贫攻坚村村行》《幸福从哪里来》等专栏，贫困群众成为视频的主角，讲述自己的故事，一个又一个励志典型，提振脱贫志气，奋进在脱贫路上；《寻找最美乡村》栏目，结合乡村振兴，唤起人们心底的乡愁。

坚持转型升级，提高主流媒体影响力

坚持先进技术为支撑、内容建设为根本，推动传统媒体和新兴媒体在内容、渠道、平台、经营、管理等方面的深度融合，打造矩阵式融媒体平台，推动传统媒体与新兴媒体深度融合、一体发展，切实提高融媒的传播力、引导力、影响力、公信力。目前汝阳县融媒体中心拥有电台、电视台、报纸、"今日汝阳""汝阳播报"微信公众号及微博、抖音、客户端等传统媒体和新媒体，汝阳融媒矩阵正式上线。

一是打造品牌资源，黏合用户。利用消夏文化广场，举办融媒体中心专场晚会，编辑记者从幕后走向台前，为广大群众奉献了一场精彩的晚会。开展现场抽奖活动，"涨粉"效果明显；利用网络投票，"微党课"评选、"最美汝阳人"评选、"道德模范"评选等，达到朋友圈刷屏效果，迅速"吸粉"。

二是创新传播手段，转型升级。在新冠肺炎疫情防控工作中，汝阳县融媒体中心坚持移动优先原则，依托客户端等融媒体平台及

时发布权威信息，推出融合创新报道，传达党和政府新冠肺炎疫情防控的工作部署，传播新冠肺炎疫情防控知识，有效回应社会关切，安定了民心，鼓舞了信心。

对老百姓关注的汝阳县援鄂医疗队出征、在鄂、凯旋等实施全程直播，对县城实施消毒的壮观场面进行现场直播，观看人数十万余次。通过此次疫情防控融媒报道的考验和历练，有效提高了新闻报道的生产效率。

汝阳县融媒体中心下一步将用实际行动践行"正能量是总要求，管得住是硬道理，用得好是真本事"，加强媒体融合发展，不断壮大主流思想舆论，切实推动宣传工作不断强起来。

宜阳县融媒体中心：
务实建设重利用，力求实效最大化

宜阳县融媒体中心于2018年8月启动建设，2019年5月挂牌开始运行，2020年7月顺利通过省委宣传部验收。在融媒体中心建设过程中，宜阳县融媒体中心坚持高起点谋划，接地气建设，科学化管理，力求工作成效最大化，打通引导群众、服务群众的"最后一公里"。

宜阳县委对融媒体中心建设工作高度重视，将此项工作作为"书记工程"重点抓落实。县委召开常委会议研究，明确县融媒体中心的主要职责；明确县融媒体中心为县委直属正科级财政全供事业单位，核定人员编制，设置主任、总编。

融媒体中心压缩机关科室和裁减冗员，不再区分传统媒体部门和新媒体部门，扁平化设置机构，内设党政办、总编室、指挥中心、新闻采访部、编辑制作部、技术保障部、社会活动部等部室。对原有人员进行整合，尽可能向一线倾斜。将广播、电视等平台的采编力量向互联网主战场会聚，打通平台界限，推动全员转型，打造能写作、能拍摄、能出镜解说、能编辑剪辑的"四能"人才。人人"一专多能"，力求"多专多能"。

慎重研究，根据实际需要制订长期和近期人才招聘计划，拟以多种方式灵活补充综合素质高、专业能力强的工作人员20名，目前已招录记者、播音员、主持人5名。在政策允许的范围内，努力实现用人机制、薪酬机制的创新，将薪酬、晋升与业绩挂钩，实现优劳优酬、多劳多得，激励人尽其才。制定、实施融媒体中心新闻采访部工作考核制度、融媒体中心编辑制作部工作考核制度等一系列实操性强的奖惩激励制度，收效良好，增强了从业人员的获得感、荣誉感和工作积极性。

"他山之石，可以攻玉。"从2018年起，宜阳县委宣传部、县广电台组织人员先后到项城、汝州等地实地参观学习融媒体建设，博采众长、结合实际拿出本县建设方案。投资280万元用于基础建设和对接省技术平台。按照《县级融媒体中心建设规范》要求，本着"因地制宜、节俭节约、科学实用"的原则，依托县广播电视台原有的办公场所进行提升改造，科学规划，精心设计，建成后的融媒体中心布局合理，实用性很强。"小投入"实现了"大效果"。

如今，宜阳融媒已形成集广播、电视、微信公众号、微博、手机报、抖音号为一体的传媒矩阵。

融媒体中心建起后，科学管理和使用，推进"融合不断深入，力求融合取得实效"成为工作重点。宜阳县融媒体中心坚持传统媒体和新媒体并重，兼容并包，各取其长，既延续电台、电视台等传统主流媒体原有的影响力和公信力，又运用新技术、展现新气象；更新一大批采编播设备，规范化建设高清播出机房，成功开通宜阳电视台高清数字电视信号，使传统主流媒体的影响力有增无减。

聚力发展新兴媒体。适应形势，移动优先。"云上宜阳"APP 2020年正式上线，使宜阳人随时随地能够"掌"握宜阳。上线不到一年已发布新闻7000多条。2020年以来"宜阳融媒"微信公众号推出的《我和我的祖国》等10余部作品，点击量超过50万次。《晒文旅家底　游河洛大地·宜阳篇》在"宜阳融媒"微信公众号推出后，创下单日点击量"10万+"的惊人纪录。通过新媒体平台直播了县长及第一书记带货、乡村文化旅游节、农特产品展销、道德模范颁奖仪式、全民健身日启动仪式、"扫黄打非"宣讲活动等，新媒体的传播力、影响力让人耳目一新。

切实做到真融真用。2020年以来，融媒体中心统筹下属广播、电视、微信公众号、手机报、"云上宜阳"APP等各类媒体，真正

实现"一次采集，多种生成，全媒传播"，构建"小屏快发、大屏选发、全媒体齐发"的传播格局，工作效率和宣传效果显著提升。疫情防控期间，制作《众志成城　防控疫情》《健康小课堂》《疫情防控警示钟》等系列节目，在广播、电视、微信、微博、手机报全方位、高密度推出，使宣传报道既有时效又有深度，优势互补，深受好评。

两年多来，宜阳县以融媒体中心建设运营为契机，提高了新闻舆论的传播力、引导力、影响力、公信力，提振了宣传系统干部、职工干事创业的信心和决心。下一步，融媒体中心将继续完善硬件设施，有序招录引进专业人才，多措并举强化保障，加大与中央、省、市等各级媒体合作力度，打造"宜阳融媒"过硬品牌，真正成为"主流舆论阵地、综合服务平台、社区信息枢纽"，更好引导群众、服务群众。

洛宁县融媒体中心：
融字当头，实干为先

洛宁县融媒体中心于2019年9月12日挂牌成立，目前中心设主任、副主任、总编辑、副总编辑各一名。洛宁县委、县政府把推动融媒体中心建设作为落实意识形态工作责任制工程、"书记工程"，列入全面深化改革重点项目，成立由县委书记任组长的融媒体改革领导小组，县委副书记、县长任第一副组长，常委会定期听取工作汇报，统筹推进工作。县里将融媒体中心设在县城中心地段水务大厦10楼，面积1300平方米，作为融媒体中心办公用房。从2018年至2020年，县财政累计投入资金800余万元，用于融媒体中心平台等重点项目建设和事业发展。

做好党建及脱贫攻坚宣传工作。 先后拍摄了驻村书记展风采系列报道25期，"一把手"访谈18期。《洛宁关庙村：奋斗青春沙梨飘香》讲述了关庙村支部带动该村产业发展，《王超林：发展

烟叶种植 带领乡民致富》讲述了河底乡城村支部书记带领群众致富，这些新闻节目受到大众广泛好评。

做好新冠肺炎疫情防控宣传工作。利用融媒体中心现有资源和优势，充分利用互联网的传播力和影响力，先后拍摄了《老白抗疫记》《洛宁老支书的"新战斗"》《武汉，我是洛宁》《聚焦洛宁的每一束光》《战疫党旗分外红》《明天，洛宁将以一座城的温暖迎接援鄂英雄回家》等宣传视频，录制播出了"援鄂六勇士、出彩洛宁人"系列报道6期，从不同方面、不同角度宣传全县各行各业为抗击疫情做出的贡献，大大提升了士气，更好地激发广大党员干部为民服务的情怀。

以新媒体为载体，推动内容优化。我们重点打造了"最爱洛宁"微信公众号、"最爱洛宁"抖音号和"云上洛宁"APP客户端等平台，不断提高平台活跃度和关注度。2020年先后推出《洛宁县送去13吨上戈苹果、8吨金珠沙梨、29吨青萝卜支援湖北武汉！武汉不孤单！》《独家连线：洛宁赴湖北医疗队给家乡人民报平安，保证圆满完成任务！》《洛宁再度上央视！河南洛宁：淡雅芬芳 万亩苹果花扮靓乡村》等新闻节目，累计观看人数达到300多万人次，新闻稿件浏览量在"10万+"，每个月浏览量在"5000+"稿件保持在5条以上。

创新节目形式，讲好洛宁故事。成功报道了"全国青少年校园足球夏令营（小学组）活动赛事""全省公路自行车锦标赛"等重要活动。2020年以来融媒体中心拍摄制作的新闻节目在省级以上电视台播出9个。开设直播专题"春风十里梨花香""洛宁邀您'云赏花'",通过6个年代故事,带领广大网友在线欣赏梨花美景,在线认购金珠沙梨果树,实现"云赏花、云帮扶、云认养",取得了良好的社会反响和经济效益。围绕脱贫攻坚,通过讲述"包竹粽绣香囊 特色旅游助脱贫"和"品种改良 野果变成致富果"等新闻故事,宣传洛宁县在脱贫攻坚工作中所做的工作等新闻报道,分别在中央电视台《朝闻天下》、央视二套、央视四套、央视十三套、央视十七套等播出。近期我们在北京新发地举行的金珠沙梨推介会宣传被中央电视台、北京电视台、河南广播电视台先后报道,进一步叫响洛宁系列农产品的品牌,大大提升了洛宁对外的知名度和美誉度。

媒体融合发展得好坏,关键在人才。单纯依靠传统媒体转型过来的采编力量远远不够,2020年洛宁县面向全社会公开招聘财政全供讲解员10人,劳务派遣19人,进一步强化了新闻舆论队伍,增加了新鲜血液。我们将着力培养一支适合融媒体时代,能写、能说、能拍、能录、能编、能策划等"多能"集合人才队伍。洛宁融媒体中心在实践工作中,始终秉持开放、共享的宣传理念,全力打造"台、端、微、视"全媒体矩阵。

下一步工作中,我们要进一步实现"五个融合":领导班子的融合、思想感情的融合、工作机制的融合、媒体形态的融合、福利待遇的融合。要努力提升"六个力":一是提升新闻传播力。要坚持新闻立台,在坚持团结鼓劲、正面宣传、正确导向前提下,努力增强新闻传播力。二是要提升舆论影响力。要完善、增强媒体功能,强化舆论监督、舆情收集报告,搞好网络问政、电视问政等,切实增强舆论监督。三是提升产品生产力。要提高人员素质、配好装备,在新闻产品和专题产品等各方面做成一流。四是提升品牌创新力。要

加强创新，培养造就一批名栏目、名记者、名编辑，新媒体要有网红，实现品牌带动、名人带动。五是提升市场竞争力。要增强市场意识，积极参与市场竞争，进而增强融媒体的综合能力。六是要提升队伍的综合力。综合力就是脚力、眼力、脑力、笔力，要深入开展"四力"活动，建设一支召之即来、来之能战、战之能胜的全媒体人才队伍。

伊川县融媒体中心：
内容为王，创新为要

2018年12月29日，伊川县融媒体中心正式挂牌成立。在省、市宣传部门的大力支持下，伊川县融媒体中心准确把握媒体融合发展的基本要求，坚持导向为魂、移动为先、内容为王、创新为要，强力打造融合新产品，逐步建立融合传播矩阵，宣传质量和水平明显提高。

融合聚力，成效初显

2018年8月21日，在全国宣传思想工作会议上，习近平总书记强调指出："要扎实抓好县级融媒体中心建设，更好引导群众、服务群众。"这为县级融媒体建设指明了方向，提供了根本遵循。在融媒体中心建设启动前，伊川县有《洛阳日报·县区版》、连续性内资《伊川》、"伊川新闻"微信公众号、伊川人民广播电台、伊川电视台、手机报、手机客户端等7个媒体，分属广播电视台、县委新闻中心、全媒体中心，管理分散，各自为战，传播力、影响力不强。县级融媒体建设是国家大事，是政治任务，乃势所必然。伊川县因势而谋、应势而动、顺势而为，将融媒体建设作为"一把手工程"，列入重要议事日程。县委、县政府出台了《关于进一步深化媒体融合工作的实施意见》，从人才、政策、资金等方面强力支持融媒体建设。

伊川县融媒体中心将原来的县属 7 个媒体进行整合，设一会二室五部，分别是：总编委员会、总编室、纪检监察室、行政管理部、新闻采访部、编辑制作部、技术保障部、事业发展部（融媒体传播公司）。融媒体中心的采编发人员统一办公、统一调度、统一发布，全景 VR、报纸、微博、客户端齐发力，做到了个性化生产、可视化呈现、智能化推送、互动化传播。

建立起总编协调、值班调度、部门沟通、采前策划一系列制度，形成采编发联动，人机无缝衔接机制，改变过去"一个媒体一套人马"的办公模式，采编发人员"人人见面，面对面工作"，真正实现"一次采集、多种生成、全媒传播、12 个平台扩散"，打通"电视台＋电台＋报纸"的壁垒，初步形成了媒体矩阵，取得握指成拳的"集群"效应。

注重人才培养，强化技术支撑

推行首席记者、名记者工作室，围绕业务骨干组建采编团队，形成"老带新""师傅带徒弟"的人才培养体系。同时，实行采编人员联系乡镇制度，既当宣传员又是运营者，确保首发首播，抢占舆论制高点。组建特约记者队伍，面向各乡（镇、街道）和县直各单位组建了 120 人的融媒体特约记者队伍，定期参加培训交流活动，与融媒体平台保持密切联系，县委宣传部每月对播发的正能量作品

进行评选，借力培育人才，与洛阳师范新闻与传播学院合作，建立实习实训基地，互学互鉴，推动伊川融媒体人才尽快成长。

依托省、市广电台融媒体中心的技术支撑和人力资源，整合先进的人才、创意、内容、渠道和资源，建立以互联网传播和新媒体生产为主攻方向的一体化运行机制，在"准、新、微、快、活"上下功夫。通过个性化制作、可视化呈现、互动化传播，让党的创新理论"飞入寻常百姓家"。

坚持内容为王，讲好伊川故事

用大屏推动小屏，小屏产生互动，互动聚集用户，推动党的声音进入各类用户终端，努力占领新的舆论场。《百姓问政》《探秘伊川》《致敬老兵》《老鸦岭纪事》《小小故事屋》《读书吧》《初心》等节目接地气、吸人气，让受众发声，让观点碰撞，让思想贯通，多屏联动，增强互动。开设"学习进行时"版块，打造基层干事创业的理论宝库、强魄铸魂的掌上平台。"少儿才艺大赛"是伊川县融媒体中心今年推出的大型少儿综艺活动。活动持续将近一个月时间，通过"云上伊川"APP、"伊川新闻"微信公众号、伊川（报）等本地新闻媒体，"云上河南"等省级新闻媒体，新华社现场云、抖音、微博等聚合类新闻客户端等平台传播。所有平台阅读量达556443人次。通过大赛，微信粉丝、抖音粉丝、"云上伊川"APP下载合计增长近 40000 个。"伊直播"是伊川县融媒体中心推出的"网络直播、公益助农"大型网络直播活动，伊川县委常委、统战部部长姬素娟倾力代言。伊川县农业产业化龙头企业负责人走进直播间推介特色农产品，高考结束后准大学生走进田间地头为伊川农副产品代言，最大化提升伊川农产品的品牌价值和品牌影响力。2020 年 7 月 23 日 CCTV-1《晚间新闻》播出的《[河南] 生态恢复引客来　黄河湿地成鸟类天堂》这一 30 秒的新闻，采用伊川县融媒体中心记者拍摄的伊川伊河国家湿地公园的镜头达 15 秒，新华社客户端刊发的《河南伊川：党员传帮带　村民致富快》，新华网刊发的《河南伊川：千名学生拜师长》阅读量均达 60 万以上，为擦亮伊川名片、讲好伊川故事、树好伊川形象发挥了重要作用。

创新运营模式，增强造血功能

打造"新闻 + 政务 + 服务"模式，将属地的政务信息、便民服务等功能整合到融媒体中心"云上伊川"APP，形成资源共享、覆盖广泛、渠道丰富、与群众生产生活联系紧密的新平台。"云上伊川"APP 全方位、多角度为群众的衣食住行游乐购提供高品质的服务，努力做到"'云上伊川'在手，民生万事不愁"。与此同时，成立国有全资伊川融媒体传播有限公司，发展广告业务和相关文化产业，增强造血功能。

偃师市融媒体中心：
深化媒体融合，推动转型发展

偃师市融媒体中心 2019 年 9 月挂牌成立以来，按照科学整合机构，创新体制机制，深化媒体融合，实现转型发展的工作思路，积极稳妥推进融媒体中心建设，顺利通过了省委宣传部融媒体平台建设达标验收。

守正创新，深化媒体融合

一是科学整合机构。融媒体中心是由原广播电视台和新闻中心合并组建而成，根据中央提出的"融为一体，合而为一"的工作要求，经过认真调研，结合实际，整合了所有的新闻采编、制作编辑、技术保障和广告运营等力量，成立了新闻采编中心和市场运营中心，将人员力量向一线集中，部门工作效率明显提升。

二是创新体制机制。一方面实行探索全员绩效管理，推进人事薪酬制度改革，制定了绩效考核办法和新闻宣传工作奖励办法等制度，实行了"基本工资+绩效"的薪资体系，体现了同岗同责、同工同酬、优劳优酬。另一方面我们探索推行干部职工双选双聘制度，建立健全干部考核机制，最大限度调动职工工作积极性。

三是深化媒体融合。集中整合平台采编力量，建成"偃师融媒""中国偃师"微信公众号、"云上偃师"APP 平台等全媒体矩阵，形成了新媒体与传统媒体相互补充、无缝衔接的工作机制和"一次采集、多种生成、全媒传播"的运营格局。

聚焦主业，筑牢舆论阵地

一是坚持内容为王。在围绕中心服务大局的同时，深化"走转改"，践行"三贴近"，打造了一支全媒体、复合型新闻采编队伍，采写了一大批有温度、接地气、群众喜闻乐见的新闻作品。2020年以来，在中央、省、市媒体发稿600多篇，在"学习强国"发稿80多篇，发表点击量超过10万的作品10多篇（在2020年4月援鄂医疗队凯旋回偃，及时推出了线上直播，在线观看人数30多万人，点赞数25万），为偃师经济社会发展营造了良好的舆论宣传氛围。

二是坚持作品创优。2020年，有29件广播、电视、报纸作品获得河南省、洛阳市级奖项，其中有3件作品获得中国电视艺术协会一等奖，2件作品获得河南省新闻一等奖，4件作品获得洛阳市一等奖。继2019年荣获全省县级台十佳创新创优单位之后，2020年又被洛阳市新闻工作者协会授予新闻宣传工作先进集体，"偃师融媒"微信公众号在洛阳县区新媒体影响力排行榜中一直位居前三名。

三是拓展"媒体+"功能。全力打造"媒体+政务+商务+服务"全媒体平台，在"云上偃师"APP中开设了党建、脱贫攻坚、问政、资讯、文化、偃师号、学习等版块；开通了问政、便民、视听服务功能，为用户提供了政务、医疗、教育以及缴费、查询、出行等一系列便民服务和各类与群众生活息息相关的政策信息、新闻资讯。

转型发展，增强造血功能

在确保"新闻立台"原则的基础上，积极探索多元化发展道路。利用自身区位和资源优势，在大型活动、部门合作、教育培训、旅游服务、新媒体合作、网络直播等多种形式上创新发展，先后策划推出了"偃师市十大杰出青年颁奖晚会""绿丝带爱心送考""首届金秋房展暨中秋晚会"等大型线下活动和网络直播40多场，有力提升了我们的传播力、公信力、影响力、引导力，取得了社会效益和经济效益双丰收。

下一步，偃师融媒将持续强化新闻立台、融合兴台，用实际行动践行"正能量是总要求，管得住是硬道理，用得好是真本事"，不断壮大主流思想舆论，切实推动宣传工作不断强起来。深入发掘融媒体智慧平台作用，发挥主流媒体品牌优势，发展直播经济、网红经济，打造偃师融媒大型活动品牌，实现偃师融媒转型发展、高质量发展。

平顶山市

宝丰县融媒体中心：
涅槃重生，聚力启航

"读者在哪里，受众在哪里，宣传报道的触角就要伸向哪里，宣传思想的着力点和落脚点就要放在哪里。"新时代，面对党的执政环境和新闻传播环境的新变化，习近平总书记对党的新闻事业作出了"融合发展，建设县级融媒体中心"的顶层设计。

己亥三月，风微起，春正长。和着新中国成立70周年的节拍，沐着习近平总书记对县级融媒体中心"引导群众、服务群众"的殷切寄语，2019年3月12日，宝丰县融媒体中心正式挂牌。

庚子春节，疫情肆虐。经历过最漫长的寒冬，在完成对原宝丰县广播电视总合、宝丰县信息中心的资源整合和新一轮的深化改革后，2020年6月，宝丰融媒涅槃重生，聚力启航。

谋大势，布新局。宝丰融媒加强顶层设计，重构组织构架。按照融媒体节目的生产流程和管理运营流程，对融媒体中心进行机构再造。成立编委会和融媒体指挥调度中心，下设融媒体新闻中心、文化生活中心、广播中心、日报中心、行政中心、技术中心、网络公司。实行一个中心调度，一支队伍采访，一个专班编辑，七个媒体平台分发，构建起了广播、电视、报纸和"两微一端多平台"的一体化媒体矩阵，实现了"一次采集，多种生成，全媒传播"。宝丰融媒的核心大脑为融媒指挥调度中心。改革后，我们经过对采编发流程的再造，在这里实现了线索、选题、报题以及"采、编、审、发"的统筹调度。这里以省级融媒为技术支撑，平台采用专有云模式布局，云平台架构设计。目前，已完成舆情分析系统、融媒指挥系统、手机端 APP、党建系统、直播信号在线转码服务等内容。

移动优先，打造矩阵

互联网时代，平台矩阵化发展已经成为新媒体运营的必然趋势。改革期间，宝丰融媒精心打造了"两微一端多平台"的多元化矩阵传播模式。微信立足县域、解读政策；微博发布重大信息、对外推介宝丰；"云上宝丰"手机客户端依托移动互联网、以智能手机为载体，集电视直播、新闻资讯、社交舆论、生活服务于一体，让您足不出户便可了解宝丰政务、生活、旅游、交通等多项资讯。抖音记录生活美好，传播县域正能量。

权威发布政策资讯，悉心关注百姓冷暖

《宝丰新闻》《直通政务》《旗帜》《安全十分》等栏目报道时政要闻，关注社会热点，全力打造新闻宣传主阵地。

突破自我，重塑标杆，创新更强，收视更高

《生活·观察》《文化宝丰》《企业风采》《幸福剧场》等栏目引领大家向上生活，不负韶华，内容精彩缤纷，节目全新呈现。

记录时代，定格精彩

《2020加油干　努力建设"四强县"》《决战决胜脱贫攻坚，我们在行动》《父城正能量》等报纸专栏融新闻、知识、趣味性为一体，忠实记录52万父城儿女的奋斗历程。

FM980父城上空最有力量的声音

宝丰人民广播电台调频FM980从6点30分到21点30分全天播出15个小时，为听众提供全面的信息资讯服务。配置优化，团队更青春，讲好宝丰故事，传播宝丰声音。

宝丰融媒强力推动从"新闻+"到"融媒+"的提档升级，更好服务县委、县政府中心工作，服务人民群众生产生活，着力打造群众心坎上的媒体、指尖上的新闻、掌心里的政务，逐步实现了报纸精品化，广播可视化，电视小屏化，小屏互动化，大屏连小屏，屏屏连群众。

向改革要效益，向改革要活力。用改革提升媒体的传播力、公信力、引导力、影响力。宝丰县融媒体中心捋顺发展思路，紧扣发展脉络，不断创新机制体制，用好的理念引导人，用好的制度约束人，用好的文化激励人，用好的故事感召人。融媒体新闻中心、影视制

作中心、融媒体广播中心、融媒体日报中心等一线宣传部门围绕中心，服务大局，定岗位，明职责，采用全绩效考核管理办法，一手抓宣传，一手抓管理，用优异的宣传业绩书写一张张答卷。融媒体行政中心、技术中心、网络公司等部门不断提升服务质量，目标清晰，管理规范，考核严谨，奖惩科学，用好的机制体制不断激发媒体人的积极性和创造力，突破发展瓶颈，不断迈上新台阶。

融合是转型更是变革，未来要创新更要创造。宝丰融媒将牢记习近平总书记"举旗帜、聚民心、育新人、兴文化、展形象"的重托，继续忠实记录父城大地的发展与变迁，聚焦见证宝丰这座古老又现代的城市的荣光绽放。

叶县融媒体中心：
以改革促发展，以融合赢未来

作为河南省39个县级融媒体中心建设试点之一，近年来，叶县紧跟中央、省委、市委决策部署，坚持"实"字打头、筑基为先，扎实推进县级融媒体中心建设发展，打通了基层宣传思想文化工作"最后一公里"，让党的声音"飞入寻常百姓家"。

压实责任，坚持"一把手"高位推动

叶县县委、县政府对融媒体中心建设高度重视，成立了以平顶山市人大常委会副主任、叶县县委书记古松同志任组长的融媒体建设工作领导小组，在人员配备、政策扶持、资金拨付上给予大力支持，及时解决媒体融合过程中遇到的困难和问题。

在建设过程中，叶县坚持因地制宜、力求务实管用，着重在运营效果和传播能力等内涵要素上下功夫。目前，叶县融媒体中心建设已投入资金1408万元，先后更新、配置了5G直播车、斯坦尼康、无线图传等一大批摄录编播装备，直播、拍摄、编辑制作、播出和发射质量大幅提升。另外，无缝连接河南"大象融媒"，锻造出了"多屏互动、多媒融合、同频共振、一呼百应"的县级综合媒体矩阵。

叶县融媒体中心整合叶县广播电视台、叶县新闻中心两家正科级事业单位，融合九大宣传平台，于2019年1月挂牌试运行，共有员工206人。经过一年多的摸索实践，目前已整合全县18个乡（镇、街道）和80个县直单位传播资源，实现统一管理、统一运营、统一发声。

精准布局，坚持"一体化"融合发展

叶县融媒体中心建设坚持超前谋划、精准布局，制定详尽的"行军图"和"流程链"，挂图作战，发力推进。

实施机构再造。打破固有模式，组建成立总编室、音频中心、视频中心、图文中心、创优中心、技术中心、行政中心、营销中心"一室七中心"，形成科学分类、资源共享、优势互补、深度融合的全新构架。

推进机制创新。打破身份、资历界限，推动干部年轻化、专业

化，通过全员试讲和竞争上岗。目前，融媒体中心 35 岁以下股级干部占比超过 40%。另外，树立企业化经营理念，制定绩效考核办法，努力实现多劳多得、少劳少得、不劳不得，敦促员工换思想、转作风、重实干、勇担当。

打造全能型人才。邀请省内外资深媒体人来叶举办报告会、培训班；抽调业务骨干跟班学习；选派有潜质人员到项城、滑县、内黄、肥东、长兴等地强化训练。一大批传统记者变身"提笔能写、对筒能讲、举机能拍"的全媒体记者，在媒体融合的考验中锤炼"脚力、眼力、脑力、笔力"。

内容为王，锻造"一呼百应"矩阵

叶县融媒体中心做实、做活、做精、做强内容，牢牢把握正确舆论导向，做强叶县本土新闻产品的同时，围绕"上大报、上大台、上头条、上重头稿件"的宣传主攻方向，挖掘叶县亮点、传播叶县声音、展示叶县形象，在全市、全省发稿量位居前列。

仅 2020 年，叶县就先后 8 次登上中央电视台《新闻联播》《朝闻天下》等栏目，全面展示了叶县经济社会的发展成就和工作实际。其中，央视《探索·发现》《地理·中国》《中国影像方志》《乐游天下》与《跟着书本去旅行》5 档栏目在叶县经过数月的拍摄后，一批关于叶县文化、地质、山水、历史等专题的节目还将在央视播出。2020 年 4 月 28 日，在《人民日报》举办的"2020 河南省 104 个县（市）传播热度发布会"上，根据国家统计局和"微热点"大数据研究院数据排名，叶县居全省传播热度前十名。

开疆拓土，逆势攻坚闯"难关"

叶县融媒体中心在做大做强主业的同时，实施多元发展，重点开发"新闻＋政务""新闻＋服务""新闻＋产业"等功能，实现

广告收入占30%、政府购买服务占30%、产业创收占40%的"334"模式。

"新闻+党建"模式。将"学习强国"网页版嵌入"云上叶县"APP，并且与县委组织部对接，将叶县党建微平台的"共产党员""移动党校""组工关注""驻村工作"等版块全部搬至客户端，通过图文、视频等多种形式讲述红色历史，传承红色基因，引导党员群众听党话、感党恩、跟党走。

"新闻+服务"模式。开通"云上叶县"APP"问政"功能，群众在生活中遇到什么困难都可以直接通过"问政"平台反映。"云上叶县"APP《问政》栏目开通3个多月，收集社情民意800余条，完结率达97%，群众关心的热点、难点、痛点问题得到关注和解决。

"新闻+监管"模式。致力于智慧叶县建设，在全省率先把"明厨亮灶"搬上移动互联网客户端，老百姓拿起手机看"厨房"，让制作全程一目了然，打造了"指尖"上的食品安全网，进一步保障市民"舌尖上的安全"。

"媒体+栏目"模式。与叶县文化广电旅游局合作创办《叶县文旅》栏目，介绍叶县旅游资源、精品民宿、山水风景等；与县委、县政府督查局合办《书记连心线》栏目，将群众关心的民生、政策等问题，以专题形式搬上荧幕；与县纪委监委合办《廉情进行时》栏目，以一位位廉情监督员的故事为切口，宣传廉情监督工作。

"媒体+产业"模式。开办《打工在线》栏目，并成立叶县人才市场，以优质的服务为群众外出务工牵线搭桥；积极拥抱互联网，搭建电商平台，创建了叶县人自己的淘宝店铺——"叶县融媒商城"；积极开拓市场，开办《青少年生存挑战》栏目，帮助青少年提升户外素质，树立区域融媒品牌。

鲁山县融媒体中心：
抓好"三个关键"，夯实融合发展

鲁山县融媒体中心于 2019 年 12 月 17 日挂牌成立，为鲁山县委直属事业单位，机构规格为正科级，加挂鲁山县广播电视总台牌子，归鲁山县委宣传部管理。

鲁山县融媒体中心集广播、电视、APP 客户端、微信公众号、舆情监控等职能于一体，以融媒体指挥调度中心为统领，实现宣传任务统筹、重大选题策划、采访力量调度等统一指挥，再造采编发流程，形成"一次采集，多种生成，多元发布，全方位传播覆盖"的工作格局。

鲁山县融媒体中心抓好"三个关键"，夯实融合发展基础。

县融媒体中心的建设关键是争取支持

鲁山县委、县政府把县融媒体中心建设作为落实党的意识形态责任制的重要内容，多次召开专题会议研究部署，县委书记、县长和宣传部部长多次亲临现场办公，协调解决具体问题。县委、县政府及有关部门在人、财、物等方面给予了大力的支持，为鲁山县融媒体中心建设提供了坚强的政策支持和基础保障。

按照一地一端的要求，依托省技术平台，建设了"云上鲁山"客户端。根据用户的需求，对各个版块的设置和功能进行了细化和完善，开设了"快视界""问政""鲁山新闻""鲁山大V""鲁山县直"等版块。通过打造具有本地特色的精品栏目，推送符合用户口味的原创作品，举办各类线上活动等进行"吸粉"。努力把县级融媒体中心建设成为全县新闻宣传中心、舆论引导中心、政务发布中心和便民服务中心。

县融媒体中心的运行关键是队伍建设

在鲁山县融媒体中心建成之初，碰上了突如其来的新冠肺炎疫情，疫情期间的特殊环境，必须改变原有的新闻采编流程。我们利用新建成的融媒体系，采取网上办公、手机办公，达到了"统一策划、一次采集、多种生成、多元传播"的新格局，完成了采编流程的再造。大家在实践中创新了工作思路，形成了融媒体新的采编制播工作流程和工作机制。特殊时期共推出文图、视频类稿件1000多篇，多篇阅读量在当天就达到3万以上，有的在几个小时内就达到了10万以上，为全县疫情防控提供了舆论支撑，达到了及时回应群众关切、广泛普及防控知识的目的。

疫情得到有效控制后，我们积极邀请融媒专家、资深记者进行集中培训，进一步加强人才建设。培养创新思维，掌握融媒技术，打造全能记者、融媒人才：既能发短讯文稿又能发长篇报道，既采声音又拍图片，既编发短视频又跟拍长镜头，既会快闪又做专题，既在第一时间发快视和快讯又有后续长消息和专题报道，实现了融媒体集中报道、持续宣传的效果。

只有不断学习、不断培训、持续演练、持续实践，才能培养出全能融媒体记者和编辑，才能保证融媒体发挥作用正常运行，并在运行中不断创新。

县融媒体中心的发展关键是强化服务

一方面要围绕党委政府的中心工作抓宣传、强服务，做好融媒+政务。鲁山县融媒体中心建成运行以来，我们紧紧围绕县委、县政府中心工作，策划开展了"抗击疫情，我们始终在一起""决胜脱贫攻坚""脱贫大巩固""美丽乡村行"等集中宣传报道活动，在全社会产生了较好的影响。值得一提的是，我们的品牌栏目《天南地北鲁山人》得到了广泛关注，县委、县政府专门成立了"天南地北鲁山人服务中心"，利用县融媒体中心为在外鲁山人回乡创业搭建平台。县融媒体中心也及时策划开办了《返乡创业鲁山人》栏目，栏目播出20多期，共接待返乡创业人员300多人次，已经有项目落地的返乡创业优秀企业家达50多人。

另一方面，我们加大便民服务渠道拓展。为用户提供了政务、医疗、教育以及缴费、查询、出行等一系列的掌上一键服务，并及时发布各类与群众生活息息相关的政策信息新闻资讯。同时开通了"问政"功能，为全县各级各部门和群众做好点对点对接服务，达到了诉求第一时间获悉,问题第一时间解决。鲁山县融媒体中心已经成为党委政府和群众对话沟通的桥梁和纽带,并不断地进行优势资源整合、强化服务功能,以便更好引导群众、服务群众。

郏县融媒体中心：
守正创新，融合转型

2019年12月28日，郏县融媒体中心正式揭牌。2020年1月26日，在全省加强县级融媒体中心建设现场推进会上，县委书记丁国浩作了典型发言。2020年8月份，在全省县级融媒体中心指标体系验收中，郏县融媒体中心被评定为"优秀"档次，融媒体建设取得了初步成效。

提升政治站位，加快建设步伐

郏县县委把融媒体中心建设作为"一把手工程"，列入意识形态责任制重要内容、县委全面深化改革重点事项，写入年度政府工作报告，全面加强组织领导和统筹协调。围绕"全省一流、全市标杆"建设目标，奋力打造省内一流县级新型主流媒体。县委、县政府从机构设置、编制确定、平台搭建、资源整合、资金保障、机制创新等方面给予大力支持，先后投入资金1749万元，建成融媒体指挥调度中心、融媒展示区、全媒体演播室、电台直播间、电视播控室、新闻发布厅、"学习强国"体验馆；及时更新采访设备，全面提升制播能力；注重人才队伍建设，新增人才专项编制45名。

创新体制机制，激发生机活力

在深化改革上，提出以增强服务全县中心工作能力、增强队伍整体活力、增强自我发展能力，提升郏县知名度和美誉度、提升干部职工待遇"三增强两提升"的目标。在方式方法上，讲究效果导向，坚持求真务实，着重工作创新。2019年12月31日，郏县融媒体中心与浙江长兴传媒集团签订合作协议（目前，河南省仅此一家），引入"长兴模式"，出台改革措施，建立适应全媒体生产传播的一体化组织架构，形成集约高效的内容生产体系和传播链条。

郏县融媒体中心设立管理委员会、编辑委员会、经营委员会三个委员会。按照"一融、二定、三改"的步骤，积极稳妥地推进改革："一融"即按照县级融媒体中心业务流程，把人员充分融在一起，打破编制身份的限制，允许编外员工、工人身份人员担任中层职务，引入首席制。"二定"即定岗、定责。出台《郏县融媒体中心竞聘上岗实施细则》，创新岗位调整、职务晋升工作机制，实行全员双聘，激发团队活力。2020年8月，22名素质高、能力强、作风实、年轻化的同志脱颖而出，走上中层正职、广告总监岗位。在此基础上，坚持公开透明、阳光操作，实行岗位公开、条件公开、程序公开、结果公开"四公开"，圆满完成全员双聘。在抓好新闻宣传主业的同时，开展"打包式"合作，主动承接各类活动，增强市场竞争意识，获取可持续发展动力。"三改"即改考核办法、改薪酬制度、改奖惩机制，全员按"基础工资＋绩效工资"发放，打破平均主义，体现多劳多得。目前，郏县融媒体中心机构设置科学合理，各个部门运转流畅，干部职工面貌焕然一新，内容生产大幅提升，广告经营开局良好，深化改革初见成效。

坚持内容为王，讲好郏县故事

2020年以来，郏县融媒体中心统筹媒体资源，实行联合作战，开辟多个栏目，营造浓厚的舆论氛围。同时还注重加强外宣工作，积极实施"新闻宣传亮点"工程，中央电视台新闻频道《朝闻天下》、中文国际频道《中国新闻》等栏目及"学习强国"平台、人民网、央广网、河南电视台等媒体平台对郏县持续关注和大力宣传。2020年县两会期间，全媒体联动，3天时间推出各类新闻报道160多篇，及时传递县两会声音。同年策划县长直播带货，当天线上、线下累计成交额147.15万元。2020年7月1日，承办了首届"出彩郏县人"颁奖典礼，网络直播在线观看达3.3万人。除此之外，举办多场郏县文化旅游节直播活动，均取得良好效果。

创新"融媒+"模式，提升融合实效

郏县融媒体中心在充分整合县域媒体资源的同时，创新"融媒+"模式。推进"融媒+党建"，在"云上郏县"客户端开辟版块，让全县广大党员了解党建信息，学习先进典型；推进"融媒+政务"，利用客户端上"郏县政府网"，设立专栏，提供各种政务服务。开辟"问政"版块，畅通反映问题渠道，联合县纪委监委跟踪问政，搭建政府与群众连心桥；推进"融媒+服务"，围绕方便群众，提供便民服务。推进"媒体+产业",积极对接智慧项目,丰富县级融媒体的服务功能。搭建电商平台,设立"融媒商城",助力脱贫攻坚。注册成立郏县融美传媒有限公司,积极拓展产业项目,增强自我造血功能。

强化队伍建设,提供坚强保障

郏县融媒体中心高度重视人才队伍建设:一是强化培训。加大教育培训力度,利用每周三"融媒素能提升大讲堂"进行理论业务培训,建设全媒体人才、全能型团队。二是注重实践。组织采编播人员深入基层,开展新闻采风活动,更好地适应媒体融合发展。三是外出学习。赴浙江长兴传媒集团跟班学习,深度对接新闻宣传和经营创收。到江苏省江阴传媒集团、安吉新闻集团和安吉县余村实地参观,解放思想,更新观念,开阔视野,增长见识。四是招引人才。采取"招才引智"、事业编制招聘、劳务派遣、人事代理等多种方式,引进专业技术人才,充分激发人才活力,打造郏县拉得起、信得过、叫得响的传媒铁军。

在下一步工作中,郏县融媒体中心将抢抓发展机遇,强化责任担当,守好舆论阵地,做优服务文章,讲好郏县故事,努力在县级融媒体中心建设中走前列、做示范,为推动厚重郏县、实力郏县、文明郏县、幸福郏县建设贡献力量。

舞钢市融媒体中心：创新传播方式，舞钢融媒驶入快车道

舞钢市融媒体中心自组建以来，主动顺应百姓期待和需求，突出移动优先，推动资源、技术、人才向移动端倾斜，以"云上舞钢"APP客户端为核心，着力打造快新闻、短视频，让百姓在主流渠道中阅尽家事国事天下事。

在"融"字上做文章，建强用好县级融媒体

作为全省县级融媒体中心建设试点市之一，舞钢市融媒体中心建设以来，认真贯彻落实建强用好县级融媒体的工作总要求，坚持正确方向，坚持一体发展，坚持移动优先，坚持科学布局，坚持改革创新，逐步建立起了以内容建设为根本、先进技术为支撑、创新管理为保障的全媒体传播体系。

一是夯实基础设施，聚合多媒平台。舞钢市融媒体中心着力打造具有"全国一流、省内领先"的现代融媒体中心。目前，融媒体指挥中心、采编中心、运营中心、演艺中心、新闻发布厅等已建成投用，全景演播室、新闻直播间、广播直播间、录音室等项目正在加紧实施。同时着力构建以"云上舞钢"APP客户端为核心，微信公众号、抖音号、头条号、视频号等多平台互动传播的多元化平台，实现从传统媒体向新型媒体、从单向传播向多向传播的转变。

二是优化策、采、编、发流程，架构全媒体传播格局。打破原有组织架构，打通各平台链接，建立起符合现代传播规律的新型融媒体机制。融媒体中心下设总编室、指挥调度室、采访部、编发部、节目部等15个部门，形成集互联网思维、移动优先为基本架构的全媒体传播格局。同时，以融媒体指挥调度中心为统领，实现宣传任务统筹、重大选题策划、采访力量调度等统一指挥，再造策、采、编、发流程，形成"一次采集、多种生成、多元发布，全方位传播覆盖"的工作格局。

三是优化融媒队伍，凝聚发展合力。舞钢市融媒体中心立足本土选拔培育人才，以特约记者、通讯员为补充，从各乡（镇、街道）、机关、企事业单位选拔组建了百余人的融媒团队，壮大融媒采编力量。同时，强化学习培训，制定舞钢市融媒体中心人才培养计划和舞钢市融媒体中心入职和专业培训制度，先后邀请业内知名策划、主编做业务知识讲座；选送一线业务骨干力量到上级新闻媒体参加对口培训，通过人才培养，凝聚融媒发展的强大合力。

舞钢市融媒体中心建设的典型做法得到了上级宣传部门的肯定。2020年1月16日，全省加强县级融媒体中心建设现场推进会在舞钢召开。2020年8月6日，省委常委、宣传部部长江凌，平顶山市委书记周斌莅临舞钢市融媒体中心调研指导工作，对舞钢市融媒体中心建设工作给予充分肯定。2020年11月6日，在省网信办举办的"县级融媒体中心互联网新闻信息服务许可证颁发仪式"上，舞钢市融媒体中心作为河南省首批 13 个验收通过单位，喜领互联网新闻信息服务许可证。

在"快"字上做文章，提升新闻的传播力和引导力

舞钢市融媒体中心在"快"字上做文章，在"准"字上下功夫，结合移动端特点，全媒体推送"舞钢快新闻"。2020 年学生复学时间确定后，舞钢市融媒体中心仅用了一个多小时，就拍摄制作了一篇快新闻，对高三学子当天的开学情况进行快速、全面的报道，"云上舞钢"APP 等平台推送后，仅一天时间全网浏览量达到 10 万以上。

在"快新闻"制作过程中，舞钢市融媒体中心还把镜头对准突发事件、重大活动等，全网观看量突破 320 万，单条视频最高观看量达到 30 万以上，使"快新闻"成为舞钢融媒的一张崭新名片。

在"短"字上做文章，增强新闻的影响力和公信力

舞钢市融媒体中心推动短视频与新媒体传播载体的无缝衔接，成立短视频团队、抖音工作室，全新组建两个原创团队，制作贴近受众、易受大众欢迎的内容产品。

一是围绕重大主题报道，创新内容和形式，提升产品传播力和

短视频团队和他们的作品截图

影响力。短视频团队围绕舞钢民俗小吃"罐饺子"这一主题，推出了《家乡的味道——舞钢罐饺子》，将情怀、传承、韵味巧妙地融合在一起。疫情期间，短视频团队积极投入到抗疫创作中，推出了《河南舞钢：心连心抗疫情》《爱你舞钢》《舞钢 加油》《抗击疫情我们一定赢》等短视频，凝聚抗疫力量，坚定抗疫信心。"我们的美丽乡村"系列短视频，以舞钢市美丽乡村为着眼点，带领网民赏乡村生态美景，展示脱贫成果。2020 年以来，拍摄制作《百草姬庄》《老家叶楼》等短视频 80 多个，多篇被"学习强国"平台采用发布。

二是围绕"现场新闻"，树立全新理念，推出直播"短视频"。2020 年 2 月 28 日，短视频团队记者跟随舞钢到上海中山的返岗复工专列，采写图文新闻《出发！刚刚舞钢 138 名返岗复工人员免费乘坐高铁返岗务工》，制作直播短视频《河南舞钢：返岗复工 我护送》，带来一场有温度的融媒报道。目前，舞钢融媒抖音号粉丝 3.1 万，单条浏览量最低 24 万，最高 126 万，总浏览量 2700 多万。抖音短视频《舞钢人眼中的舞钢是什么样子的？》在平顶山首届"'抖 in 鹰城'——城市美好生活节"活动中获得二等奖。

三是故事化创作，情感化表达，致力于打造影视化"短视频"。舞钢融媒人持续探索故事化创作、情感化表达方式，致力于打造影视化"短视频"。多篇短视频传播效果广泛，并在"学习强国"上发表，《牧羊诗人李松山》还获得平顶山市"@鹰城"短视频大赛一等奖。

通过近两年的实践，舞钢市融媒体中心围绕"大屏+小屏"互动融合，坚持以人民为中心，黏着受众走，跟着民生跑，做大做强快新闻、短视频，扩大融合发展半径，做到充分整，实现深度融，不断提升生产能力、聚合能力和传播能力，让群众在传播参与中受益，让媒体在"跨界"融合中发展。

汝州市融媒体中心：
坚持守正创新，全面融合发展

汝州市融媒体中心作为中宣部重点支持的全国65个县级融媒体中心之一，坚持守正创新、真融实用，在媒体融合发展中先行先试，先后获得"全国最具影响力县级融媒体中心""中国城市融媒创新发展最具移动传播影响力区县融媒体中心""全国市县媒体融合先导单位"等荣誉称号。中共中央政治局委员、中宣部部长黄坤明与汝州市融媒体中心主任视频连线通话，对汝州融媒的做法予以肯定。2019年2月，全国媒体深度融合工作推进会书面介绍了汝州融媒的经验做法。2019年3月14日，省委常委、宣传部部长江凌到汝州市融媒体中心调研，并在汝州主持召开了全省"两中心一平台"建设现场会。

理顺体制机制，拧成融合发展"一股绳"

加快推动媒体深度融合发展，出台了《汝州市加快推动媒体深度融合发展实施方案》，内容涵盖机构融合、工作融合、采编播融合等20条指导意见，推出了汝州市委、市政府支持融媒体中心建设的19项具体举措。整合原广播电视总台、广播电台、信息中心、《今日汝州》编辑中心4个机构，合并组建汝州市融媒体中心，将原来28个科室重组为16个，重塑采编流程，打通全媒体平台，为持续深度融合发展奠定基础。

坚持以人为本，出台了《汝州市融媒体中心关于加强人才建设的意见》，实施"2345薪资晋级"体系，采取政府购岗、高校合作等方式引进专业人才。广开渠道吸引社会人才，从文艺家协会中发展特约供稿人，从市直单位、乡（镇、街道）中发展特约通讯员，从社会拍客、自由撰稿人中发展社会通讯员和DV拍客。实施"人才素能提升"工程，制订全员培训计划，每周五下午开展采编、拍摄、直播、出镜等学习培训和实战演示，逐步培养"一专多能"的全媒人才。推行薪酬制度改革，打破原有人员身份限制，将自收自支、人事代理等"档案封存"，实行"岗责匹配、人岗相符"的日常管理和绩效考核制度，以效益、业绩作为评判标准，同时增加新媒体平台工作量在整个考核结果中的权重，以绩效考核倒逼全员转型，充分激发干部职工干事创业的积极性。

实施内容立媒，打好创新生产"组合拳"

坚持内容为王，发挥主流媒体舆论引导作用。加强党的创新理论宣传，率先建立党建融媒，打造党员管理、党员教育新平台，使全市近4万名党员干部和132个基层党组织可以每天通过平台学习、交流、工作。深耕本地资源，加大对汝瓷文化、曲剧艺术的挖掘和宣传报道，展示地方文化魅力。策划推出《文明创建》《德润汝州》等50多个专栏，让党的创新理论通过大屏小屏"飞入寻常百姓家"。开设《生活帮帮团》《玩遍汝州》等民生专栏，围绕百姓衣食住用行，打造线上线下服务平台。开办网络"问政"，倾听群众呼声，关注网民留言，反馈解决落实情况。

鼓励发挥融媒特色，持续激发创新活力。采用 AI 智能主播实时播报，策划推出短视频、抖音、H5、VR 等群众喜闻乐见的融媒爆款作品，每月在"学习强国"平台发稿200条以上，2019年12月14日"汝州市融媒体中心"县级融媒号正式上线。结合全域旅游创建，策划制作了"汝州旅游攻略：二十四节气"系列短视频，全方位展示不同节气中汝州的自然风光、地域饮食、民俗文化等。围绕全市文明实践活动，推出广播剧、荧屏秀等融媒作品，持续开办汝州融媒"今日汝州读书会"，截至发稿日已开57期，吸引全市中小学生、企事业单位员工、离退休人员等不同年龄人群自发参与，通过线上交流、线下活动等形式开展读书学习，先后在"学习强国"推送读书会稿件11条，被授予"2019年河南省终身学习品牌"称号。

引导服务群众，催生融媒经营"多元化"

实施"融媒+政务+服务"，提升平台黏度。对接全市主要职能部门和21个乡（镇、街道），适时发布文明创建、精准扶贫、市政服务、环境保护、医疗教育、交通出行、文化旅游等政务信息和报道，提升社会治理信息化水平。整合市民之家线上平台服务事项，实现了全市43个职能部门的1000余项窗口服务线上查询办理，为

群众提供信息发布、申报审批、注册办理、投诉受理、生活缴费等便民服务。

实施"融媒＋智慧",开启数字融合。率先在全省打造了汝州融媒智慧社区、智慧党建、安防监控、智慧健康、居家养老、便民购物等六大服务功能,服务群众衣食住用行,打通引导群众、服务群众的"最后一公里"。与智慧教育、智慧环保、智慧城管、智慧矿管、智慧交通等展开合作,实现互联互通、资源共享。

实施"融媒＋电商",实现直播常态化。与淘宝、商博会等12家电商平台合作,开展"书记镇长代言家乡"网上直播活动,推销汝瓷、水果蔬菜等当地特产及名优农产品,先后开展150余场直播活动,拓展农副产品线上销售渠道,助力脱贫攻坚和乡村振兴。

实施"融媒＋产业",增强发展实力。充分利用全媒联动和线上线下发力,举办房车展、家居展、特色商品展等会展活动,策划实施了汝州市杏花节、红叶节、杜鹃花节、桑蚕文化旅游节等活动。运维政府投资建设的户外大屏,拓展经营空间,增强"造血"功能,推动汝州融媒从"融起来"逐步实现"强起来"。

安阳市

安阳县融媒体中心：以人为本，干字当先，融媒发展谱新篇

为贯彻落实中央和省市关于加强县级融媒体中心建设意见的有关精神和要求，自2018年4月份在全省率先启动以来，安阳县着力把推动县级融媒体中心建设作为当前推进媒体改革创新、做好舆论引导工作有力抓手，逐步实现广播、电视、报纸等传统媒体与移动互联网的技术整合、优势互补，不断加强传播手段和话语方式的创新，努力实现更好地引导群众、服务群众的目标。

打基础，建平台，发挥媒体融合力

作为全省首批县级融媒体中心建设试点县之一，安阳县融媒体中心坚持按照媒介融合、功能融合、机制融合三步走的工作思路，先后投入资金350多万元，初步形成了"两微、一端、两台、一报"的县级融媒体中心融媒体矩阵，新闻舆论传播力、引导力、影响力、

公信力得到明显提升。截至 2020 年 12 月，安阳县融媒体中心主要平台总阅读量达 5500 万余次。

2018 年 7 月份，时任省委常委、宣传部部长赵素萍，省网信办主任郭岩松等领导莅临我县考察调研县级融媒体中心建设，并给予了充分肯定，省内外近 20 家县市单位也先后到我县融媒体中心参观交流。2019 年，安阳县融媒体中心建设还被列为国家社科项目典型案例。

转作风，提素质，增强员工创造力

怎样迅速跟上时代的步伐，亦是摆在新时代融媒体人面前的难题和挑战。2020 年 7 月中旬"云上安阳县"客户端上线，由于上线时间较晚，加上专业技术人员缺乏，多重压力下，安阳县融媒体中心开展了一系列"比学习　讲贡献""转作风　树形象"活动。面对新的挑战，全体人员不等不靠，在大象融媒技术人员的支持协助下，通过远程协助、现场教学等方式在短短两天的时间里迅速掌握了"云上安阳县"的基本技术操作，确保了"云上安阳县"的顺利上线，同时还拿到了互联网新闻信息服务许可证。

为提高业务素质，打造全媒体人才，中心组织各部室开展了持续不断的学习培训，每周利用空余时间，至少开展两次集中学习，从新机器设备的使用到优质作品的制作，从采到编到传播，中心各平台内容质量和从业人员水平每天都有提升。

强服务，重民生，提高平台影响力

安阳县融媒体中心依据各平台的发布需求，由"中央厨房"对新闻和信息综合梳理编辑后，按照移动优先的原则在各平台依次发布，通过采编平台实现了一键分发，做到了对内信息高效传输，对外服务贴心便民。同时，在"云上安阳县"客户端开设了"党建网""安阳党建""河南党建新闻网"等党建服务版块，"安东快讯""脱贫攻坚""乡村振兴"等新闻资讯版块，"驾驶证查询""身份证办理查询"等政务服务版块，"天气查询""市民之家""水费""暖气费"等生活服务版块,使网络平台为群众开展服务的功能更加完备。尤其是在新冠肺炎疫情防控期间，安阳县融媒体中心针对农户新鲜蔬菜出现严重滞销的实际情况，及时发起了"小东帮忙"网络公益助农活动，开辟《小东帮忙》网络助农栏目，通过网络助农方式帮助滞销农产品找销路、解难题，帮助农民解决疫情期间农产品滞销难题。县融媒体中心记者在新华社客户端刊发稿件《安阳县：抗疫关键期　网络纾农困》后，短短一天多的时间点击量达到了69万次，最终在1天时间里，3.3万公斤新鲜蔬菜被抢购一空。在此基础上，安阳县融媒体中心开展了"消费扶贫"带货助农增收宣传活动，积极为县域生态旅游服务宣传、脱贫攻坚工作做出应有贡献。

多渠道，齐联动，扩大融媒传播力

安阳县融媒体中心在做好服务群众工作的基础上，注重加强媒体联动，通过整体发力引导舆论宣传，尤其在新冠肺炎疫情期间，利用微信公众号和新闻客户端等网络新媒体开设了"战疫情·一线传真""战疫情·齐行动""战疫情·助力""战疫故事""致敬白衣天使"等20余个专题，为全县抗击新冠肺炎疫情鼓舞了士气，营造了良好的社会舆论氛围。特殊时期共编发新媒体稿件 1200 余条，总阅读量达 80 多万次，转发量达 10 多万次，激发了干部群众战胜疫情的决心和信心。在 2020 年县两会召开期间，县融媒体中心采取网络直播、电子宣传海报等形式进行网络直播和宣传，同时还开辟了"代表委员聊两会""两会进行时""两会时间""两会媒体有话说""两会解读"等专题，提升了干群关注度和参与热情。

2020 年 10 月，安阳县融媒体中心通过"云上安阳县"客户端进行"安阳县（示范区）首届广场舞大赛"的直播，观看人数及互动量再创新高。一个月时间"云上安阳县"用户数从 5000 多攀升到 32000 多，极大激发了群众通过"云上安阳县"观看直播和参与互动的积极性。安阳县融媒体中心用短短三个月时间，使"云上安阳县"客户端实现了顺利上线—通过验收—用户猛增的强劲发展势头。

媒体融合发展，带来丰硕成果。在 2019 年 1 月举行的"2019 年河南政务新媒体峰会"上，"今日安东"成为安阳市唯一县（市、区）被评为"河南省政务微信新锐力量"的政务微信；2019 年，"今日安东"微信公众号 9 次进入全省市县类政务新媒体影响力前 20 强。其他平台也以日新月异的姿态在迅速成长壮大，既发挥着各自优势，又创造"媒体+"的融媒合力。

汤阴县融媒体中心：
融媒这事，汤阴他们这样做

白驹过隙，光阴荏苒。

转首回望，汤阴融媒已然走过了一年的时光，我们从青涩走向成熟，从稚嫩走向绽放，只争朝夕，不负韶华，汤阴融媒人前行的脚步越走越坚定。

这一年，我们脚步铿锵、逐梦前行，涅槃重生实现新梦想。

守正不渝、创新不止，汤阴县融媒体中心成立以来，认真贯彻落实习近平总书记关于媒体融合发展的重要讲话和指示精神。在县委、县政府的高位推动下和各级领导关怀指导下，深度融合汤阴县人民广播电台、汤阴电视台、《新汤阴时讯》（报纸）、《幸福汤阴》（杂志）、"云上汤阴"APP、"汤阴发布"微信公众号，形成了"多平台多渠道"的媒体融合矩阵。

根据媒体属性，在机构设置上合理设立8个部门，进一步打通业务边界、整合采编力量，构建起了"一次采集、多次生成、多元传播"的全新工作格局，从产品融合、渠道融合，再到平台融合、优势互补的传统媒体和新兴媒体，正相互借力、彼此助力，在融合中焕发新活力，叠加释放新效能，汤阴融媒在融合中涅槃重生，逐步从"融合"走向"融活"。

这一年，我们全面开花，亮点纷呈，宣传工作开创新局面。

这一年，我们在央视播发新闻2篇、省台播发新闻22篇、"学习强国"平台播发新闻150篇。播发《汤阴新闻》262期，1600余篇新闻。

这一年，我们"云上汤阴"APP发稿量20744篇，访问量最高25万余次，河南省县级融媒体中心省级平台稿件采用量连续6次排名第一。

这一年，我们《新汤阴时讯》共刊发93期372个版面，刊发各类新闻信息3300余篇。《幸福汤阴》杂志共刊发3期20多个版块，刊发各类新闻、文章200余篇。

这一年，《新汤阴时讯》报纸电子版、《幸福汤阴》杂志电子版在"云上汤阴"APP和网络平台正式上线，实现了报网融合。

这一年，我们在抗疫中发挥新闻舆论主力军作用，成功创作推出大型抗疫舞台剧《金汤战疫》，成功举办最美抗疫人物评选活动，在全省县级融媒体中心验收工作中，以优异成绩名列优秀融媒体中心建设单位。

这一年，我们加快自身人才的培养和融合转型，新闻宣传从业者以最快速度实现了由单媒体向全媒体人才的转变。

这一年，我们发声有力、人气汇聚，影响力实现新提升。

这一年，我们发挥主流媒体优势，围绕复工复产、脱贫攻坚、乡村振兴、全域旅游、"五风"建设等重点工作，唱响宣传主旋律。通过加快推进传统媒体和新媒体深度融合，创新创造宣传平台和传播手段，进一步扩大宣传范围，吸引更多受众，品牌影响力和传播力呈爆发式增长。

这一年，我们秉承"新闻+政务+服务"建设思路，精心打造"云上汤阴"APP，新增用户99547人。

这一年，"汤阴发布"共计收获280万余次阅读量，粉丝数量增加13000人。

这一年，我们创建"汤阴融媒"视频号，制作小视频300多条，粉丝量1000余人。

这一年，我们抖音号从无到有，粉丝量达5800人。

这一年，我们策划了"汤阴中小学复课""2020海峡两岸周易文化论坛暨第三十一届周易与现代化国际讨论会"等17场直播活动，活动围观观众最高达5000人次。

这一年，有融乃强，内融外联，改革发展蹚出新路子。一年来，我们在坚持以宣传为中心的同时，以业务拓展为改革方向，创新搭建资源运营平台，实现内容平台与营销平台的共融共通，面向社会开展广告宣传、影视制作、活动承办等多元经营业务，先后与韩庄镇、县国税局、县卫健委等部门签订战略合作协议；策划"艾草文化节""'5·12'护士节"活动。制作各类宣传片60多个，逐步增强自身"造血"功能。

这一年，是充实而有收获的一年，从单媒体记者成长为全媒体记者，我们与汤阴融媒共同成长。

这一年，《新汤阴时讯》报纸、《幸福汤阴》杂志成功上线，实现了报网融合，让汤阴融媒产品传播得更广、影响更大。继续秉承"融媒+政务+服务"的建设思路，精心打造掌上智慧平台，持续提升"云上汤阴"品牌影响力、传播力。以业务拓展为改革方向，创新搭建资源运营平台，实现内容平台与营销平台的共融共通，逐步增强自身造血功能。

这一年，我们与汤阴融媒合作构建税务宣传工作新格局，先后在央视和省级媒体发声，在讲好税务故事的同时有效提升了自身形象。

过去的一年，汤阴融媒努力奔跑、收获满满，站在新的起点，我们将继续深化媒体融合，为全县高质量发展提供坚强的舆论支撑！

融合一周年，全媒再出发！

滑县融媒体中心：守正创新，多元拓展，加快媒体深度融合发展

近年来，作为河南省融媒体中心建设试点县，滑县按照"创全省一流、争全国先进"的目标，全力打造"坚持正能量"和"管得住、用得好"的全媒体传播体系。2020年11月，荣获"第八届全国服务农民、服务基层文化建设基层广播电视传输覆盖机构先进集体"特殊荣誉。

扛稳扛牢政治责任，强力推进融媒体中心建设

党委重视。滑县将推进融媒改革作为"书记工程"列入县委重要议事日程，成立了由县委书记任组长的工作领导小组，2018年12月，滑县融媒体中心挂牌成立，县财政克服困难首期拨付资金1500万元用于融媒体中心建设，高规格建成了600平方米的融媒体调度指挥中心，全面更新采、编、播系统。目前，滑县融媒体中心为正科级事业单位，归县委宣传部管理，县人社局将融媒体中心专业人

才招聘每年 2 人已纳入优先计划。

突出主线。滑县融媒体中心始终围绕学习宣传贯彻习近平新时代中国特色社会主义思想这条主线开展一切工作，及时开设专栏，认真传播好党的声音，宣传好中央、省委、市委、县委决策部署，宣传好县域经济社会发展良好形势，紧紧围绕全县中心工作和大局弘扬主旋律，树立正形象，坚定传播正能量。

贴合群众。滑县融媒改革坚持走好全媒体时代群众路线，强化用户思维，将城市管理、平安建设、环境监测、视频接访、公共文化服务等便民服务项目纳入融媒体"一体两翼"发展，为群众提供咨询、生活、社交、教育、文化、娱乐等综合服务，更好地服务群众、引导群众。已实现"一湖一河两园八广场"、80 个主要交通路口、1009 个行政村广播全覆盖。

坚定不移改革突破，推动媒体深度融合

媒体深度融合。一是滑县融媒体中心以广播电视台为基础，整合县媒体资源，组建全媒体生产调度中心，宣传、活动、创收归口管理，实现了资源互融。二是设立新闻稿件库、媒体资源管理库，再造策采编播业务流程，实现内容通融。三是引入移动直播、无人机等新媒体技术，打造 163 局域网等工作平台，采编播统一指令，实现了一次性采集、多媒体呈现、多渠道发布，构建了全媒体融合矩阵。

体制深度改革。滑县融媒体中心建立整套与融媒事业产业转型发展相适应的经营管理制度和分配制度，2020 年 4 月，滑县融媒体中心实行以岗定薪、岗变薪变、动态管理的效益工资分配制度，实现同岗同责、同工同酬、绩效联动，进一步增强广大员工的荣誉感、获得感和归属感。特殊时期，滑县融媒体中心编辑逆行疫情防控一线，着力网上网下一体、内宣外宣直播联动，记者每月人均播发外宣稿件 20 余条、内宣稿件 30 余条。

人员深度培训。滑县融媒体中心坚持主力军全面挺进主战场，把更多优质内容、先进技术、专业人才向移动端倾斜，采用"走出去、请进来"、上挂锻炼、跟班轮训、下沉授课等多种形式，全方位提升全媒体人员综合素质。自挂牌成立以来，安排全部编辑记者赴中国传媒大学、上海、浙江、苏州等地培训学习、跟班轮训560余人次。同时，积极发挥人才评价指挥棒作用，营造良好氛围，确保人才引得来、留得住、用得好，着力打造忠诚、干净、担当的全媒铁军。

广泛拓宽发展渠道，实现社会效益和经济效益双丰收

创新提升传播力。滑县融媒体中心不断深化融媒产品供给侧结构改革，对栏目进行资源整合，撤并相关栏目，及时更新推出直播和新栏目。政府网站年度绩效评估全省第一，车载广播收听率达到60%，"云上滑州"微信公众号点击量持续位居全省新媒体前列。2020年，滑县融媒体中心记者采写了一大批有特色、有温度、有深度的鲜活报道，推送稿件在中央电视台播发消息43条，省广播电视台播发新闻316条（期）；以融媒体中心为主，在"学习强国"平台发稿156篇；"云上滑州"移动端累计发稿2.15万条，粉丝数达43.2万；抖音号发布作品累计播放7100余万次，点赞量128.6万；大型网络直播51场，直播总访问量270多万人次。

创新推进多元化。滑县融媒体中心按照现代企业管理制度运营，

先后承接并完成了平安建设雪亮工程、蓝天卫士工程、12345社会公共服务工程、智慧旅游、智慧交通、智慧城管等十余项智慧城市工程。2020年，通过打通线上线下，发展关联产业，广泛参与各类商务推介、保险营销、劳务中介和群众性活动，先后策划组织"滑县春晚""道德模范颁奖晚会""首届大运河文化节"等大型活动150场；制作专题片、宣传片60余部，制作播发公益短视频、主持人音乐录影、微电影、抖音作品46个；职业艺术培训、幼儿培训学员万余人次，年综合业务收入达到9500万元。

创新打造综合体。围绕"媒体+政务服务商务"运营目标，积极争取与党政机关、企事业单位实现网络信息智能化业务对接，全县114个县直单位、23个乡镇（街道）及重点企业全部入驻"云上滑州"。通过打造营销平台，积极服务农业大县粮食生产。2020年完成复合肥、农药销售13000余吨。目前，通过投资6000万元实施高清互动机顶盒整转项目，滑县数字电视点播、回看、互动基础业务实现了全免费，全县数字电视用户稳定在20万户的较高水平。新冠肺炎疫情期间，滑县融媒体中心主动对接省技术平台，第一时间开设"名师空中课堂"，确保了广大中小学生"停课不停学"，受到全县干部群众普遍好评。

内黄县融媒体中心：做足"融"字大文章　构建传播新格局

内黄县融媒体中心于2019年12月26日挂牌成立以来，在县委、县政府的高位推动下，按照"举旗帜、聚民心、育新人、兴文化、展形象"的要求，积极主动担当作为，创新体制机制，全媒立体传播，扎实推进新闻舆论宣传工作，为实现"奋进新时代，建设新内黄"目标任务提供了强大的舆论支持。

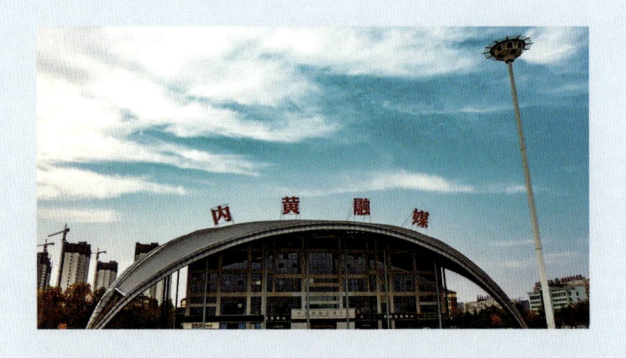

推进媒体融合，建设多平台媒体矩阵

内黄县融媒体中心按照深度融合、合而为一的理念，在机构、人员、机制等方面，坚定不移推进媒体深度融合，组建形成包括"云上内黄"手机客户端、广播电台、户外应急广播、电视台等多种形式的全媒体矩阵，并在全国较大传媒社交平台微信、微博、抖音、今日头条上设立了"内黄融媒"账号，全方位、多途径宣传内黄经济社会发展取得的经验成绩，提升了内黄知名度，扩大了影响力。

内黄县融媒体中心全力打造了内容生产"策划、采访、编辑、发布、评估"业务流程的综合平台，打破了原有各类平台各干各的工作状况，实现管理运营体系的重塑和再造，传统媒体和新兴媒体正在从相"加"快速转向相"融"，已形成"新闻＋政务＋服务"的运作模式。

围绕中心工作，做好宣传文章

内黄县融媒体中心紧密结合内黄经济社会发展实际，把握群众实际需求，以服务本地群众为重要目标，确定了融媒体的具体服务功能：以内黄悠久历史、传统文化、产业发展为切入点，讲好以不忘乡愁、热爱家乡、家风家训为内容的内黄故事，讲好让百姓感恩党和社会、增强民族自信的政策故事，为实现"奋进新时代，建设新内黄"目标任务营造了良好的舆论氛围。

2020年，融媒体中心围绕疫情防控、脱贫攻坚、乡村振兴、环保治理等工作，以视频、图文、直播、互动等方式，做了大量宣传报道。截止至2020年12月，"云上内黄"手机客户端注册人数超24万，发稿2万余篇。

同时，内黄融媒坚持推陈出新：《内黄新闻》重新包装；栏目《主播带你看内黄》《讲好内黄故事》精彩亮相；电台开设了全天直播栏目和5档录播栏目，无线发射信号覆盖内黄县域全境；应急广播项目完成了城区主路口、公园、广场等公共区域室外调频音箱的安装；内黄相继走进《新闻联播》《新闻直播间》《河南新闻联播》。截至11月中旬，在市级以上媒体共发表稿件3102篇，其中国家级1357篇，外宣发稿量创历史新高，增强了内黄的知名度和美誉度。

围绕服务能力提升，建设服务型媒体

"云上内黄"手机客户端开设了党建服务、医疗便民、缴费、行业查询、问政等服务版块，全年共处理群众问政问题2580余个；电台实行全天直播，与听众实时互动，及时与有关部门沟通，快速答复群众关心关切问题。同时，设置《内黄发布》栏目，及时发布需要群众周知的事项，如政策变化、交通限号、停水停电等事项，受到群众好评。

优化内容生产，提高媒体传播力、影响力

内黄县融媒体中心突出内容策划，强化议题设置能力，实行年规划、月计划、周方案、日调度的策划方式，对党和政府重点工作、舆情热点进行主动引导宣传。2020年，围绕党的十九届五中全会、省委十届十一次全会、全县两会、脱贫攻坚、乡村振兴等重点工作进行主题策划，利用短视频、直播、话题互动等新形式，全面宣传党的理论、方针、政策。2020年已发布短视频5000余个，2020年举办内黄春晚、戏曲晚会、高考、助农等大型直播活动30余场，取得较好的宣传效果。

在接下来的工作中，内黄县融媒体中心将进一步深化媒体融合，筑牢意识形态主阵地，加快推进传统媒体转型升级，进一步推进传统媒体和新兴媒体深度融合，增强融媒体对新时代主流意识形态话语传播的权威性和实效性。一是完善工作流程机制。坚持"移动优先、

内容为王、服务为民"原则，紧盯移动技术前沿，做强"云上内黄"手机客户端，强化县域主流媒体的信息聚合作用，打造形成传播形态多样、传播手段先进、具有竞争力的新型主流媒体。二是提升内容生产的质量和水平。坚持务实有效，坚持党媒属性，坚持社会效益第一，打造意识形态话语阵地，以内容生产为核心，全面提升内容生产的质量和水平，提高内黄融媒的传播力、引导力、影响力、公信力。

林州市融媒体中心：引导群众，服务群众，建设人文山水城市

林州市认真贯彻落实习近平总书记关于媒体融合发展的重要讲话精神，积极推进县级融媒体中心建设，深化理念观念、体制机制、管理方式创新，推进全市媒体在机构、内容、渠道、平台、人员、经营、管理等方面深度融合，着力打造具有影响力的全程、全息、全员、全效县级融媒体中心，促进宣传工作更好服务中心工作，更好引导群众、服务群众，为建设世界人文山水城市提供强有力的宣传舆论支持。2019 年 1 月 10 日，挂牌成立林州市融媒体中心。

注重业务整合，充分发挥主流媒体舆论引导作用

林州市融媒体中心坚持导向为魂、移动为先、内容为王、创新为要，围绕"全省领先、全国一流"的目标定位，按照"融合、创新、提升、出彩"的工作思路，坚持在创新上求突破、融合上下功夫、智慧上做文章的建设原则，运用先进技术，构建全新的媒体传播体系，努力将融媒体中心建设成为"党的宣传阵地、便民服务的中心、精神文明的窗口、智慧城市的名片"，更好地服务市委、市政府工作大局。整合林州电视台、林州广播电台、《红旗渠》报、红旗渠网、林州电视台官网、林州广电、林州新闻、林州播报微信公众平台、微博、今日头条、抖音等媒体资源，统筹内宣和外宣、网上和网下，形成全媒体、立体化媒体矩阵。中心以大象融媒体技术平台为支撑，

以一体化采编为途径，以综合信息服务为主要内容，搭建起较为完善的多媒融合现代传播体系。打破原有界限，通过编委会统一策划、统一采访、统一审核（编委例会定方向，记者一线做采访，分类制作出样稿，三审三校保质量），建立起"新兴媒体打头阵，新闻节目紧跟进。专题栏目再深入，姊妹媒体作补充"的工作流程，形成"一次采集、多种生成、全媒传播"的现代传播格局。同时为全市115家单位免费开通订阅号，邀请200多位社会大V入驻"云上林州"客户端，统一管理，形成宣传合力和风向标。"云上林州"客户端已成为各部门、单位发布信息的第一平台，确保"云上林州"客户端较大信息量。2020年，"云上林州"客户端在河南省县级融媒体中心发稿量稳居全省前三，在全省指尖排行榜上连续7次获奖。

突出地方优势，打造红旗渠精神宣传高地

作为红旗渠精神的发祥地，充分运用红旗渠精神这座宝矿，始终把讲好红旗渠故事、大力弘扬红旗渠精神作为第一责任，引导群众争做新时代红旗渠精神传人。在融媒体中心所有平台开设《最美奋斗者》《学精神　争出彩》《红旗渠故事汇》等多个专栏，宣传红旗渠重点工程、红旗渠劳模和修渠人及新时代红旗渠传人先进事迹。在"云上林州"客户端开辟红旗渠专区，播发国内外宣传红旗渠的各类报道，展播有关红旗渠的所有影视作品、话剧、戏曲、歌曲、图片、视频等全方面资料，打造"红旗渠精神手机展馆"。

注重公益，充分发挥主流媒体服务群众作用

免费提供公益广告，为企业复工复产助力、农产品滞销解困。战疫情复工复产工作开展以来，市融媒体中心媒体先行、主动作为，积极开展"战疫情　助复工"公益广告行动，在"云上林州"客户端、电视电台飞播、微信公众号等平台，免费为企业提供用工招聘广告，

及时解决企业在复工复产过程中人才用工短缺问题，使各类企业全身心迅速投入到生产经营上来。共为 39 家大中小企业免费播放公益广告，取得了良好的社会效益，充分体现了主流媒体责任和社会担当。

针对疫情防控期间我市农产品滞销问题，在"云上林州"客户端开设《我为农产品代言》专栏，先后为东姚小米，采桑红薯，茶店菊花，合涧草莓，石板岩山楂，任村核桃、花椒、水稻等 26 种农产品代言，精心制作短视频并推送上"学习强国"平台，为农产品迅速打开了销路，最大限度降低疫情对农户的负面影响。特别是通过此次活动，很快解决了南采桑千亩果园的承包经营问题，该村非常满意，并被省里确定为运用"学习强国"平台的典型案例进行分享。2020年 5 月 23 日，由林州市融媒体中心承办的市委书记直播代言全域旅游，助力脱贫攻坚活动，观看人数突破 120 万，售出农产品 18442 件，总额达到 60 余万元。2020 年 7 月 24 日，承办"玩转林石公路　畅游醉美风景"室外移动、多现场大型直播活动，累计观看人数 320.7 万，累计点赞数 100 多万，时长 1 小时 2 分钟，把林石公路最美的一面展现给大家，同时也传播林州市旅游的精品线路。本次直播采用主持人以真人体验直播的形式，直播全程都在青山绿水蓝天的怀抱中进行，使人们在观看直播参与互动中欣赏到别有韵味的风情，真正做到将体验式宣传融入林石公路的宣传中去。

小屏加大屏加多平台，及时回应群众关切

策划开播电视栏目《阳光政务》，通过手机客户端问政、微信留言等小屏，收集群众关心的热点话题和烦心事，电视大屏及时跟进，联合林州市督查局制作《阳光政务》问政类栏目，邀请市领导、人大代表、政协委员、群众代表、网友等现场提出问题，由责任单位一把手和相关责任人现场答复，回应群众诉求，栏目第一时间多渠道、多平台一站式发布，促进问题快速解决。

站在新的起点上，林州市融媒体中心将自觉承担起"举旗帜、聚民心、育新人、兴文化、展形象"的使命任务，为林州建设世界人文山水城市做出更大的贡献！

鹤壁市

浚县融媒体中心：
守正创新，融合发展

浚县融媒体中心自2019年12月30日正式挂牌运营以来，围绕整合媒体平台，实施移动优先战略，充分发挥全媒体"中央厨房"作用，把浚县融媒体中心建成浚县主流舆论阵地、"媒体+政务+服务"的重要平台和服务群众、联系群众的重要枢纽。

整合媒体资源，优化生产流程

坚持党管媒体、移动优先、内容为王、融合发展、统一管理，精心打造新媒体平台，更好引导群众、服务群众。在浚县广播电视台、"浚县广播电视台"微信公众号两个媒体基础上，加快挺进网络主战场，重点打造"云上浚县"APP，使其成为浚县融媒体中心（浚县广播电视台）传播信息、报道新闻、引导舆论、传播知识的主流舆论阵地。

为适应全新传播业态，努力打造一支对党绝对忠诚的新时代新闻宣传队伍，浚县融媒体中心利用现有采编人员，建立全媒体"中央厨房"，通过流程优化、平台再造，实现信息策、采、编、播、发、管等生产流程"一体策划、一次采集、多元生成、全媒发布"。

建强管理系统，内外宣齐发力

2019年以来，依托浚县广播电视台部分人员组建了融媒体中心

新闻信息编发队伍，设立了编发中心，统一协调中心旗下"两台一微"的日常宣传、人员管理、内容把控、平台分化等事项。重点围绕"上头条、上大台、出精品"的目标，加强与市级以上主流媒体的沟通交流，统筹做好对内、对外宣传，媒体融合的效果日益彰显，传播力、引导力、影响力、公信力不断增强。

对内宣传方面，开辟了《抗击疫情　我们始终在一起》《一手抓防控　一手抓生产》《决胜全面小康　决战脱贫攻坚》《做好"六稳"落实"六保"系列报道》等专栏，新媒体（"浚县广播电视台"微信公众号、"云上浚县"APP）第一时间多角度、全方位报道了浚县疫情防控、现代农业、脱贫攻坚等各项工作，编发《浚县新闻》150组、相关稿件900多条，新媒体播发相关信息10000多条。

对外宣传方面，打通新华网、新华社客户端、央视、"学习强国"平台等发稿渠道。2020年2月24日，与《大河报》"豫视频"联合录制《浚县庙会取消，寂静的古城期待下一场狂欢》短视频，在新华网播出，点击阅读量突破10万余次；2020年3月29日，由浚县融媒体中心、浚县广播电视台摄制的短视频《河南浚县：花开古城满园春》在新华社客户端播发，阅读量突破130万，引起了广泛关注，有力地宣传了浚县古城；此外，还有100多条稿件在"学习强国"

平台以及河南卫视、河南电视台、河南人民广播电台等媒体播发。

强化多元运营，提升服务质量

围绕"更好地引导群众、服务群众"这一目标，积极探索"媒体＋政务＋服务＋便民"的高效运营模式，切实提高融媒体功能与群众需求的黏合度。优化政务服务，利用"云上浚县"APP开通网络问政、党建服务、便民查询、服务缴费等多项功能，建设了"浚县特产馆"电商平台，实现了良性互动。为提升融媒体中心自我造血功能，积极加强与政府、企业间的合作，通过政府、企业购买服务、联办各类大型活动，扩大收入来源，增强发展后劲。与人社部门建立战略合作关系，及时发布用工信息，联合举办网络招聘会。与银行建立合作关系，宣传"金融惠农""金融扶贫"等政策措施。与地产商建立合作关系，加大地产宣传力度，有力促进了浚县地产业健康发展。加大大型文化活动承接力度，先后承办了2020年浚县春晚、少儿春晚、电商大赛、广场文化活动、"行走大运河"启动仪式等40余场大型活动，并通过现场直播的形式，扩大受众覆盖面，实现线上线下同频共振。

浚县融媒体中心将继续加大媒体融合力度，坚持守正创新，完

善机制、创新方法，大胆实践，聚焦政治素质再提升、新闻宣传效果再提升，狠抓人才培养再提升，围绕深度融合再提升和优化服务功能再提升，将浚县融媒体打造成主流舆论阵地、综合信息平台和社区信息枢纽，更好地引导群众、服务群众，为中原更加出彩和建设富美浚县提供强有力的舆论支撑。

淇县融媒体中心：
"融"全媒之力，"暖"百姓之心

一个农家果园，电视台台长亲自代言，著名主持人现场直播，全媒体现场直播12小时，互联网、大数据、短视频平台等齐上阵，平台在线观众超过3万人次……2020年5月9日，"云上淇县"助农直播间的"云"赏弘康大樱桃直播节目拉开了"爱心助农"网络直播活动的帷幕。充分利用现代信息传播技术，更好引导群众、服务百姓，这是淇县融媒体中心成立近两年来，不断探索出的行之有效的新方式、新渠道。

淇县融媒体中心自2019年1月18日挂牌成立以来，开拓创新，立足全媒传播优势，积极打造融媒品牌，探索市场化运营，增进为民实效，着力提升主流媒体的传播力、引导力、影响力和公信力。

加强组织领导　统筹加快推进

强化领导。淇县是全国首批600个县级融媒体中心建设试点县之一，也是全省首批39个融媒体中心建设试点县之一。

淇县早动手，早安排，多次召开会议，研讨融媒体中心建设事宜。成立了以县委副书记为组长，县委宣传部部长、县委组织部部长、副县长等为副组长，县有关部门主要领导为成员的融媒体中心建设领导小组。县委书记王海涛、县长马海澎高度重视融媒体中心建设，多次到现场指导工作，并组织人员先后到鹤壁日报社，周口市项城、郸城融媒体中心，平顶山市汝州融媒体中心，安阳市滑县融媒体中心等地参观考察。

快速实施。淇县按照"一县一端"的要求，投资340万元财政资金用于融媒体中心建设。建设过程中，省大象融媒统一设计、统一供料、统一施工、统一布局、统一调试，确保了建设质量。淇县融媒体中心于2019年1月18日正式挂牌运行。目前，淇县融媒体中心顺利通过中共河南省委宣传部考核验收。

机构设置。淇县广播电视台更名为淇县融媒体中心，挂淇县广播电视台牌子，为淇县县委直属事业单位，归淇县县委宣传部领导。按照全媒体融合发展和业务需求，配齐配强融媒体中心领导班子，领导职数设置为主任（台长）1名，副主任（副台长）2名，总编辑1名，县融媒体中心事业编制55名。

整合资源平台　构建传播矩阵

整合平台。全面整合全县资源，推动传统媒体与新兴媒体深度融合。目前，淇县融媒体中心拥有电台、电视台、微信公众号以及各县直单位、乡镇、企业"云上淇县"APP订阅号100多个，整合资源，统一管理，形成各类资讯的汇集高地。

加强融合。构建传播矩阵，强化对县域媒体机构以及各有关单位宣传平台的融合管理，着力实现媒体和"两微一端"深度融合，真正实现"一次性采集、多渠道发布、快速度传播、广覆盖受众"格局。

强化主流舆论功能

围绕中心，服务大局。紧紧围绕全县中心工作和经济社会发展大局，精心策划、深入报道，一批批接地气、粘泥土、带露珠、有温度的新闻作品不断涌现。2020年上半年，在省级以上媒体发稿

800余篇,国家级媒体刊发30多篇。其中,配合央视摄制新闻专题《靳月英:太行山上一家人35年荒山变绿坡》,先后在央视《朝闻天下》《新闻30分》《新闻直播间》《东方时空》《24小时》等栏目高频率播出。

互动传播,成效明显。利用大型会议、大型活动,面向全县通讯员、志愿者,以及开展各种线上线下活动和下发通知等形式积极宣传推广"云上淇县"APP,进一步提高关注度,增加受众群和影响力。

增加黏性,发挥功能。通过"云上淇县"APP先后对淇县第二届"最美卫都人"颁奖典礼、淇县2020年春晚、淇县迎七一暨第五届农村带头人"金雁奖"表彰大会、助农直播间等系列大型活动进行直播,借助多平台互相转发、互相传播、互为延伸。

尤其是在新冠肺炎疫情发生以来,淇县充分发挥网络媒体优势,推出疫情防控知识等组合报道,开展"抗击疫情助力企业复工复产"公益活动,免费为企业和商家提供招聘广告,作品相继被人民网、"学习强国"平台、今日头条、大河网、大象新闻、河南广播电视台等媒体迅速播发、转载。

拓展服务功能　多元发展

多元发展，服务便民。把"云上淇县"APP打造成"了解大事小事身边事，解决衣食住行游购娱"的平台。"云上淇县"APP开设有"朝歌文化""时政新闻""民生新闻""城市联创""平安淇县""教育""卫生医疗""全域旅游""人社""同城生活""问政""便民服务""投票"等版块。为大众量身打造"掌上政务服务中心""指尖便民服务中心"。

丰富载体，开拓创新。助农网络直播、最美的护士网络投票、才艺大赛、超级少年经典诵读、中国农民丰收节等各种大型活动的开展，互动性强，吸"粉"量大，受众黏性高，赢得了社会效益和经济效益的双丰收。

创新用人机制　强化效益性

选人用人机制创新。建立统一的人才管理体系，把能力强、业务精的优秀人才充实到重要岗位，进一步完善绩效考核机制，制定科学合理的职级晋升制度、薪酬分配政策，探索媒体融合发展条件下吸引人才、留住人才、用好人才的有效办法，提升从业人员的获得感、归属感。

打造一支全媒人才队伍。深化"走转改"，锤炼媒体工作者"脚力、眼力、脑力、笔力"，重点引导现有人员向全媒记者、全媒编辑、全媒管理人才转型。

淇县统筹资源、积极创新，探索出了一条"新闻＋政务＋服务＋运营"的实践道路，着力提升了全县主流媒体的传播力、引导力、影响力、公信力。

新乡市

新乡县融媒体中心：推动媒体深度融合，做大做强主流媒体

新乡县融媒体中心于2019年12月31日正式挂牌成立。一年来，新乡县融媒体中心紧紧抓住体制机制创新机遇，推进传统媒体与新媒体融合发展，彰显了主流媒体的社会责任与担当。

新乡县融媒体中心建设情况

领导高度重视。根据中宣部等8部（委）下发的文件，结合我县实际，2019年年初我县积极开展融媒体建设筹备工作。2019年5月，县委主要领导带领县委宣传部、县广电传媒服务中心、县电视台等单位的负责人，专程赴郸城、项城、汝州、辉县、原阳、延津、

长垣、平顶山等地及大象融媒考察学习融媒体中心建设和运行情况。

重定内设机构。新制定了三定方案，整合新乡县广播电视台和新乡县广电传媒服务中心保留的公益职能，组建新乡县融媒体中心，县委直属全供事业单位，归中共新乡县委宣传部领导。重新调整了机构设置、主要职责、内设机构、人员编制等。于2019年12月31日，正式揭牌成立新乡县融媒体中心。

设备全部到位。2019年12月初，河南大象融媒技术有限公司正式进驻我单位施工现场开始施工。施工内容包括办公场所基础设施建设、办公家具安装、融媒体核心设备安装调试等。新增各类专业电脑18台、非线编9条、4K高清摄像机9台，航拍、单反、高清播出、无线图传直播系统各1套。中心所需的核心功能设备分三批次已陆续送达我单位。2020年5月12日已全部投入使用。

实现初步运行。融媒体中心揭牌后，针对新的工作和运营模式，组织中心全体干部职工进行了集中与个别重点培训，开始按照融媒体模式试营，人员工作模式包括使用"融媒指挥"APP等进行工作任务分派下达，然后使用融媒指挥进行采访、初稿、编辑、审核，之后将稿件成品分发到"云上新乡县"APP和微信公众号等。

融媒体平台建设情况

积极推动科学设置内设机构，打破原有条块分割的组织结构，按照策划、采访、编辑、技术支持等功能科学设置内设机构，建立统一的新闻采编中心，设置了办公室、财务部、总编室、新闻部、专题部、制作部、新媒体部、技术部、播出部、产业发展部等10个科室，完成一体化工作。

双轮驱动，推进平台运行。坚持内容建设和技术平台双轮驱动，以融合传播和项目平台为重点开展先行先试。始终坚持党管宣传、党管媒体、党管意识形态工作不动摇，牢牢掌握舆论工作领导权、话语权和主动权，围绕县委中心工作，打好宣传主动仗，开创新时代媒体融合宣传新气象。

2020年以来，中心通过电视媒体发布各类稿件630条，其中在市级以上媒体播发80余条，省级以上60条，新闻稿件质量大幅提升，为我县的经济社会转型跨越发展谋势造势，为讲好新乡县故事营造了浓厚的氛围。同时，围绕全县重点工作，在县电视台、新乡广电传媒微信公众号、"云上新乡县"APP开设了《疫情防控》《脱贫攻坚》《大气污染治理》《农村五项改革》等专栏进行主题报道。2020年以来共推送微信1600多条，与2019年相比增长60%，累计阅读300多万人次，与2019年相比增长65%。确保了信息渠道畅通，保障全县干部群众能够准确、及时获取疫情相关信息。疫情过后，新乡县融媒体中心利用传统媒体和微信公众号，免费为全县企业发布复产复工信息，提供了310个工种，近2000个就业岗位，共为54家企业免费发布信息1万余条，为企业节省资金27万多元。成立新乡县抖音号官方平台，始终坚持官方媒体平台党性原则，坚持定位，紧紧围绕县委、县政府中心工作，积极开展内外宣传工作，2020年以来共推送各类信息160条，累计阅读1500多万人次，达到10万

以上的共有 50 余条，其中，抗击疫情《回家团聚了》单条播放量达到 420 多万次，创新乡县新媒体播放量的新纪录。

举办各类活动，锻炼人员队伍。一是承办各类活动有亮点。先后承办"2020 年新乡县春节联欢晚会""新乡县首届'情定凤鸣湖、携手爱一生'集体婚礼活动""新乡县 2020 年干部职工第九套广播体操展示大赛""新乡县庆七一广场舞大赛""新乡县迎国庆爱国主义歌曲合唱大赛"及新乡县第二届集体婚礼活动等，并启动了网络直播，单次网络观看量突破 6 万余人次，引起社会各界广泛关注。

二是全力打造"云上新乡县"APP、新乡广电传媒微信公众号。在大象融媒技术人员的配合下，全力将"云上新乡县"APP 打造成为将音视频直播、新闻信息查询、民生事项查询等信息组合在一起的终端平台。目前，"云上新乡县"APP 注册量居全市前列。

强化业务学习，全面提升素质。为加速人员转型融合，做到一专多能，中心坚持每周召开一次业务研学会，多次邀请省、市资深专家开展全员专题培训，利用上级媒体记者来县采访机会派人跟班学习，利用各类大型文化活动进行直播实战，先后派出 20 余人次到外地学习考察，开阔视野，更新观念，提升技能，从思想上、技术上彻底改变新闻从业人员的观念。

获嘉县融媒体中心：
守正创新，融合发展

获嘉县融媒体中心成立以来，始终坚持以习近平新时代中国特色社会主义思想为指导，认真贯彻落实党的新闻宣传政策，宣传党的路线、方针和政策，把握新闻宣传基调，坚持正面宣传、团结鼓劲，为全县经济社会发展提供了舆论支持。一年来，获嘉县融媒体中心取得的成绩有：全省首批获得互联网新闻信息许可证单位；新闻优稿评选全省十佳；2020年8月在省级平台发稿量全省第二；《壮丽七十年　奋斗新时代　2019年获嘉县迎国庆文艺晚会》获得河南省文艺节目"牡丹奖"一等奖等。

超前谋划　高位运作

近年来，县委、县政府非常重视融媒体中心建设工作，2017年县委、县政府主要领导就将媒体融合提上议程，将报纸、广播、电视、

政府网站进行整合，2019年进行升级融合，积极抢占"主阵地"，构建了集报纸、广播、电视、网站、两微一端、抖音、今日头条等20多个平台于一体的媒体矩阵，从原来单一的媒体发声，到现在的抱团作战，形成了"一次采集、多种生成、多端发布"的全媒体传播覆盖新格局。目前，移动平台粉丝达60余万人，自有移动平台日发稿量达80余篇。

疫情防控　融媒担当

媒体融合在2020年的疫情防控工作中发挥了不可替代的作用，2020年1月31日（正月初七），一场大型融媒直播节目《众志成城防控疫情　获嘉在行动》通过获嘉县人民广播电台、获嘉电视台官方微信公众平台，向全县人民全景展示获嘉防控疫情工作，及时澄清不实传言，回应社会关切，直播互动1800余次，现场解答50余次，网友留言5000多条，一个小时的直播，收看人数达到20万以上，有效宣传了我县疫情防控工作，取得了广泛的社会效果。

2020年2月8日（正月十五）晚上，进行了第二场直播，重点解答群众关心的复工复产复学、店面开业等问题，消除了群众顾虑，增强了群众信心，为打赢疫情防控阻击战打下了良好基础。我们还组织了房产直播活动和人才招聘直播公益活动，助力复工复产。

为进一步弘扬社会正能量，我们通过微信、抖音、广播、电视、报纸、网站等形式开展立体式疫情防控宣传。在抖音里播发抗击疫情援鄂战士最美夫妇王国晓、郭燕姿的故事，他们两个月未曾见面，机场深情一抱，感动全国人民。

同时，我们也积极和新华社客户端、央视网进行合作，制作的短视频《职责》《如约而至的春天》被新华社客户端采用，单条点击量近百万。

建好队伍　聚力发声

着力提升全员业务素质和操作能力，每天召开晨会，每周召开作品研讨会，每月召开一次新闻策划会，每季组织一次人员全员培训，对接河南大学、新乡学院等高校进行"校媒合作"，建立了大学生实习基地，致力打造人才培养的平台、融合创新的智库，组建了138人的特约通讯员队伍，弥补了一线人员的不足。

在"云上获嘉"APP上为全县70多家单位和11个乡镇开设了订阅号，每个单位和乡镇至少保证2名专职通讯员，负责每日的信息上传，我们会根据实际情况策划宣传主题，下发给各乡镇。

一年来，在中央电视台、"学习强国"、人民网、央视网、新华网、《河南日报》、大象新闻等多家媒体平台累计发布新闻稿件1000余篇，对外宣传在全省名列前茅。《万名共产党员共唱入党誓词》微视频在全平台播放量达500万以上，《壮丽七十年　奋斗新时代　2019年获嘉县迎国庆文艺晚会》在全平台点击量达300万以上。

精彩专题收视王牌节目《天南地北获嘉人》和《出彩获嘉人》获得新乡市优秀节目评选一等奖。一年来已拍摄专题、宣传片50余个，策划各类展会活动30余场。

链接政务　提升服务

为了把我们获嘉人自己的手机APP办出特色，围绕县委、县政府中心工作，开设了《党旗飘扬》《平安获嘉》《脱贫攻坚》《乡村振兴》等专栏，还设置了便民服务版块，集党建服务、政务服务、生活服务功能于一体。此外还设置了群众喜闻乐见的《诵读获嘉》《获嘉映像》《吃喝玩乐》等专栏为群众生活做好全方位的服务。

为了增加用户黏性，我们设置了"短视频"功能，让群众随时随地记录上传身边新鲜事物，提升了群众的参与感。

文明实践　媒体当先

融媒体中心与新时代文明实践中心进行有机结合。依托我县40多家县级以上文明单位的志愿者服务队和社会团体，通过开展常态化的、不同形式的文艺活动和寓教于乐的方式，凝聚正能量、弘扬主旋律，把新思想、新政策传递给广大基层群众。

在2020年国庆、中秋双节前夕，策划了双节晚会，各乡镇村站所积极参与，报送节目200多个，从中选出40多个节目集中展演，收到了良好的效果。在这次活动中，采用了新媒体首发、全媒体跟进、融媒体传播，形成立体式宣传矩阵。

县级媒体融合实战策

原阳县融媒体中心：高标准建设，多层面融合，高效能运行

原阳县严格按照省委宣传部、市委宣传部安排部署，紧扣时间节点和建设要求，在"高标准建设、多层面融合、高效能运行"三个方面下功夫，强力推进融媒体中心建设，在全省县级融媒体中心建设评比验收中，获得非试点县前列，并荣登"优秀"序列。

高标准建设

原阳县是非融媒体中心试点县，2019年全省县级融媒体建设推进会召开后，原阳县委、县政府高度重视，坚持把融媒体中心建设作为落实党的意识形态责任制的重要内容，列入全县重点工作项目，共投入财政专项资金1000余万元，用于中心装修和设备购置。2019年3月份县委常委会先后2次进行专题研究，确定中心选址，通过建设方案；2019年5月份启动招标；2019年8月份场地装修完毕；2019

年9月份完成设备调试；2019年10月份正式投入试运行。试运行期间，县委书记郭力铭同志多次到融媒体中心调研，督导建设质量进度，现场解决问题。目前，原阳县融媒体中心建设走在全省非试点县的前列。

多层面融合

　　融媒体中心建成之后，我们重点做好"整合、融合、聚合"三项工作。一是机构人员整合。将原阳电视台、广播电视台、有线台、新闻中心、广电服务中心"三台二中心"进行整合，组建县融媒体中心，确定为正科级事业单位，事业全供编制60名，归县委宣传部领导。二是新闻产品融合。在原有电视台、广播电台、"原阳新闻"微信公众号3个媒体基础上，加快挺进网络主战场，重点打造"云上原阳"手机客户端，并向今日头条、微博、抖音等多个新媒体领域进行拓展，实现了"一次采集，多元发布"的宣传格局。截至2020年12月，"云上原阳"手机客户端注册用户达16.7万人，位居全省县级融媒体云上客户端第二位。融媒体报道《紧急扩散……》当日点击量突破9万，在县级云上客户端当日点击量排名第一。三是内宣外宣聚合。融媒体中心重点围绕"上头条、上大台、出精品"目标，加强与市级以上媒体的沟通交流，统筹做好对内、对外宣传。近期，原阳融媒体报道先后在央视《朝闻天下》、"学习强国"、河南卫视等媒体播发，在全市《直播新乡》第一季度播发稿件60余篇，排名位居各县（市、区）首位，原阳县融媒体中心传播力、引导力、影响力、公信力不断增强。

高效能运行

围绕"建设县域最具影响力的主流舆论阵地、综合服务平台"目标，积极探索"媒体＋政务＋服务"的高效运作模式，切实提高融媒体功能与群众需求的黏合度。一是做强品牌栏目。围绕脱贫攻坚、黄河流域生态保护和高质量发展等重大主题，开辟《脱贫攻坚进行时》《唱响黄河大合唱》等栏目，更好地服务了县委中心工作的推进。在特殊时期，分别开辟《疫情速报》《权威发布》《爱心榜》《防控课堂》等专栏，宣传决策部署，报道成效举措，讲述感人事迹，凝聚起打赢疫情防控阻击战的强大精神动力。其间编发的抖音《县委书记夜访卡点》点击量达到18万次。二是做优政务服务。利用"云上原阳"手机客户端开通"问政"频道，与县12345公众诉求热线结合，收集整理市民留言，转交相关部门办理答复，实现良性互动。截至2020年12月，共回复网民留言2776条，回复率100%。特殊时期，为解决企业复工复产用工难题，与县人社局、产业聚集区、用工企业联合举办"网络招聘会"，3天时间达成务工意向500余人。三是探索多元运营。为提升融媒体中心自我造血功能，积极加强与政府、企业间的合作，通过政府、企业购买服务、联办各类大型活动，扩大收入来源。先后承办了"原阳县红歌大赛""2020年原阳春晚""原阳首届年货节"等大型活动，通过现场直播和手机直播的形式，吸引数十万观众观看直播，进一步增强融媒体中心的发展后劲。

融媒体建设作为一个新课题，下一步，将围绕三个提升，把原阳融媒体真正打造成为主流舆论的阵地、综合服务的平台、原阳的信息枢纽。一是人才培养需要再提升。将与新华社、河南师范大学等媒体、高校建立长期合作，建立融媒体人才培训基地，以"四力"提升为抓手，着力打造能拍、能写、能剪、能播的"四能"人才。二是深度融合需要再提升。要将全县13个乡（镇、办事处）、县直各单位官方微信、微博，以及县域自媒体纳入融媒体中心统一管理，统一运营，统一发声。三是服务功能需要再提升。树立新闻产品意识，加大政务、民生、便民等服务项目接入融媒体平台，力争把融媒体中心建设成为"媒体＋政务＋便民＋党建"的综合平台。

延津县融媒体中心：
深化媒体融合，提升服务水平

延津县融媒体中心从 2019 年 7 月份成立以来，在不断探索中前行，从机制体制改革、媒体融合发展、政务民生服务、造血功能培育等多方面入手，走出了自己的特色。一年来，媒体融合发展取得实效，机构的成立走在了全省前十的行列；在省委宣传部组织的第一批验收中获得优秀等级；是新乡市首家获得互联网新闻信息许可证的单位；获得了 2019 全国融媒体建设进步奖。2020 年各项收入达到 300 余万元。2020 年 12 月 2 日，省委常委、宣传部部长江凌亲临延津调研指导工作，对延津融媒取得的成绩，给予了高度评价。这些成绩的取得也更加坚定了我们创新融合全面发展的信心。

创新工作机制　激活内生动力

中层岗位实行公开竞聘，选聘 8 名政治过硬、能力过硬、作风过硬的中层干部；全员实行双向选岗，全体职工按照双向选择的方式进行选岗，满意率达100%。绩效考核分类取酬。将个人绩效部分和文明奖全部纳入绩效考核。按照新闻采编、后勤保障、机务播出、产业发展等岗位工作性质分为四个等级，根据四个等级从高到低进行绩效考核，实现多劳多得。

深化媒体融合　增强宣传合力

一是平台融合移动优先。积极抢占"主阵地"，构建了集电台、电视台、两微一端、手机报、报纸、抖音等20多个平台于一体的媒体矩阵，形成了"一次采集、多种生成、多端发布"的全媒体传播覆盖新格局，目前，移动平台粉丝达90余万人。其中"延津融媒"官方抖音粉丝量达39.6万，融媒直播间粉丝21万，均位居全省县级融媒体前列。自有移动平台日发稿量达80余篇，日阅读总量平均10万余人次。发布的作品单篇浏览量高达3820万次。

二是人才融合打造队伍。将传统媒体与新媒体人员全部融合，每日晨会、每周新闻作品点评会、每月一线人员学习培训会，着力提升全员业务素质和操作能力；组建160余人的特约通讯员队伍，弥补一线人员不足的问题；对接河南大学、新乡学院等高校共建实训基地，致力打造人才培养的平台、融合创新的智库。

三是内容为王打造精品。一年来，在"学习强国"、中央电视台、人民网、央视网、《河南日报》、大象新闻等多家媒体平台累计发布新闻稿件700余篇。央视《新闻联播》的《全国小麦机收过六成 品质提升保粮食安全》、央视《朝闻天下》的《麦收一线观察　品质好于常年　小麦实现优质优价》等重点报道延津小麦，为打造"中国第一麦"提供了强有力的舆论支持。云上河南指尖排行榜多次榜上有名，新闻发稿量在全市外宣排名中稳居前三名。

拓宽业务范围　提高服务能力

一是畅通资讯。在"云上延津"APP 开通手机充值、暖气缴费、水电缴费、违章查询、驾驶证查询等 20 项便民服务功能；在微信平台上注册安装"云上津城"小程序，设置健康养生、求职招聘、二手交易、同城 114、婚恋交友、房屋租售等同城信息免费发布功能，方便群众信息交流。

二是关注民生。2019 年、2020 年连续两年成功策划举办第一届、第二届消费扶贫展销会活动；举办延津县第五届西瓜节暨扶贫农产品展销会，多个平台同步直播，现场设立直播间带货；举办"助力复工复产网络招聘会"，解决企业用工难题，直播结束一周内，县域内规模以上工业企业复工复产率达 98.8%；举办"爱心助农滞销农产品网上推介会"，为农户销售各类农产品价值 30 余万元。

三是服务政务。开设了多个党务政务专栏，宣传各项工作中的成绩和先进事迹。与县委、县政府督查办联合开办掌上问政窗口，建立完善的工作机制，及时回应群众关心的问题，协调有关部门处理群众热点难点问题 200 余件。

四是服务教育。在"云上延津"APP 开设网课窗口；在融媒发布厅组织开展了全省少先队辅导员线上主题活动、全民抗"疫"中国担当——延津县小学线上主题班会直播，线上观看人数达 22 万余

人；开展的"初三开学第一天"实时网络直播，对学校在特殊时期的学生报到、就餐、住宿、课程安排等方面进行了直观详细的报道，受到广大家长的关注和好评。

五是发展商务。与企事业单位、医院、学校等部门签订合作协议，满足合作单位视频拍摄、建立资料库需求，目前已签订合作单位16家。与企事业单位联办栏目、拍摄专题及宣传片50余个，策划各类展会活动30余场。利用直播平台开展商业直播50余场。

创新盈利模式　挖掘造血潜力

将中心广告业务对外公开招标，由中标的专业运营公司代理全平台创收业务，中心对代理公司在管理中做全程引导，既保障了中心创收的稳定性，又实现了事企步调一致，围绕中心、服务大局、协作发展总体目标。

发展电商产业，线上、线下齐发力，线下建立延津特产馆，目前已汇聚了扶贫农产品200余种。线上在淘宝、拼多多、云上津城、芝麻柜等平台开设网店，2020年7月份运营以来，线上、线下共销售各类扶贫产品200余万元；一年来，共举办春节联欢晚会、红歌合唱比赛等活动80余场，活动创收金额达100余万元。

媒体融合，是一场没有终点的赶考。下一步，一是与高校联合成立融媒学院，建立高校学生和融媒体员工双向交流培训的长效机

制，培育储备融媒发展人才。二是与县扶贫办对接，联合建立延津县扶贫农产品直采中心，切实解决扶贫农产品产销对接难的问题。在媒体融合的征程中，我们将积极探索，大胆实践，抢占融媒传播新高地，开创融媒发展新格局。

封丘县融媒体中心：
"封"起云涌，融合出彩

封丘县融媒体中心于 2019 年 10 月 30 日挂牌成立以来，突出体现"融"的理念，强化互联网思维，实施"移动优先"战略，创新体制机制，积极引导群众、服务群众，努力走出具有封丘特色的融媒发展之路。

领导高度重视，深化融媒改革

封丘县按照落实好习近平总书记"要建好县级融媒体中心，更好引导群众、服务群众"的要求，县委、县政府高度重视融媒体中心建设工作，县委书记亲自挂帅、宣传部部长主抓，县委常委会多次研究、修改融媒体中心建设实施方案，各部门统筹协调推进。对涉及融媒体中心发展壮大的重大事项、重大项目、重大设施设备等，采取"一事一议"，由县财政予以保障，推动县融媒体中心的高质量、

高效率运转。

2019年年底，县财政拨付571万元用于一期融媒体中心调度指挥中心基础设施建设及设备购置。第二期投资560.887万元的多功能演播大厅，县政府常务会已批准，将于2021年建设。

截至2020年12月，封丘电视台微信粉丝达到138000，微博粉丝达到78000，"云上封丘"APP全县下载量达到6万多；封丘县融媒体中心入驻今日头条、百度、网易、人民网、新华社客户端、央视移动客户端、腾讯、企鹅号、快手等，让封丘新闻最大化；封丘广电传媒中心、封丘电视台、封丘广播电台、封丘手机报、封丘电视台微信公众号、封丘融媒微信公众号已经融合；县直各单位、各乡镇"两微一端"已融合，新时代文明实践中心和融媒体中心已融合；便民服务已上线。

唱响主旋律，打好主动仗

封丘县融媒体中心建设之初就迎来了新冠肺炎疫情防控的大考，在新冠肺炎疫情期间，封丘县融媒体中心运用全媒体新闻矩阵宣传习近平总书记重要讲话精神，讲解防控知识，报道典型事迹和先进人物，制作30多个公益短片，服务企业招工的复工复产，代言企业产品和滞销农副产品，促进"六稳六保"。仅一个多月时间，封丘县融媒体中心共在电视、微信公众号、手机报、"云上封丘"APP、央视网、"学习强国"、省市媒体等发稿1305条。新华社播发的2条视频点击量都达到了130多万。

加强融媒体深度融合

"媒体+政务"：打造"新闻+政务"服务平台，探索整合党政部门信息资源，主动融入和服务中心工作，县域媒体对接党政部门技术平台，代运营乡镇和部门的政务新媒体，为群众提供申报审批、注册办证、办理社保、投诉受理等"一站式"政务服务，打造"指尖上的政务服务中心"；推出"智慧党建"平台，提供党员管理、党员教育、党内资讯、互动交流等各类党建服务；推出"市民热线"平台，了解群众热切盼望解决的问题，舆论督办有关部门解决，更好地服务群众；形成"一中心+N平台"的传播矩阵。

"媒体+服务"：对接"智慧城市"建设和民生服务平台，聚合各类优质公共服务资源，开通查公交、查违章、水电天然气有线电视费缴费、网上证件办理、业务咨询等公共服务项目，让群众少跑路、多办事，成为市民在衣、食、住、行、娱等各方面的贴心伴侣；推出"智慧教育"平台，提供教育信息、在线教育、名师讲堂、习题解答、在线培训等教育服务功能；围绕"智慧医疗"，开通"封丘名医"平台，提供名医展示，知识普及，在线问诊、挂号等各类医疗服务；同时，打造智慧文化、智慧旅游、智慧环保、智慧停车、平安畅通等公共服务平台，为百姓提供一站式便捷服务。百姓通过手机客户端，即可了解政务公开信息。

"融媒+商务"：县属机关企事业单位、乡（镇、街道）的宣传专题片、视频制作、媒体广告、活动组织等文化传媒服务，应优先选择向县融媒体中心及其下属的封丘县文化传媒有限公司采购，允许采用自行直接采购方式，促进融媒体产业发展和国有资产保值增值。禁止以非公开竞争方式向其他社会组织直接采购。搭建"智

慧商城"，为带贫企业提供线上平台，把扶贫产品放在商城里，让全县干部职工在商城里随时点击购买满意的商品，达到互利双赢；各单位工会福利发放在商城里购买产品。优先支持融媒体中心及其下属的封丘县广电传媒有限公司企业积极参与文创产业、智慧城市、电子商务、户外广告发布、房产销售、智慧教育等重要公共领域的项目建设，提升全县公共服务水平。

创新机制，融合发展

成立封丘文化传媒集团：负责广告经营和产业发展，实行企业化管理。融媒体中心和传媒集团同属于一个党委领导，传媒集团的广告内容导向由融媒体中心负责把关。封丘文化传媒集团下设文化传媒、影视制作、演艺拓展、艺术培训等公司，打造封丘融媒产业综合体。组织开展各类群众性文化、体育、科普、公益等活动，开展各类商务、会展、节庆等活动，打通线上线下、提升造血功能，丰富群众文化生活、强化为民服务功能；拓展文化创意、影视制作、演艺活动、展会、教育培训、电子商务等产业，不断增强自我造血功能，为"封丘融媒"发展提供坚强的经济保障。实行经理竞聘制和目标责任制。新闻采编人员不得从事任何广告经营活动，广告经营人员不得从事任何采编活动。传媒集团拿出一定的企业利润反哺融媒体中心采编人员的工资、奖金，实现社会效益与经济效益的统一。

长垣市融媒体中心：
以融为基，抢占先机

长垣市融媒体中心于2018年10月挂牌，属河南省第一批县级融媒体中心建设试点。长垣市融媒体中心在市委、市政府的高位推动下，充分发挥各媒体深度融合和聚合共振效应，不断提高新闻信息生产、传播、服务能力，更好地发挥舆论引导功能，走出一条县级传统媒体与新兴媒体融合发展的新路。

打造融媒体中心全媒矩阵，以"引导群众、服务群众"为指导思想，实现了"传统"到"创新"的跨越

长垣市融媒体中心融合了市人民政府网、《长垣视点》、长垣人民广播电台、长垣电视台等传统媒体，并开通了"云上长垣"手机客户端，"长垣融媒""长垣广播电台""长垣视点"3个微信公众号，长垣发布微博、"长垣融媒"官方抖音号等新媒体，形成"两微一端"全媒体矩阵。

我们实施移动优先战略，重点发展新媒体，集中力量打造"云上长垣"手机客户端，已优化了新闻资讯、视频、短视频、看电视、听广播等版块的设置，完成了时政和社会新闻的专区分类，进一步完善了"云上长垣"手机客户端的新闻政务和民生服务功能。长垣融媒生活抖音号关注量已达到62.6万多人，蝉联新乡市政务类抖音指数榜第一名，粉丝数量全榜第一。

坚持正确舆论导向，建立了本级媒体之间相互联动、与上级媒体平台之间上下互动的融媒体传播矩阵

在宣传贯彻主题主线、围绕中心、服务大局、服务人民群众中发挥了积极的作用。积极与中央、省、市主要新闻媒体和新华客户端、"学习强国"平台、顶端新闻等知名平台沟通对接，圆满完成了第三届"龙行中原"河南省全民龙舟大赛暨长垣市"河南矿山杯"第二届龙舟大赛、2020中国职业装产业大会系列活动、撤县设市一周年系列活动、"第六届中国·长垣国际起重装备博览交易会"等重要活动的宣传报道，努力营造发展开放型经济的浓厚氛围，充分展示了长垣对外开放的新形象。特别是新冠肺炎疫情期间，长垣融媒统一调度、统一谋划，推出系列抗疫力作，开设了《疫情防控特别报道》《长垣主播说防控》等5个专栏；制作了《抗击病毒我们一起行动 防控疫情我们一起努力》公益宣传片；推出《长垣视点》专期3期，刊登相关图文稿件145篇；电台播出防疫宣传168条；新媒体发布报道470余条，总阅读量381万。在中央级媒体发稿160余篇，在省级媒体刊发稿件1100余篇，在市级媒体发稿220余篇，共计1480余篇。其中在新华网上推送的《河南长垣：美丽乡村忆乡愁》点击量突破100万次，通过全国性平台向外界展示长垣、推介长垣，

树立长垣好形象。

统筹两中心线下与线上的关系，新时代文明实践中心为融媒体中心提供现实营养，融媒体为文明实践插上互联网的翅膀

我们坚持"两中心一条心"，实现功能融合，就是在"云上长垣"手机客户端开辟《文明实践》专栏。同时，我们广泛发动文明实践中心的各志愿者及志愿服务组织，积极下载客户端并主动上报有关活动的图文信息，持续强化云平台活跃度。《文明实践》专栏通过大数据的收集与整理，真正实现百姓点单、志愿者接单、中心派单、群众评单。

下一步，我们将进一步丰富云平台功能，计划开通"文明随手拍"功能，设置"秀文明"与"拍陋习"两大功能区，让每一位市民既成为文明的践行者，也成为文明的监督者，持续提升我市文明程度，并着力坚持"六个围绕"，即围绕提升政治站位提高"两中心"协同策划水平，围绕工作中心、群众关切问题丰富活动组织形式、传播形式，围绕整合资源推进志愿服务项目化，围绕提高素养加强"两中心"队伍建设，围绕深化改革推进媒体融合向纵深发展，围绕同

频共振推动"两中心"深度融合。通过深度融合,增强了长垣融媒的传播力、公信力、影响力,市域内近10家企事业单位、乡镇与长垣融媒战略合作,拓宽了创收渠道,增加了经营收入。今后,我们将牢记使命任务,紧扣时代脉搏,不断开创"两中心"融合发展新局面,为推动长垣高质量跨越发展做出新的更大的贡献!

辉县市融媒体中心：探索创新，打造网格化政务信息管理系统

辉县市融媒体中心精心打造的融媒政务信息管理系统，立足"融媒+政务+服务"工作定位，加强政治引领和舆论引导，与经济、社会、法治、民生和新时代文明实践等工作进行深度融合，已经成为政府与公众互动的重要平台，对发布政务信息、引导促进中心工作开展、回应公众关切和正确引导舆情有着重要的促进作用，成为市委、市政府打通与群众联系"最后一公里"的桥梁和纽带，有效提升政府

治理体系和治理能力建设水平，成为展示市委、市政府治理能力和治理现代化的重要抓手，是县域治理体系的有效创新，为在新形势下发挥融媒政务服务功能、提升融媒体舆论引导和监督作用做出了新的有益探索。

加强融媒发布渠道建设

渠道和影响力营销中心是辉县融媒发展的根基，关乎基层信息"最后一公里"，其职能是"录入和发布"，及时准确录入基层信息，第一时间发布基层动态。辉县市融媒体中心自2019年成立之日起，相继在各乡镇召开信息员专题培训会10余场，针对信息采集、新闻素材编写、直播平台运用等内容进行分批次集中培训学习。短时间内，成功地完成多次大的联动报道，信息员不仅积极做好全市政务信息推送，扩大政务信息的传播力、覆盖面，同时积极上传属地优质信息，通过融媒渠道，扩大属地优质信息的知晓率。

信息员主要由四部分人员组成：第一，调动全市各级各单位新闻发言人负责本单位的信息发布与管理，根据本单位实际，每个单位配备2～5名信息员；第二，筹建了"乡村代言人"队伍，全市22个乡镇，536个行政村，总人数共计800余人；第三，吸收了社团组织中部分新闻爱好者，共计217人；第四，融媒体中心全体100人。目前，全市新闻政务管理信息员总人数达到1700余人。

2020年春，新冠肺炎疫情突降，来势汹汹。在抗击新冠肺炎疫情过程中，"一个平台、全市联动"的融媒传播优势和效果得以凸显。辉县融媒充分发挥"一个平台、全市联动"的融媒传播优势，集合全市信息员力量主动应战，打通了疫情防控宣传和服务的"最

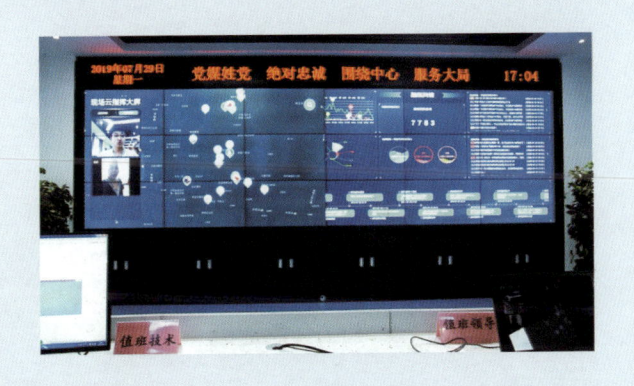

后一公里"，上下联动、纵向贯通，做到强信心、暖人心、聚民心，彰显了主流媒体的价值和责任担当。基层信息员队伍是渠道中心建设的重要力量，下一步，加强信息员团队建设，扩大信息员队伍；加强信息员业务能力培训，整体提升信息员素质；加强建设及时报送和优先发布机制、舆情收集和回复机制等长效运营机制，确保重大的群众关切和反映都能有及时的回应和反馈。

加强"融媒+政务"建设，拓宽融媒政务服务功能

辉县融媒坚持"贴牢党政、贴紧基层、贴近群众"新闻宣传原则，在做强做精新闻主业的基础上，利用自身优势开掘政务市场，打造"新闻+政务"服务平台，保证宣传工作的实效，促进政府形象的展示，增强政府与民众的互动。结合"干部作风提升年"活动，辉县融媒与市委、市政府督查局合作，开设栏目《问政时刻》，实现"媒体+政务"在宣传上的常态化，发挥政务信息发布、政策解读、民生热点引导等功能。《问政时刻》栏目分为向人民承诺、追踪报道、问政面对面三个阶段，通过电视《辉县新闻》、公众号"辉县发布"、报纸《今日辉县》三方平台进行立体式发布，助力构建辉县政务信息立体传播格局。

信息员管理系统对我市各项中心工作起到了积极的促进作用，尤其在农村环境整治、脱贫攻坚、沙石整治、植树造林、疫情防控

等工作中发挥了巨大作用,让市委、市政府及时了解基层工作动态,进一步提高了治理效能。

依托网格化信息管理系统,打造辉县融媒"人设"——辉叔

"辉叔"是融媒时代的一个产物,是辉县融媒在运营实践中的一次创新尝试。"辉叔"的主要职责是解决民生领域的操心事、烦心事,辉叔是辉县融媒扎根民生的重要一环,是擦亮辉县融媒品牌的关键一步。

在电视、报纸以及新媒体平台《辉县发布》、"云上辉县"APP开辟了相关专栏《辉叔说事》,关注群众反映的热点、难点问题,积极与有关部门和乡镇对接,解疑释惑,解读相关政策;针对市委、市政府重点工作或阶段性中心工作,及时跟踪报道,以人设"辉叔"所见所闻说事的形式,有效报道了重点工作的进展情况,促进了工作的顺利开展,有效发挥了新闻舆论监督作用。《辉叔说事》针对小区物业管理、小区车位管理、小区大型犬袭人等市民关注的热点,进行了深入采访并与相关职能部门沟通,一经推文,便收到了良好的社会效果。

焦作市

修武县融媒体中心：
守正创新发展，融合媒体新生

修武县融媒体中心以习近平新时代中国特色社会主义思想为指导，在各级宣传部门的大力支持下，在县委、县政府的正确领导下，加快融合步伐，夯实建设基础，已初步建成了在内容、渠道、平台、经营、管理等方面深度融合的县级融媒体中心，有力提升了党的新闻舆论的传播力、引导力、影响力、公信力，强化巩固了县级媒体平台的宣传战线前沿阵地作用。

紧盯融合使命，加快改革步伐

修武县融媒体中心的建设得到了修武县委、县政府的高度重视和支持，焦作市委常委、修武县委书记郭鹏在县委常委会上多次就该县融媒体中心建设进行重点安排，将融媒体中心建设工作列入县党委、县政府的中心工作进行推动。此外，县委常委、宣传部部长刘群生亲自挂帅，成立了修武县融媒体中心建设工作领导小组，带领各部门主要负责同志多次到县级融媒体建设试点县进行学习调研，深入一线了解当前各媒体运行现状，并在县常委会上进行了多次汇报，从机构、人员、经费等多个方面制订了融媒体建设方案。2019年7月，县新闻办搬离县委，和修武县电视台、修武县广播电台合并成立修武县融媒体中心；2019年10月，修武县融媒体中心三定方案得到批复，同时加挂"修武县新闻中心"牌子，共有编制61人，中心融合了多个媒体平台，打破了报、电、网之间资源共享瓶颈，确保了各平台的宣传口径统一，构建了新型矩阵宣传新格局，县级融媒体平台的影响力、传播力得到了巨大提升，"更好引导群众、服务群众"的社会功能已经初见成效。

注重人才培养，孕育媒体新人

修武县通过政府购岗的形式，按照与事业全供人员同工同酬的待遇，公开招聘了 15 名融媒体相关专业年轻人才，先后邀请资深记者、编辑等专家对新招录人员进行业务培训，并采取 AB 岗轮岗制，有效地培养出了一批能够适应融媒体业务需要的全媒体记者。同时，还邀请省、市新媒体资深讲师，对全体业务人员进行了新媒体运行的专业培训。此外，修武县融媒体中心还建立了周学习制度，按月制订学习计划，所有科室轮流讲课交流业务，有效促进了业务的互通和知识的互融。每月 26 日组织全体党员和中层干部进行中心组第一议题的扩大学习，学习习近平总书记关于新闻舆论工作的重要论述和讲话，提升党员干部的政治素养和对新时代新闻舆论工作的认识，有力确保了融媒体中心各项工作紧跟新时代党的新闻舆论工作总要求。

提升产品质量，赢得良好口碑

修武县融媒体中心统一优化重置了电视、报纸、新媒体平台的整体视觉效果，使各平台从视觉效果上得到了较大的美学提升。同时，每月组织一次对本月新闻、视频、新媒体等内容的集中复盘讨论。通过这些举措，修武县融媒体中心的产品质量得到了明显提升，疫情期间制作的疫情防控宣传片《走过寒冬》被"学习强国"学习平台采用播发；按照新的产品标准采访拍摄的新闻被央视《新闻联播》和《朝闻天下》采用播发；自中心成立以来，各类平台受众得到了突飞猛进的增长，产品质量和内容得到了社会各界的一致肯定，市场竞争力得到了明显提升。

秉持创新思维，融合媒体新生

  修武县融媒体中心结合实际，提出"媒体＋政务＋服务"的融媒体建设思路。"中央厨房"强大的应用功能，实现了广播、电视、报刊、微博、微信、抖音和客户端等媒体平台的完全整合，为提升地方融媒体中心内容影响力和经营能力赋能，为"四全媒体"建设和进一步构建全媒体传播格局助力，在提高媒体权重的同时，市场效益也有了极大增长。修武县融媒体中心在"云上修武"APP运营中，融入了政务服务、社区服务、生活服务和互动功能，打造群众"指尖上的服务窗口"，将"最多跑一次"转向"零跑腿"，并计划将其打造成为具有修武特色的城市媒体生活客户端。此外，还通过整合全县各类内刊、工作信息、典型事例，投入融媒体资源池，实现了信息共享。在新冠肺炎疫情防控期间，修武县融媒体中心依托客户端等平台，官方发布实时疫情信息，专业科普防控知识，并在全国率先推出县级疫情通报，让疫情信息公开透明，仅单条转发点击量就达到45万以上。此外，修武县融媒体中心秉持创新思维，积极发挥新平台优势，还开通了"修武融媒"抖音号，仅仅三个月，最高单条获赞量便达到3.6万，观看量达到361万。与此同时，还通过组织策划一系列主题特色活动，有效扩大了品牌影响力，发起首轮"阳光少年"寻找活动，大多数城区学生家庭参与了此次活动；以新闻、图文直播、现场直播、短视频等形式，制作播出了《永不落幕的汉服节》《乡村复兴论坛修武峰会》等融媒体产品，节目真实生动，社会反响良好，实现了传播效果最大化。

  下一步，修武县融媒体中心将紧紧围绕习近平总书记对宣传思想工作提出的"举旗帜、聚民心、育新人、兴文化、展形象"总要求，

充分发挥"更好引导群众、服务群众"的社会功能，进一步探索创新，明确发展方向，加强顶层设计，完善体制机制，提升策划品质，扩大宣传影响力，不断提升传播力、引导力、影响力、公信力，忠诚履行党媒的职责使命，全面深度推进媒体融合，切实把县级融媒体中心建设成为县域舆论宣传主阵地，开创融媒体事业发展新局面。

博爱县融媒体中心：
创新思维，融合发展

博爱县融媒体中心自2018年11月5日挂牌成立以来，坚持先行先试，创新思维、融合发展，紧紧把握大数据时代的信息化发展趋势，努力将融媒体中心打造成为宣传县委、县政府决策的平台，展示博爱特色的舞台，引导群众、服务群众的窗口，具有引领力和传播力的新型主流媒体。

博爱县融媒体中心依托"大象融媒"云平台支撑，从整合媒体资源入手，融合电视台、电台、《焦作日报》县域版、《今日博爱》、微博、微信公众号、"云上博爱"、"博爱融媒"官方抖音等8个媒体资源，构建起全媒体矩阵。投资130余万元，打造了融媒体指挥中心、采编中心、制作中心，实现了新闻"一次采集、多元生成、多端发布、全媒体传播"的工作格局。

围绕中心、服务大局，凝聚磅礴发展力量

牢固树立"融媒体中心不仅仅是宣传平台，也是县委、县政府开展县域治理推动工作落实的重要平台"的理念，紧紧围绕全县中心工作，策划选题，围绕疫情防控、县两会、"转变作风抓落实、优化环境促发展"、"学湖州晋江、促高质量发展"活动、"打好脱贫攻坚战"等中心工作开展宣传，为博爱县高质量发展营造良好的舆论氛围。

特殊时期，先后在《今日博爱》报纸和博爱电视台《博爱新闻》开辟"抗击疫情　我们始终在一起""战'疫'一线党旗红"专题和《众志成城抗击疫情》《博爱有爱共战疫情》《战疫先锋》《复工复产亮实招》等专栏，刊播新闻报道近600条。疫情发生以来，《今日博爱》微信公众号共发文2000余篇，总阅读量达200万以上。融媒体中心各媒体平台传播力、引导力、影响力、公信力不断提升。

县两会期间，先后刊播两会动态新闻、评论文章和深度报道，切实把县委、县政府的方针政策传到千家万户，凝聚起全县人民的共识。先后和县委转优办、"学湖州晋江、促高质量发展"活动领导小组结合，开辟栏目，对活动开展情况进行深度报道，对相关单位的工作进行满意度测评，切实提升群众的获得感。

勇于创新、移动优先，积极拓展新媒体渠道

结合传播流行趋势，紧跟新媒体发展潮流，2020年3月底开通了"博爱融媒"官方抖音账号。截至撰稿时，共上传作品167条次、总播放量200余万次，各项数据还在持续增长中。抖音账号开通初期，共发布艺术家代言作品18条次，总播放量49万余次，其中，河南省曲艺家协会主席范军、河南省曲剧团彩旦演员张晓英的作品播放量均突破10万次；县两会期间，"博爱融媒"官方抖音账号开设

《聚焦两会》专栏，共上传作品16条，总播放量16.5万次，其中，作品《中共博爱县委书记陈泓在政协博爱县第十届委员会第四次会议开幕式上发表讲话》播放量达到2.8万次。组织的"樱桃采摘来寨豁 大美博爱抖狂欢"抖音短视频大赛，参赛作品80余件，总播放量近80万次，对富硒樱桃销售、叫响全国知名的农特产品品牌起到了很好的宣传推动作用。

多元发展、强筋壮骨，提升融媒体品牌质量

博爱县融媒体中心着力强化延伸服务，以"媒体+"为突破点，实现媒体与各领域的跨界融合，打造了"媒体+文化""媒体+教育""媒体+金融"等项目，搭建起了活动运营版块。今年，中心共开办10大类，共17档栏目，目前均已成功上线，栏目内容丰富、可看性强，样态涵盖了戏曲类、美食类、访谈类、文化类、少儿类、休闲购物类等社会生活各个层面，栏目一经播出便受到广大电视观众的好评，极大地丰富了老百姓的电视荧屏，提升了融媒体的品牌价值，同时也为融媒体中心下一步创收打下了坚实的渠道基础。

讲好故事、树好形象，提升博爱对外知名度

博爱县融媒体中心从关注民生热点出发，了解群众所想，做到群众反映的问题第一时间关注。同时，在生产有高度、有深度、有温度、接地气的新闻精品力作上下功夫。主要围绕三个方面讲好博爱县故事：一是讲好乡村旅游发展故事。樱桃节期间，充分发挥全媒体矩阵效应，对樱桃节进行全方位的深入报道，叫响"小樱桃大旅游"品牌，吸引更多游客来此休闲度假，打开了樱桃销路。与电商中心、寨豁乡合作开展"博爱县富硒樱桃电商扶贫直播带货活动"，邀请"简姐""农村人""小酒窝"等知名网红开展直播带货活动。据统计，直播间共成交博爱县富硒樱桃2万余斤，销售额达40余万元，助力

24户贫困户。二是讲好乡村脱贫致富故事。2020年9月22日，举办"博爱县首届金秋山货节"，开拓崭新的宣传博爱县山区优质、地道土特产的模式，畅通产销渠道、扩大消费需求、活跃旅游市场，助推山区脱贫致富、乡村振兴，逐步叫响"博爱山货"品牌。三是讲好经济社会发展故事。联合博爱县文化广电和旅游局，举办国庆文化系列活动。通过国庆文艺晚会及国庆期间的系列文化活动，反映全县干部群众干事创业的精神风貌，激发广大干部群众爱国主义情感，讲好博爱县故事，传播博爱县好声音。

"雄关漫道真如铁，而今迈步从头越。"下一步，博爱县融媒体中心将紧紧围绕习近平新时代中国特色社会主义思想和县委、县政府中心工作，充分发挥融媒体"引导群众、服务群众"的作用，开展全媒体宣传，放大宣传效果，推动党的创新理论"飞入寻常百姓家"，让党的声音传得更开，传得更广，传得更深入。

沁阳市融媒体中心：
传媒因融合而精彩

沁阳市融媒体中心瞄准建成"主流舆论阵地、综合服务平台、社区信息枢纽"的目标，通过强力实施"五抓五突破"，开启了沁阳市媒体融合发展新篇章。

抓体制改革　在机制创新上取得新突破

沁阳市将机构改革、人员融合作为推进融媒体中心建设的先手棋，努力破解体制、机制制约等难题，为实现资源通融、宣传互融奠定基础。大胆改革人事制度，打破固有用人格局，开展中层干部公开竞聘和部门人员双向竞岗工作，8名"80后"走上了中层干部岗位。通过资源整合、流程优化、队伍组建等一系列调整，各部门从"相加"到"相融"，大家工作的主动性空前高涨，干事创业的激情大幅提升。

抓融合矩阵　　在流程再造上取得新突破

沁阳市融媒体中心积极整合县级广播电视、报刊、新媒体等资源，抓融合矩阵，在媒体服务、党建服务、政务服务、公共服务、增值服务等方面迈开步伐。

2017年6月底，沁阳广播电视台完成了台、报、网三媒融合，广播、电视、手机报、网站、公众号、沁阳手机台客户端六个平台实现一次采集、多种生成、多元传播。2019年9月，"云上沁阳"客户端上线运营，在新媒体平台建设上又迈出了坚实的一步。客户端从沁阳手机台仅限于内容的发布，发展到2.0版的"云上沁阳"集融媒体宣传与政务服务于一体。

2020年4月，沁阳市委宣传部外宣办运营的沁阳在线微信公众号、看沁阳新浪微博、《焦作日报》（沁阳县域版）全部移交到融媒体中心，全市官方媒体全部整合，实现"两台两报两微一端一网一号"融合矩阵。同时，入驻央视移动客户端，与新华社客户端河

南频道、"学习强国"县级融媒体中心都进行了对接，运营有16个商业平台分发账号，着力构建县域媒体融合发展新格局。

如何把沁阳市精神文明创建工作再向前推进一步？市委宣传部给融媒体中心布置了一个宣传课题。市融媒体中心策划了全国文明校园沁阳市第一中学《文明一中大直播》宣传方案，从早上5：30学生们起床开始到下午5：10学生下课，近12个小时不间断直播，当天两个直播间的观看量达到34万人次，评论量超过3万人次。

抓功能拓展　在"媒体+"上取得新突破

在守好主流舆论阵地的同时，沁阳市融媒体中心利用自身优势，创新服务模式，提供信息服务、问政服务、便民服务等，不断拓宽服务领域、拓展服务空间，探索建立"新闻+政务服务"的运营模式。依托"云上沁阳"客户端，开通了便民、民生、在线云课堂三大版块。群众在APP上，可以完成生活缴费、快递查询、社保查询，并且与沁阳市政府网、河南政务服务网进行连接，完成网上政务事项的查询和办理，推动民生热点问题解决。

抓学习培训　在队伍建设上取得新突破

以"四力"教育实践活动为抓手，通过系列学习培训和业务观摩评比、大练兵活动，激发和培育出融媒体队伍的创造力和执行力。专门改造了融媒"四力"大学堂，把每周一下午固定为学习交流讨论学习时间，每月评选出学习之星。"四力"大学堂开办以来，共开展集中学习培训21次，干部职工共撰写学习文章300余篇，在新媒体平台发表原创作品100余篇。

抓多元发展　在"造血功能"上取得新突破

通过政府购买服务和市场化运作，以活动提升主流媒体综合实

力，打造县级融媒体品牌。两年来，承办了"沁阳市庆祝新中国成立 70 周年歌咏比赛""首届消费扶贫购销节"等近 60 场大型活动，并通过广播电视和移动端进行直播，扩大活动的影响力。活动的举办，一方面丰富了群众的文化生活，传递了积极的正能量；另一方面拓宽了融媒体中心的增收渠道，提升了中心的"造血功能"。

未来，沁阳市融媒体中心将以融媒体中心建设和新时代文明实践中心为契机，充分利用新时代文明实践中心的实践功用和阵地作用，增强客户端的服务功能，进一步增大用户黏性，扩大受众范围，真正打通服务群众的"最后一公里"，全面提升媒体宣传引导效能，打造新型主流媒体。

孟州市融媒体中心：
守正创新，融通发展开新篇

县级媒体是我国舆论建设的"最后一公里"，是媒体格局中的"神经末梢"。为更好引导群众、服务群众，孟州市融媒体中心把准功能定位，实现了传统媒体和新兴媒体从相"加"迈向相"融"，传播力、引导力、影响力、公信力不断提升。

加强顶层设计，完成机构设置

孟州市委、市政府高度重视融媒体中心建设工作，市委主要领导多次到该中心实地调研，推动解决政策、经费、体制机制等方面实际困难。孟州市融媒体中心根据实际需要，科学设置组织架构，下设综合中心、新闻中心、技术中心、发展中心四个内设部门，推动融媒体在机构、内容、人员、管理等方面深度有效融合，确保了中心各项工作高效运转。

同时，还修订完善了《融媒体中心总编辑制度》《融媒体中心三审三校制度及采编审流程》《重大事件新闻预警和舆论监督办法》《新闻选题和评审制度》等制度，通过建立编委会，执行稿件审签制度，完善分级审核制、编辑责任制和总编终审制，明确各环节审核人员工作职责，对各个平台采、编、播、发流程严格把关，确保互联网新闻信息发布安全。

深度融合发展，打造新型主流媒体

以全媒思维、全域变革的勇气，深度整合报纸、电视、新媒体宣传平台，不断完善"云上孟州"APP功能版块，注册了孟州融媒抖音号、视频号，破除原有媒体平台自成一体的藩篱，确立了两微、一端、一报、一台、两号的"七大媒体"矩阵。按照"一次采集、多种生成、多元发布"的信息传播模式，对各平台采编人员实行统一管理和派遣，对采编稿件加工和审定后在各平台发布，实现以技术平台为支撑，以一体化采编为途径，以综合信息服务为主要内容，以移动传播为主要渠道，从曾经的"分灶做饭"走向"中央厨房"的策、采、编、发一体化运作，构建起多位一体、快速联动、无缝衔接的大宣传格局，实现了新闻宣传提速、内容编发高效、外宣直通快捷、信息无处不在的融媒宣传新模式，也实现了县级媒体转型的跨越式发展。2020年7月，顺利通过省委宣传部融媒体中心专班验收。

确立工作重点，把握宣传导向

确立了"抓住一个首要政治任务、紧扣一条工作主线、践行一个工作理念"的工作目标。探索由平台的简单相加向系统的深入相融转变，逐步实现从"物理反应"向"化学反应"的变化。

抓住一个首要政治任务。始终坚持"党媒姓党，绝对忠诚"原则，持续深入学习贯彻习近平新时代中国特色社会主义思想，坚持团结稳定鼓劲、正面宣传为主方针，把正确导向贯穿到融合发展的各环节、全过程，不断巩固壮大主流思想舆论。紧扣一条工作主线。把宣传资源聚焦到疫情防控、决胜全面建成小康社会这条主线上来，按照市委"党建做引领、产业促转型、城乡谋振兴、民生新改善"的总体思路，围绕"三大攻坚战""三城同创""三十工程"等中心工作，创新宣传方式，激发昂扬斗志，汇聚磅礴力量。践行一个工作理念。把"守正创新"的工作理念和要求贯穿到中心工作各方面，全面推进工作理念、方式方法、体制机制创新。

加强队伍建设，为中心发展夯实基础

按照"能独立完成文字、音视频、图片采集、制作，全媒体平台发布"的要求，推行"专业化运作，差异化培养，复合型发展"的人才思路，一方面加大对原传统媒体记者的培训，大力培养全媒体人才；另一方面通过向社会招聘的方式不断充实采编队伍，更好适应和服务融媒体发展。同时，采取走出去、请进来与自学相结合的方法，加强与河南广播电视台、《河南日报》等上级媒体的沟通联系，分批次选派业务骨干定期到省市台跟班学习，积极与河南大学广播传媒院校对接，建立了实习基地，交流心得，开阔眼界，使越来越多的采编人员具备了"一专多能"的全媒体采编技能。

立足技术升级，为全媒平台提供科技支撑

抢抓县级融媒体建设和改革机遇，按照中宣部《县级融媒体中心建设规范》要求，全力开展融媒体中心硬件建设，2019年年底，申请到政府专项债券2400万。目前，利用第一批500万元资金谋划的三个项目，即购买媒体资产管理系统、广播电视摄制播出设备项目，综艺演播厅、综合演播室、指挥大厅改造项目和消防工程、中央空调改造等项目。改造后的综艺演播厅、综合演播室和指挥大厅，安装专用数字高清设备，主播区、站播区、访谈区、虚拟演播室等一应俱全，使广播电视信号模拟转数字、标清转高清、灯光舞美达到最佳效果。媒体资产管理系统，可对节目素材的收录、整理、保存和利用更加科学规范管理，更新后的各类硬件设施堪比地级市水平，全面高效支持孟州市融媒体中心各种业务顺利开展。

下一步，孟州市融媒体中心将强化互联网思维和一体化发展理念，推动各种媒介资源、生产要素有效整合，推动信息内容、技术应用、平台终端、人才队伍共享共融。

濮阳市

清丰县融媒体中心：
多媒相融，合谱新乐章

2018年12月29日，对清丰县广电人来说是一个与众不同的日子，这一天，清丰县融媒体中心正式挂牌成立。从此，清丰县融媒体中心一班人先行先试、大胆改革，把多个传播媒介进行相融，合谱融媒发展新乐章。

清丰县作为省级融媒体中心建设试点县，县委、县政府高度重视融媒体中心建设工作，投资800万元建成了融媒体指挥调度中心和办公楼，并引进了河南大象融媒集团技术支撑平台，开通了"云上清丰"APP，购置了功能齐备的新闻采、编、播设备；对人员进行重新整合，再造新闻采、编、播、发等新流程。

如今，清丰县融媒体中心融合了"云上清丰"APP、电台、电视台、"清丰网站"、记者站、"清丰发布"微信公众号、"清丰县新闻发言人"新浪微博等全县多个媒介平台，实行统一管理、统一调度、统一运营，形成了"一次采集、多种生成、全媒传播"的工作格局。

清丰县融媒体中心紧密结合当地政治、经济、文化等，在各媒介平台设置了清丰新闻、清丰党建、孝道清丰、大美清丰、唱响清丰、美丽清丰人等版块，以清丰悠久历史、传统文化、产业发展、红色文化为切入点，讲好孝道故事、弘扬传统文化、传播社会正能量、展现美丽家园，唱响千年古顿丘，魅力新清丰。

清丰县一辆轿车在夜里停车时，不小心掉入河中，附近市民不

顾寒冷跳入河中，在刺骨冷水中把落水者营救上岸，医生、护士也赶到现场第一时间进行救治。清丰县融媒体中心记者得知此事后，第一时间赶往现场，采访目击者，调取监控摄像，还原了事件全过程，采写的新闻《见义勇为 一场齐心协力的救援温暖了这个寒冷的冬天》在融媒体中心各传播媒介进行了播出，并将这一暖心新闻第一时间送到省、市级媒体，河南电视台新农村频道、《濮阳新闻》进行了报道，引起社会关注。一时间，"见义勇为"成了清丰县人民口中的热词。

小屏幕，大民生。经过不断探索，真切地感受到媒体融合在基层迸发出的强劲活力。融媒体中心利用大小屏幕互动，小屏手机端"云上清丰"APP不仅涵盖了音视频、图文、网络直播等信息发布的功能，还搭载了一些应用服务功能，如农资服务、农机服务、办事指南、天气预报、违章查询、旅游指南等便民服务功能。县级技术支撑平台与"河南政务服务"APP打通了20多个接口，实现了"学位真实性查询""学位证进度查询""出入证办理进度""身份证办理进度"等20多项便民服务，让群众足不出户就能查询相关信息。

改革永远在路上。清丰县融媒体中心将继续深化改革，扎实推进县级融媒体中心建设，巩固主流舆论阵地，打通党和人民群众信息沟通的"最后一公里"，不断提升传播力、引导力、影响力、公信力，更好地引导群众、服务群众。

南乐县融媒体中心：
坚持守正创新，推进融合发展

2019年以来，南乐县高度重视县级融媒体中心建设，把县级融媒体中心建设和运用，作为意识形态领域一项重要工作来抓，县融媒体中心积极主动担当作为，不折不扣抓好各项工作落实，有序推进了县融媒体中心建设。

南乐县融媒体中心于2020年1月挂牌成立，硬件设备完成接入，大屏安装到位，但受疫情影响，相关设备未及时完成调试。2020年6月，原县委报道组有关机构职能全部融合到融媒体中心，相关媒体平台资源全部移交至融媒体中心，打破了原有"两套人马、两类平台"各干各的工作现状，较为彻底地完成了从县广播电视台到县融媒体中心的转型。

南乐县融媒体中心机构，为中共南乐县委宣传部管理的事业单位，编制40人，设主任1名，副主任2名。中心主要有县南乐综合频道、FM107、南乐手机报、南乐网、南乐网县委门户网站微信平台、"云上南乐"APP、南乐融媒新浪微博、南乐融媒今日头条等媒体平台，采取以平台建设为重点，不断推动传统媒体与新兴媒体在内容、渠道、平台、管理等方面的深度融合，努力形成"一次性采集、多渠道发布、快速度传播、广覆盖受众"的格局。

目前，南乐县融媒体中心正在按照三定方案要求，对具体业务、人员等资源尝试调整、重组，探索建立更为合理的组织架构、业务流程、激励机制等，进一步提升南乐县官方媒体的传播力、引导力、影响力、公信力，更好引导群众、服务群众。

南乐县将县属媒体的机构及职能融合作为推进融媒体中心建设的先手棋，努力破解体制、机制制约，为实现资源通融、宣传互融奠定基础，推动实现"主力军进入主阵地"的生动局面。

县委、县政府主要领导多次召开专题会议，对融媒体中心建设方案给予具体指导，在编制、人员等方面给予大力支持，县财政列支专项经费支持推进县级融媒体中心建设工作，保障了县级融媒体中心建设。县里专门成立以县委常委、宣传部部长为组长的县级融媒体中心建设工作领导小组，将中心建设列入全县文化体制改革重点工作，县督查服务中心每月督导工作进度，用改革的力量推动县级融媒体中心建设。2019年6月，南乐县融媒体中心明确了机构规格，9月确定了场所地址，11月研究了人员编制，11月审批了建设资金；2020年1月完成硬件设施接入，进入调试阶段，6月明确了中心2名副主任，南乐县融媒体中心正式进入融合发展阶段。

建立学习制度，采用走出去、请进来与自学相结合的培训方法，先后派员赴河南大学等地参加培训学习；制订学习计划，组织开展"强四力"教育培训，对习近平总书记关于新闻宣传、融媒体建设等工作的重要指示进行每周一学，提高新闻从业人员的政治业务素质，提升传播能力；邀请省融媒体中心相关技术人员到县进行技术培训，提高业务操作水平。

我们紧紧围绕县委、县政府"一三六"发展战略，宣传报道县委、县政府的中心工作，新闻宣传凝聚南乐县发展正能量。全面展现了南乐县年度工作如火如荼的工作氛围，为助推全县经济社会发展提供了强有力的舆论支持。如特殊时期，我们积极宣传一线的典型人物、典型故事，凝聚起众志成城抗击疫情的磅礴正能量。在农民群众农产品滞销时，我们积极通过各个平台、渠道广为传播，并开展了"县

长直播带货"等活动，为抗击疫情、复工复产贡献了力量。今年以来，南乐县融媒体中心紧紧围绕中心工作，不断创新传播方式、推进媒体融合宣传力度，打好宣传主动仗，开创新时代媒体融合宣传新气象，扩大宣传效果，先后在中央电视台刊播《河南濮阳南乐县：消防员倒挂深井40米救男童》等新闻3条。2020年以来，围绕疫情防控、复工复产、高质量发展、脱贫攻坚、全面小康、生物基产业发展等中心工作，在《河南日报》、河南广播电视台、《河南日报》客户端等省级以上媒体刊发刊播相关新闻稿件210余篇，在《濮阳日报》、濮阳新闻等市级以上媒体刊发各类稿件660余篇，在南乐综合频道、南乐手机报、南乐网、南乐网县委门户网站微信平台、南乐发布人新浪微博、南乐融媒今日头条、南乐融媒抖音APP等平台刊发刊播相关稿件6200余篇。其中，谷金楼镇（原谷金楼乡）镇长拍视频、"做微商"帮助农民销售鸡蛋等积压农产品近百吨，《乡长变身"推销员"代卖鸡蛋和苹果》《乡长拍视频变网红 推销农产品近百吨》等先后在河南广播电视台、《河南日报》客户端、央广网河南分网等进行广泛传播，综合点击量达到10万余人次。积极探索"媒体+"发展新模式，通过"媒体+电商"等方式，先后开展两次县长直播带货活动，观看粉丝数近30万，开辟了助农销售的新路子，也为"媒体+"的探索提供了思路。

范县融媒体中心：扎实推进媒体融合发展，彰显服务群众力量

范县融媒体中心自2019年12月2日正式挂牌成立以来，始终坚持把学习宣传贯彻习近平总书记系列重要讲话精神作为重大政治任务，放在各项工作的首位。把党的声音传播到千家万户，打通服务群众"最后一公里"。

范县融媒体中心融合多方力量，丰富传播载体，坚持内容为王，形成了载体多样、手段先进、渠道丰富、内容鲜活、覆盖广泛的移动传播媒体矩阵。

范县融媒体中心下设新闻综合频道、农业生活频道、文艺频道、新媒体中心、播出中心、技术中心、监管服务中心、黄河文化传媒中心等八个部室。累计投资390余万元用于搭建融媒体指挥中心平台建设、编辑中心改造提升和采、编、播设备购置。

范县融媒体中心始终坚持"党管宣传、党管意识形态、党管媒体"的原则,"策、采、编、审、发、评"全流程统筹规划,"一次采集、多种生成、多元传播、即时传递",成为范县融媒体中心工作的日常状态,全媒体人员的主动性、积极性、创造性不断提高,新闻生产质量、生产效率大幅提升。

范县融媒体中心现拥有"云上范县"APP、"范县通"微信公众号、范县电视台、范县 FM98.7 调频广播、范县融媒体中心微博、范县融媒体中心抖音账号等媒体发布平台,融媒体矩阵初具规模,为范县推进媒体融合发展提供了坚实保障,切实打通服务群众"最后一公里",着力提升县级媒体的影响力、传播力、引导力、公信力。

疫情防控　彰显担当

自新冠肺炎疫情发生以来,范县融媒体中心按照宣传部的安排部署迅速展开行动,全体编辑、记者放弃节假日,深入一线进行采访。充分利用"云上范县"APP 以及"范县通"微信公众号,及时转发各类信息,将新媒体"快"的优势充分展现,累计编发、推送特殊时期防控新闻 2100 余条次,《乡村风》《脱贫攻坚在行动》专题栏目 5 期。采写出《范县全力做好新型冠状病毒感染的肺炎疫情防控工作》《有我们》等一大批有深度、有温度、暖人心的抗疫作品,先后被国家、省、市多家媒体转载报道,《有我们》点击量达到 100 万,获得一致好评。

加强服务　扩大宣传

"要扎实抓好县级融媒体中心建设,更好引导群众、服务群众。"这是习近平总书记在全国宣传思想工作会议上提出的要求。范县融媒体中心"云上范县"APP 注册量与"范县通"微信公众号用户量持续增加,充分利用新媒体优势,联合各部门开通网上问政、便民服务等。其中，"范县通"微信公众号推送的《农村姑娘"零彩礼"出嫁 县委书记送"贺礼"上门》报道，被《人民日报》、新华社官微（网）等20余家中央级媒体转载，浏览（点击）量达1.5亿多次。用优秀作品增强新闻宣传的亲和力、吸引力、感染力，提升了舆论引导的效果，架起党和人民群众信息沟通的桥梁，为群众提供多样化、精细化服务，打通服务群众"最后一公里"。

守正创新　融合发展

范县融媒体中心实行"创意策划+运作实施+平台审核分发传播"的运作管理模式，实现"一次采集、多种生成、全媒传播"编发格局，并且与多个单位商家签订战略合作协议，探索出了一条媒体融合的特色道路。

自2019年成立以来，融媒体中心充分发挥县级主流媒体作用，打造线上线下同频共振，共开展网络直播、网络投票9场次，参与人数达到11万人。其中2020年9月23日，通过"云上范县"APP直播开展扶贫农特产品集中推介活动，线上线下联合销售，效果非同凡响，获得了广大商家和群众的一致好评，范县融媒体中心日益成为服务群众、传播党的声音的重要力量。

台前县融媒体中心：
打造基层新型主流媒体

在媒体融合过程中，台前县始终发挥传统媒体在音频和视频上的优势，新媒体图片、文字、微视频"短、快、灵"的优势，坚持"你中有我、我中有你，你就是我、我就是你"的理念，构建起了新媒体矩阵，进一步加速媒体融合，为成立县级融媒体中心奠定了基础。

积极推进传统媒体与新媒体的融合发展

根据中央、省委宣传部有关文件和会议精神，2018年年底，台前县积极与大象融媒对接，积极做好该县融媒体中心建设准备工作。在融媒体中心建设中，得到了台前县委、县政府支持。2019年年初，台前县整合县域媒体资源，将县广播电台、县电视台、台前网站、

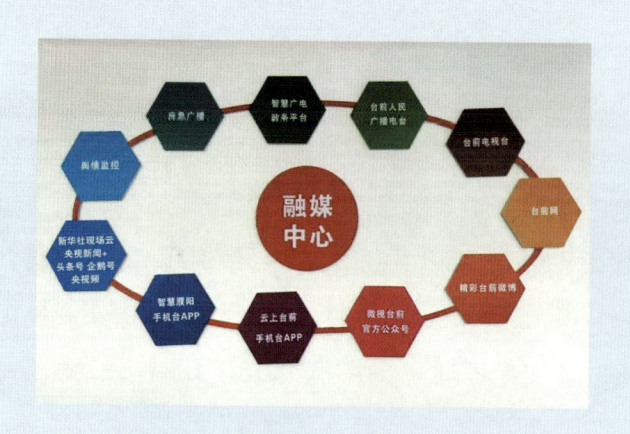

官方微信公众号、"云上台前"APP及入驻的央视移动新闻网、央视频、新华社现场云、今日头条、《看点快报》等平台进行融合，构建了"一中心十平台"的融媒体中心矩阵。

切实发挥县级融媒体中心作用

台前县融媒体中心于2019年12月底挂牌成立，2020年1月，台前县下发成立县融媒体中心的通知，将台前县互联网中心和台前县广播电视台整合，成立台前县融媒体中心，并出台"三定方案"。台前县融媒体中心所有编辑、记者使用的设备全部更新为高清设备，人员也实行集中办公。

2020年10月28日，大象融媒完成了台前县融媒体中心软硬件建设，我们开始使用融媒指挥系统，配置了指挥大屏，成立调度中心，对照系统做到统一下达任务，明确采访记者和协同人员，记者认领后，到现场签到采访，一般新闻在第一时间传送图片和现场微视频，通过手机发送报片。重要新闻实现融媒体中心媒体资源的可视化指挥调度，多路记者全方位、多形式采访，并利用直播、无人机采集、现场连线等技术进行采访报片，经三审三校后，一键分发到云上客户端、微信公众号等平台，实现了采编发联动、人机无缝衔接，电视、

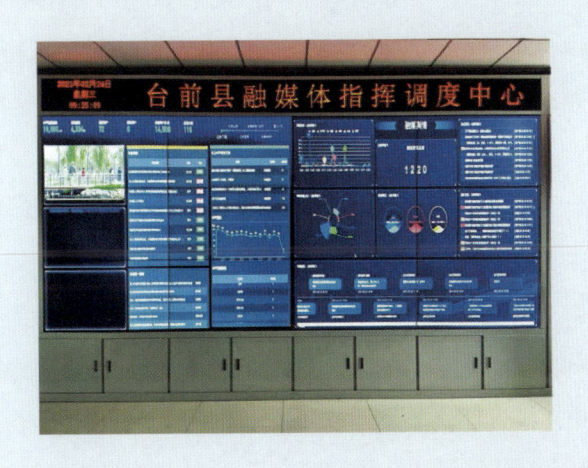

电台、网站、手机台、微信公众号等媒体之间相互导流、共同发展，极大地提高了工作效率，提高了新闻时效性，开启了媒体融合从"相加"到"相融"的加速跑，打造了快速响应的内容采集、汇聚、制作、共享、审核、发布、播出、运营和统一调度的全流程内容安全生产体系，真正实现了"一次采集、多种生成、多元发布、移动优先"的目标。

打通服务群众"最后一公里"

台前县融媒体中心在不断推动融合转型的过程中，积极结合自身发展情况，坚持内容为王，因地制宜，凸显本土特色，积淀了未来的发展基础。

在内容生产上，坚持"策划在先内容为王"的原则。制作出了一批在台前县有影响力的作品。严格落实策划会制度，全员参与，人人献计，推出《乡村振兴进行时》《出彩台前人》等脍炙人口、反响强烈的融媒产品，同时被"学习强国"学习平台等平台采用。

针对地区特色，重点开展脱贫攻坚方面的系列报道。比如，《小乡村里处处飘"菇"香》《晚秋黄梨富农家》《村里来了个"找事"书记》等系列作品，当地农产品得到宣传的同时，脱贫攻坚宣传成效也非常凸显。2020年，针对新冠肺炎疫情防控要求，策划开展线上直播"云上赏桃花"活动，以"固定直播+APP直播"双直播的方式延续"吴坝桃花节"的品牌报道，真正把地区品牌特色活动通过媒体的力量植入人心，提升了地区文旅业影响力。

展望未来，更好地服务群众

围绕"云上台前"APP，整合县域内资源和力量，用好搭建的版块和开辟的栏目，尤其是发挥问政功能作用，架起政府部门与老百姓之间的桥梁，将台前县窗口服务单位网上便民服务纳入"云上台前"APP，打通服务群众"最后一公里"，把"云上台前"打造成老百姓的"百度"。推进县融媒体中心和新时代文明实践中心一体化发展，依托大数据、人工智能、算法推荐等技术，对用户进行精准画像，智能推荐文明实践服务项目和团队，实现智能匹配和主动推送，满足群众个体化、差异化、分众化文明实践需求。进一步增强文明实践活动的针对性、有效性，提高覆盖面和影响力。

打造智慧政务新平台。将台前县网格化管理平台与融媒体中心融合，整合资源，实现"全县一网"。实现由"多人管多事"向"一人管多事"转变，"用最少的人管最多的事"，提高效率，实现一个平台"收集、交办、监督、反馈"，推动社会治理精细化、智慧化、信息化，真正实现"大事全网联动，小事一格解决"。

将应急广播融合到县融媒体中心。应急广播融合到融媒体中心后，进一步加强人口密集区、救灾避难场所、公交车站、社区广场等重点区域户外终端建设，探索具有应急唤醒功能的有线、无线入户终端部署，全面对接社区、广场、商场、校园、医院等人员密集区域的公共接收终端，实现终端的自动唤醒和强制播出，把主流舆论宣传寓于日常信息服务和应急服务当中，深化拓展应急广播的宣传、服务功能。

许昌市

鄢陵县融媒体中心：
优化配置，融合发展

2020年3月，鄢陵县融媒体中心正式挂牌成立，鄢陵县融媒体中心积极与省大象融媒沟通对接，从人员培训、平台建设、软硬件配备等方面紧锣密鼓地向前推进，调度指挥中心也如期投入使用，取得了阶段性进展。

一把手工程，县委书记负总责

关于融媒体中心的建设，县政府常务会和县委常委会多次召开专题研讨并到中心实地调研、现场办公，解决建设中的实际困难，并于2020年3月以"两办"的名义下发了关于成立融媒体中心的相关文件。机构、人员、科室等均以文件形式固定下来，同时融媒体中心加挂"鄢陵县广播电视台"牌子。

依据"三定方案",优化结构力量

将原鄢陵广播电视台、《今日鄢陵报》、音像站、广播站等相关媒体人员划转纳入县融媒体中心编制,按照人岗相适的要求,双向选择,重新划分和设立部室,通过融合改制极大地激发了广大职工干事创业的积极性。

强化党的领导,坚持党媒姓党

根据县委要求,于2020年5月份成立鄢陵县融媒体中心机关党委,下设三个支部(机关支部、新媒体支部和网络支部),支部发挥作用,党员发挥作用,这样促进了中心建设的加速推进。

同时在鄢陵县融媒体中心建设初期,紧紧抓住政策的机遇,成立融媒体中心班子,在班子的带领下,整体推进工作。

一是成立"云上鄢陵"客户端,力争把"云上鄢陵"这个客户端打造成发布党务政务信息、关注社会热点、倾听民声诉求的"新闻+政务+服务"的移动新媒体平台。

二是在"云上鄢陵"APP中设《走向小康》《改革兴豫》《抗击疫情》等10个栏目。划分出新闻、问政、便民、直播等20个版块,做到了基层社会多功能的"转换口"与"适配器",发挥了"桥梁"和"纽带"作用,在引导群众和服务群众上发挥了重要作用。在"云上鄢陵"APP正式启用后,立即召开全县镇村宣传委员会议,探索解决办法。结合各镇各村特点,选出村级宣传员,通过乡村宣传员进村入户讲下载办法、手把手教怎么使用,同时收集社情民意,真正让融媒体走近群众、走进民心,打通了党和政府与群众沟通的"最后一公里"。

在2020年6月份对全省各地市在"云上河南"上的发稿统计中,鄢陵县融媒体中心稿件被采用39篇,稿件采用量、优质稿件传播量

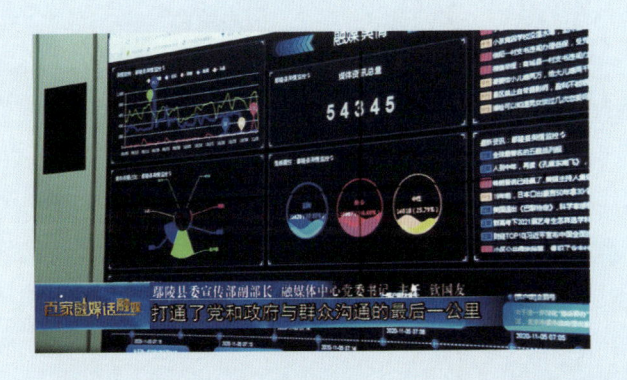

排名第7，得到省广播电视台县级融媒体中心建设办公室的通报表扬和奖励。

同时，围绕鄢陵县乡村振兴、医疗保障、惠民服务、疫情防控、精准扶贫等方面的20篇新闻报道被"学习强国"平台采用。

三是在特殊时期，围绕援鄂医护人员归来制作播出了《春暖花开，英雄归来》等图文视频，在电视台、"云上鄢陵"APP滚动播出，弘扬了正能量，反响强烈，这充分展现了主流媒体的舆论引导作用。围绕县委、县政府工作，中心以视频消息、图文消息、会议精神解读等各种形式展开宣传报道。其中《打开花木产业发展新画卷》《康养产业崛起正当时》《吹响打赢污染防治攻坚战的奋进号角》等专题受到各界好评。中心成立以来共发布文章300余篇。

四是在做好本县报道的同时，积极转发国家、省和市县关于脱贫攻坚的报道和脱贫政策的普及200余篇，真正起到了党和政府喉舌的作用。

襄城县融媒体中心：
以深度融合促媒体发展

襄城，这座拥有着灵山秀水、物阜民丰的千年古县，经过两千多年的岁月更迭，凭着深厚的文化积淀、优越的资源禀赋、良好的区位优势，在勤劳智慧的襄城人一代又一代的接力奋斗中，县域经济得以迅猛发展。身处这块蒸蒸日上的热土，新时代的襄城媒体人肩负起举旗帜、聚民心、育新人、兴文化、展形象的使命任务，积极推进融媒体中心建设，加快媒体融合发展，打造引导群众、服务群众的综合枢纽平台。

领导重视、上下联动，促进媒体融合发展

襄城县将融媒体中心的建设作为一把手工程，县委、县政府高度重视，专门成立了由县委书记任组长的领导小组。在筹备期间，县委书记和县长先后多次到融媒体中心调研，出思路解难题，在硬件建设方面，拨出了专项资金用于融媒体中心建设。在襄城县文博中心专门设立办公场地，总建筑面积有1700多平方米，投资2400万元，内部主要设施有指挥调度大厅、综合演播厅、集群演播室、播出机房等。2019年9月30日，襄城县融媒体中心正式挂牌成立。队伍建设方面，在整合襄城电视台、襄城人民广播电台人员的基础上，县委、县政府今年专门为融媒体中心招录了6名28岁以下的新闻传播专业的本科生，通过人才引进，加强融媒体的队伍建设。2020年

11月，襄城县融媒体中心领导班子已经组建到位，实现了机构融合、人员融合、业务融合。

襄城县融媒体中心按照内容为王、移动优先、主业先行的原则，坚持出优质新闻、发权威声音、引导好群众的初衷，做好新闻宣传工作。2020年，襄城县融媒体中心4次进入河南省政务微信公众号前20强，其中一篇文章获全省第5名。

积极探索发挥"融媒+"，打通政务服务"最后一公里"

襄城县融媒体中心积极探索"融媒+"，坚持线上线下互动。线上方面，在"襄城融媒"APP上开通的问政栏目，让广大群众可以咨询政策、反映问题、表达意见。襄城县融媒体中心根据群众反映的问题，发挥新闻的监督作用，跟进关注，及时解决群众关注的焦点、堵点、难点问题。通过"融媒+"架起了政府和群众之间直接沟通的桥梁。从目前的运行情况来看，效果非常好。

在智慧平台建设方面，目前已经实现县人民医院、龙耀医院网上挂号业务，群众可以在"襄城融媒"APP上，选择主治医生、网上预约。线下方面，6月23日，襄城融媒体中心在北城门广场组织了大型副县长直播助农带货活动。襄城县副县长乔晓光为襄城好货代言，3个小时销售了45万多元，浏览量6000万，直播间累计观看人数110万，10秒的销售额达到了8.72万元，活动效果极好，群众满意度很高。

目前，襄城县融媒体中心计划在"襄城融媒"APP上开设襄城馆，把襄城的农副产品、生活用品甚至工业产品放到网上，在满足群众衣食住行的同时，拓展融媒体平台的功能性和实用性。

两中心建设齐头并进，交流互动互相促进

在襄城县融媒体中心建设的同时，襄城县新时代文明中心也在紧锣密鼓地建设，全县已建成新时代文明实践所16个、新时代文明实践站249个，村站覆盖率占比55.5%；成立县级专业志愿服务队伍65支。襄城县融媒体中心和襄城县新时代文明实践中心在平时的工作中紧密配合，融媒体中心依托平台优势把新时代文明实践中心开展的各种志愿服务活动，从服务项目到宣讲内容的提前发布，从群众需求的收集到志愿团队的招募，通过移动智能终端及时推送，在增加社会影响力、传递正能量的同时，增加网民对媒体平台的关注度，提升了媒体平台的传播力，进而实现"两中心"的交流互动、良性发展。

放眼未来提前谋划，做好媒体深度融合大文章

媒体融合发展不仅仅关系着媒体生存发展问题，更关系着意识形态和文化安全。下一步襄城县融媒体中心将把融媒体建设和信息化建设结合起来，进一步促进媒体功能与智慧政务的融合，同时延伸媒体服务范畴，由提供媒体信息产品逐步转变为综合信息服务。将来，就媒体深度融合方面还会在流程再造、人才培养、机构合作等方面进一步探索，在方式上向政务服务、商务领域拓展，扩大新闻生态圈，从媒体内部融合向跨界、跨业融合推进。

潮平两岸阔，风正一帆悬。新时代，新征程，新起航。顽强拼搏、执着追求的襄城融媒人将把握媒体融合发展的脉动与规律，守正创新，以深度融合促进媒体向纵深发展，让正能量更强劲、主旋律更高昂、服务群众更给力，助推襄城经济社会高质量发展。

禹州市融媒体中心：
因势而谋，应势而动，顺势而为

因势而谋，探索县级融媒发展新路子

为认真贯彻落实习近平总书记"要扎实抓好县级融媒体建设，更好引导群众、服务群众"的重要指示精神，落实省委、省政府关于加快县级融媒体中心建设的有关要求，禹州因势而谋，提出了打造"全国一流，河南标杆"县级融媒体中心的目标。

禹州市融媒体中心于 2018 年 12 月 31 日正式挂牌成立，是全省 39 个县级融媒体中心建设试点县之一。禹州融媒整合了禹州电视台、广播电台、《禹州通讯》报社、"中国禹州"网、"精彩禹州"微信公众号、"禹州发布"微博、禹州手机报、"云上禹州"APP 等全媒体平台，力争做到真"融"真"合"。

应势而动，建设新闻宣传新高地

做好县级媒体融合工作，是做好新时代宣传思想文化工作的重中之重，也是落实习总书记关于加快媒体融合发展指示精神的具体抓手。禹州市委、市政府高度重视，专门下发《禹州市加快推进融媒体中心建设的实施方案》，并派人到浙江长兴、江西分宜、河南项城和汝州等县级融媒体先行先试的县级地方进行参观学习，借鉴先进经验。同时投资 300 多万元开展了与大象融媒的技术合作，建

成了高标准的禹州市融媒指挥中心。

禹州融媒精心打造的"中央厨房",已经实现一键发布和一次推送多端直达的快速网络通道。外出的新闻记者能够及时地把信息传回综合指挥平台上,后台的编辑们也会在第一时间进行编辑,并发布到各个网络平台,大大提高了新闻的时效性和受众覆盖面。一个充满活力、亲民为民、适应市场的集新闻发布、舆论引导、政务发布、智慧城市、商务运营等功能为一体的新型融媒体中心初步形成。

顺势而为,打造"媒体+服务+便民"新模式

为迎接5G时代的到来,禹州融媒积极探索"媒体+服务+便民"新模式,着力在便民服务上做文章。除了做好政务服务、宣传报道、舆论引导,还致力于将移动客户端"云上禹州"APP打造成为服务老百姓的"掌中宝",真正实现"云上禹州"在手,足不出户就能办好所有事。

4月22日,禹州融媒"网上超市·云上美好家园"商城正式上线,从选购、下单到支付,成功打造出禹州市区30分钟商业生活圈。该平台依托融媒体、微家园自身优势,形成"互联网+媒体+物流配送+平台建设"的模式,通过融入扶贫产品、合力推进扶贫民生工程,全面解决扶贫消费"最后一公里"问题,建设禹州地区最大的生鲜快消品生态产业物联网平台,从而全面带动扶贫产品实现产销一体化。

把准"方向盘",占领传播制高点

习近平总书记强调,推动媒体融合发展、建设全媒体成为我们面临的一项紧迫课题。作为全省融媒体中心建设试点,禹州融媒不断探索实践,实现了资源通融、内容兼融、宣传互融、利益共融。

2020年6月,河南省县级融媒体中心省级平台稿件采用量排名中,禹州市融媒体中心进入全省前10名。河南省县级融媒体中心大象客户端"云上河南"优质稿件传播量排名中,禹州市融媒体中心排名第一。8月22日,在全省县级融媒体中心建设考核验收中荣获省级"优秀"。这些荣誉意味着禹州融媒的发展又迈出了重要的一步。

未来,禹州融媒将继续推动媒体融合向纵深发展,做大做强主流舆论,探索推进综合服务功能,充分发挥融媒体中心信息服务平台的作用,积极参与智慧政务建设等公共服务功能,力争把禹州市融媒体中心打造成为强势的舆论宣传阵地和为民服务阵地。

长葛市融媒体中心：
守正创新，稳步推进融合发展

2018年8月，习近平总书记在全国宣传思想工作会议上明确提出："要扎实抓好县级融媒体中心建设，更好引导群众、服务群众。"作为全省39个县级融媒体中心建设试点县市之一，长葛市委、市政府认真贯彻落实各级党委决策部署，把握机遇，乘势而为，扛稳政治责任，强化顶层设计，大胆改革创新，加快融合步伐，扎实推进县级融媒体中心建设，努力打通基层宣传工作"最后一公里"，不断提升县级主流媒体的传播力、引导力、影响力、公信力。

顶层设计　改革创新

长葛市委先后三次召开常委会，集中研究、高位推进融媒体中心建设顶层设计，出台了三项关键改革措施：

改革管理体制。整合长葛市原广播电视台、原长葛报社，成立财政全供事业单位——长葛市融媒体中心。打破原有机构界限和干部职工身份限制，组建管理层，成立编委会，在编和非在编人员均能担任行政和业务管理岗位，实现统一调度、科学管理。

改革选人、用人制度。改"任命制"为"竞聘制"，中层干部全部竞聘上岗，在编和非在编人员均通过竞聘途径担任部室主任，一般职工全部实行"双向选择"，实现人尽其才、才尽其用。

改革薪酬激励机制。按照"多劳多得、优绩优酬"原则，不同

身份不同办法。财政供养人员，统筹其 30% 奖励性绩效工资，按照"工分制"绩效考核成绩二次分配；招聘人员，注册成立全资国企——融拓传媒有限公司，实行"零保底、工分制"绩效工资，充分激发工作活力。

移动优先　双线作战

面对新时期媒体传播形式、受众获取信息渠道新变化，长葛市融媒体中心不断强化互联网思维，坚持"移动优先、双线作战"的理念，压缩《长葛报》一周4期为一周2期，停办一档电视栏目《长葛行》，将人员、设备等资源向移动媒体转移。初步建成"云上长葛"手机客户端，"今日长葛""长葛头条"两个微信公众号，"长葛广播电视台""长葛头条"两个抖音号等移动端新媒体传播阵地，基本形成传统媒体和新兴媒体"优势互补、双线发力、立体传播"的县级主流媒体传播格局。

内容为王　做强主业

坚定"内容为王"，担当主业主责。中心编委会统筹指挥，建立新闻采、编、播"统一策划、统一调度、一次采集、多种生成、全媒传播"全流程管理运行机制，定期策划重大主题报道，严格执行周评优稿制度。在不断激励下优秀新闻作品捷报频传、繁花似锦，

《烙馍扶贫》《樱桃熟了》等一大批新闻、文艺节目获全国和河南省优秀新闻一、二、三等奖；《河南长葛：沃土正生金 中原农村美》《河南长葛：乡村好风光》等短视频连续登上"学习强国"平台；新冠疫情期间，短视频《一封与夫书 遥寄相思意》被新华社选用播发。"今日长葛"微信公众号每周点击量超1万，新闻作品15篇以上；"长葛广播电视台""长葛头条"两个抖音号新闻最高播放量分别突破3400万、2400万。众多传播力、影响力超强的优秀新闻作品，为长葛融媒在基层舆论引导中真正发挥主导性、关键性作用奠定了坚实基础。

打造平台　服务群众

与省级技术平台大象融媒达成战略合作，打造了"云上长葛"APP综合新闻信息服务平台，积极开展"媒体＋政务""媒体＋服务"，设立了《问政》栏目，积极受理、督办市民群众关心的热点、难点、堵点问题，有效助力县域社会治理；开通了各镇办、局委"政务订阅号"，及时发布政务信息，集中推行政务公开；设置了《便民》栏目，为用户提供贴近需求的多类别便民服务；开通了《直播》栏目，为用户提供足不出户亲临第一现场的视觉体验，努力践行"更好引导群众、服务群众"的媒体融合传播理念和初衷。

登高始觉天地阔，实干方能踏浪行。长葛市融媒体中心将进一步按照各级党委"加快推动媒体深度融合发展，构建全媒体传播体系"的指导意见，始终坚持"内容为王"的基本原则，牢牢把握改革创新动力之源，不断夯实"人才队伍"基石基础，努力提升"服务群众"能力水平，持续在县级融媒体中心建设中干在实处，走在前列，奋力谱写新时代中原更加出彩的绚丽篇章。

漯河市

舞阳县融媒体中心：
积极探索县级媒体持续发展之路

河南省漯河市舞阳县坚持高起点谋划、高标准建设、高效能融合的建设原则，于 2019 年 11 月底完成县级融媒体平台搭建，12 月底挂牌试运行。

舞阳县在县融媒体中心建设中紧紧抓住媒体融合发展的牛鼻子，倾力打造县域新型主流媒体，努力把"云上舞阳"APP 办成群众离不开的"掌中宝"，建成党委政府推动工作的好帮手、服务人民群众的好朋友。在工作中主要打好三招组合拳。

第一招：扎实做好"云上舞阳"APP 集中推广活动，致力增加下载量。专门制订了集中推广活动方案，充分发挥全县各级党组织主体作用，形成推广使用"云上舞阳"APP 工作合力。强化线上线下互动功能，积极尝试网络直播，先后组织直播了"和你有约""广场舞展播""海德公园宝贝秀""学校文艺汇演""步行看舞阳""荷你有约""荷花节物交会""幸福地产杯周末篮球赛"等直播节目36场，累计点击次数54万，特别是"广场舞大赛"点击次数达到18万多，观看时长1600多小时。目前，定期举办的直播节目有"步行看舞阳""舞阳开讲啦""小城大事儿"等节目，深受广大受众喜爱，依靠优质服务内容、行政推动、活动促进等方式，利用一个月左右的时间，下载量突破5万人次。

第二招：坚持"平台思维"，致力增加用户黏性。积极同各乡镇、各部门做好对接，开放端口"请进来"，为部门开设订阅号和便民、政务服务窗口，对于能够在网上办理的事项，实现"一端打尽"。党务政务服务方面，目前已完成全县14个乡镇和90%职能部门的对接，在新媒体平台上开办了《新理论》《舞阳党建》《脱贫攻坚》《清风舞阳》《信息发布》等36个栏目。便民服务方面，开办了"同城生活""求职招聘""供求信息""成绩查询""积分商城""三农服务"等服务栏目，以及开通办证、缴费服务等。同时，积极引入第三方服务，增强平台服务功能。中心实行记者联系乡镇、联系部门制度，让记者"沉下去"，鲜活信息"浮上来"，平台开办《随手拍》《爆料》等栏目，"让群众生产内容，平台传播内容"。特别是在特殊时期，发布助农、助企信息70多期，帮助农民销售鸡蛋、草莓、香菇、绿叶青菜等农产品价值200多万元。

第三招：深化体制机制改革，致力激发内部活力。舞阳县融媒体中心正在构建"县融媒体中心＋传媒公司"的运行体制，形成"事业＋企业"的新型运营模式。发展定位和方向是：融媒体中心重点围绕"服务"做精做优，传媒公司重点围绕经营创收做大做强。舞阳县融媒体中心组建成立后，组织了中层竞争上岗，员工双向选择，给能干的人"留位子"，在岗位设置方面，重点倾斜新媒体岗位，目前融媒体中心从事新媒体生产的人员占到全中心的三分之二以上。在内部实行全员绩效考核，把绩效考核结果与每月的岗位考核奖发放、事业单位奖励性绩效工资发放和精神文明奖发放相挂钩，打破了干多干少一个样的局面，形成了争先创优的氛围，真正建立起多劳多得、按绩取薪的分配机制。鲜明树立向采编一线倾斜、向新媒体倾斜的导向，看德才、凭实绩用干部，打破论资排辈，为优秀人才、年轻人才脱颖而出、施展才华创造环境、提供舞台。

舞阳县级融媒体中心作为事业单位，面对市场竞争时，很难发挥市场竞争优势，为此，舞阳县融媒体中心积极同市县有关方面沟通，争取体制机制创新方面政策支持，建立适应全媒体生产传播的一体化组织架构，充分发挥市场机制作用，探索建立"新闻＋政务服务商务"的运营模式，增强自我造血机能。

目前，围绕如何增强自身造血功能和可持续发展，舞阳县融媒

体中心正在探索体制改革，初步打算在融媒体中心下面成立传媒公司，构建"融媒体中心＋传媒公司"的运行体制，形成"事业＋企业"的新型运营模式。融媒体中心重点围绕"服务"做精做优，传媒公司重点围绕经营创收做大做强。按照企业和事业分离的思路，将广告部分离出去，成立文化传播公司，挂靠县国资委，成为一家独立核算、自主经营、自收自支的国有企业，具有独立法人资格，并委派中心一名中层干部担任法人代表。公司负责融媒体中心所有媒体平台的经营创收，实现"专业人做专业事"。

临颍县融媒体中心：
创新求发展，融合谋新篇

临颍县融媒体中心于 2018 年 12 月 27 日挂牌运行，经过三年的探索和实践，有效推进了传统媒体和新媒体的深层次融合，真正实现了"统一调度、一次采集、多种生成、多元传播"融媒产品生产新格局。

截至目前，临颍县融媒体中心已拥有广播、电视、网站、微博、微信、"云上临颍"APP、抖音、头条等十多个新闻信息及视频播发平台，融媒粉丝数已达到 9 万多个。其中，临颍融媒的"临颍快报"粉丝达到了 2.5 万余人，点赞达 26 万个，最高单篇阅读量达到 30 万次；临颍融媒的抖音短视频粉丝达到 2.5 万余人，单个视频点击量超过 30 万次，充分展现了临颍融媒的建设发展和传播成果。

加大推广"云上临颍"APP，积极开展"网上问政"，打造党和政府联系群众连心桥

临颍县委、县政府非常重视融媒体中心建设，采取行政推动，确保"云上临颍"APP党员干部使用全覆盖。为了让主流媒体占领县域内移动终端群体，临颍县委、县政府两办印发了《关于做好"云上临颍"手机APP推广使用工作的通知》，县委宣传部下发了《关于进一步加强新闻宣传报道的通知》《关于对各类评选活动网络投票进行规范的通知》，推动"云上临颍"APP在全县党员干部和广大职工中覆盖，着力提高下载量、注册率、日活率。同时，临颍县融媒体中心也在强化"云上临颍"APP的"新闻+政务+服务+互动"功能上下功夫，力争把"云上临颍"APP打造成为县域干部群众都喜欢的综合智慧服务平台。

"云上临颍"APP开辟了《问政》栏目，收集网民对我县"四风"问题的意见，网民群众可以对各乡（镇、街道）和县直部门直接留言提问，反映各种问题，提出相关建议。我们的后台即时将有效留言交办相关单位，要求相关单位5个工作日内完成办理或给出合理答复。自2020年4月份"网上听民意、网下解民意"的线上问政活动开展以来，共收集涉及交通、住房、教育、医疗等民生问题549条，解决并回复了470条，最大程度保障了群众问题的有效解决，让网络问政真正成为党和群众的连心桥。

利用资源优势，打造"网红"节目

我们集中采编力量向新媒体互联网主战场会聚，鼓励优秀编辑、优秀评论员、优秀主持人在县融媒体中心所属新媒体平台上开办原创栏目，打造群众喜爱的正能量"网红"，目前已经"捧"出了3名优秀"网红"主播。

当前，我们还计划开通带货直播间、新时代文明实践直播间和智慧农业直播间等融媒直播间。一是请我们电视主播以饮食、特色农副产品等进行带货直播，二是请单位（部门）、乡（镇、街道）、企业等以志愿服务活动形式进行新时代文明实践直播，三是请省市农业专家以宣讲种植、管理等农业技能的智慧农业直播。

开展活动直播，增强"自我造血"功能

我们通过大办"直播"类活动，实现了社会效益和经济效益双丰收。2020年，把自身平台、人员和设备优势，充分转化为经济优势，通过组织、编排、录制和播放（含客户端直播）春节、"五一"、"六一"、"十一"等重要节日各类大型文艺晚会和各类典礼活动，通过直播县委十三届十三次全会暨县域经济高质量发展工作会议、临颍县脱贫攻坚第十四次推进会议、临颍县河长制工作推进会、临颍县千企惠民促消费开幕式、2020年中国农民丰收节暨临颍农产品品牌发布会启动仪式、临颍县党的创新理论宣讲进基层"百姓宣讲团"、2020年度"临颍好人"颁奖典礼等多场活动，通过与乡镇、部门合办节目、栏目访谈等形式，克服疫情的影响，取得了良好的社会效益和经济效益。

努力打响融媒新品牌

临颍融媒将进一步加大精力、物力、财力投入,超前谋划,强素质、提品质,高标准、严要求,奋勇争先,努力打响临颍融媒时代品牌,提升政治站位新高度,在服务好县域经济社会发展的基础上,争取在较短的时间内实现国内有名气、省内有地位的奋斗目标。

三门峡市

渑池县融媒体中心：
加快融合发展，构建媒体传播矩阵

近年来，渑池县认真贯彻落实中央、省委、市委关于加强和改进新闻舆论工作的要求，加快推进主流媒体融合转型发展步伐。2018年，渑池县被省委宣传部确定为全省39个县级融媒体中心建设试点县之一，2019年1月18日，渑池县融媒体中心在全市率先挂牌成立，实现了县级媒体平台的深度融合。

全力支持　强力推进

一是大力强化政策扶持。2018年，渑池县被省委宣传部确定为全省39个融媒体中心建设试点县之一后，为了改善融媒体中心办公环境，渑池县委、县政府将县综合文化服务中心一栋3000平方米的大楼划拨为融媒体中心新的办公场地，并先后投资2100余万元进行装修改造和设备购置。2020年6月，新的融媒体中心正式投入使用。现在的融媒体中心有了全省一流的融媒指挥平台、虚拟演播厅、演播大厅等硬件设施，办公设备得到全面更新提升，办公环境焕然一新。同时，还投资382万元新购直播车1辆，预计近期投入使用。

二是全媒矩阵日益完善。融媒体中心成立后，依托省大象融媒云平台支撑，整合渑池人民广播电台、渑池电视台、"V观渑池"微信公众平台、《今日渑池》报纸、"渑池融媒"抖音号、"渑池外宣"官方微博等媒体平台，先期投资155万元，建成了全媒体指挥调度平台，对系统进行采、编、播、发流程全面再造，能完成一次采集、多元生成、多渠道发布、多平台互动。2019年7月9日，"云上渑池"手机APP上线，以"媒体＋政务＋服务"为主要内容，开设了要闻、民生、经济、文化、生活、电影、问政、便民服务等栏目，2020年新增抗击疫情、党建、作风整治、高速直播等栏目，为县直部门、乡镇开通了供稿链路，同时积极开展"品渑池 醉仰韶"微视频大赛、"我身边的变化"征文大赛，"网络中国节·中秋"系列报道活动，极大丰富了"云上渑池"平台。

三是服务功能不断拓展。依托"云上渑池"APP，及时发布各类便民服务信息，开通了便民服务版块，为群众提供便民服务。开设了《百姓问政》专栏，进一步畅通政府与群众沟通的渠道。开设了大型电视访谈节目《电视问政》，社会反响良好。

四是机构设置得到优化。机构改革后，渑池县融媒体中心为县委直属正科级事业单位，归县委宣传部管理。根据工作职能，将原来的14个科室优化为11个科室。同时，创新用人机制，推动全员转型，对原有人员进行整合分流，打破平台界限和部门壁垒，组建全媒体采编团队，推动了融媒体中心工作顺利高效开展。

效果显著　激发动力

一是内容生产更加优质。融媒体中心运营以来，发挥融媒体优势，聚焦县委、县政府中心工作，组织记者采写优秀新闻稿件。2020年6月上旬，渑池县融媒体中心报送至省级平台的稿件数量位居全省第五位，推送的优质稿件《渑池：成功签约》点击量位居全省第二，获得2200元的奖励。9月下旬，渑池县推送的优质稿件《渑池这个村庄，美如仙境》点击量位居全省前十，获得省级奖励。

二是主流声音更加响亮。组织记者深入基层一线，为全县经济社会高质量发展提供了强大舆论支撑。围绕脱贫攻坚工作，开设了

《决战之时话脱贫》《脱贫攻坚总攻时》《决战脱贫攻坚倒计时》《我的脱贫故事》等栏目，从不同角度展示了渑池县各级、各单位决战脱贫攻坚的扎实举措；围绕全县"两会"，开设了《聚焦"两会"》《"两会"声音》《"两会"青年说》等专栏，全方位解读"两会"的有关政策、基层反响等；围绕农村人居环境整治，开设了《晒晒我们村》《清洁家园》等栏目，展现了基层美丽乡村建设的可喜成果；围绕创建"两个健康"示范县，开设了《两个健康进行时》《印象渑池》专栏，全方位宣传创建工作中的先进典型和经验做法，营造了浓厚的创建氛围。

三是线上线下活动丰富多彩。利用融媒体中心的资源优势，积极参与组织开展各类线上线下互动。自渑池县融媒体中心成立以来，先后参与了 2019 年、2020 年渑池县春节联欢晚会，喜迎新中国成立 70 周年广场舞大赛，2019 年农民丰收节暨仰韶农耕文化节，"我和我的祖国"爱国歌曲大家唱等系列文化活动，除对活动进行新闻报道外，还对活动进行全程直播，2019 年至今实现直播 30 场次，其中 2019 年元宵节观看数量 10.45 万人次；"我和我的祖国"爱国歌曲大家唱观看数量达 10.14 万人次；2019 年春晚观看数量达 11.54 万人次；2020 年至今实现 2020 年春晚、教师节、中国医师节等直播活动 11 场次，其中 2020 年春晚观看数量达 13.46 万人次；2020 年渑池县

"消夏音乐季"广场群众文化活动在线直播,受到社会群众的广泛关注和好评;渑池国诚广场开盘盛典晚会,线上线下同步直播,观众达到5.4万余人。

任重道远　未来可期

下一步,渑池县融媒体中心将加快推动媒体融合发展,使主流媒体具有强大的传播力、引导力、影响力、公信力。以内容为王,创作生产更多更优质的融媒产品,更好地引导群众、服务群众;以管理为主,不断优化融媒体中心工作运行管理机制,不断完善绩效考核机制,激发人员活力;以人才为本,加大引进人才力度,培养全媒体人才;以平台为要,把融媒体平台建设与社会所需、百姓所盼结合起来,以"用户为中心",做好服务这篇大文章,提高用户黏性。

卢氏县融媒体中心：坚持守正创新，推动媒体深度融合发展

2019年6月11日，三门峡市县级融媒体建设推进会在卢氏县召开，当天，卢氏县融媒体中心正式挂牌。

卢氏县认真贯彻落实习近平总书记关于推进媒体融合发展的重要指示精神和全国宣传部长会议精神，主动作为，以强烈的政治意识、阵地意识和责任意识，推进媒体融合发展，在全市积极开辟县级融媒体建设"试验田"，争当媒体融合发展的排头兵。

领导重视，多方支持，确保媒体融合"底气十足"

卢氏县委、县政府站在强化"四个意识"、真心服务群众的高度，加强融媒体中心建设，将融媒体中心建设列为2019年全县十件民生实事之一。县委书记王清华担任融媒体中心建设工作领导小组组长，县委常委会每月听取一次专题汇报，并多次召开协调推进会议，高位谋划、统筹协调推动融媒体建设工作。

县财政拿出建设资金100万元，用于前期建设，并划拨位于县城核心区域的景观房作为办公用房。通过改建翻新，历时80余天，高质量完成了2层共1000余平方米的融媒体中心办公用房建设。同时，通过机构改革，成立了卢氏县融媒体中心，明确为县委宣传部下属正科级事业单位，从县广播电视台提拔一名正科级干部担任中心主任，提拔两名副科级干部担任中心副主任，配齐了融媒体中心

的领导班子，按照"分类管理、科学设岗、统筹兼顾、明确职责"总体要求，进一步充实中心人才队伍。

突出重点，主攻难点，实现媒体融合"锦上添花"

早在 2016 年年初，卢氏县委宣传部就积极谋划传统媒体和新兴媒体融合工作，把卢氏宣传网、卢氏广播电视网、"清清卢氏"微信公众号统一移交县广播电视台运营维护。之后，又开发建设了 APP，实现了广播电视与新媒体的初步融合。卢氏县借助全省县级融媒体中心试点县建设的契机，组织相关人员多次到汝州、项城等地，考察学习融媒体中心建设先进经验，高起点谋划，整合卢氏县全媒体矩阵，高水准建设物理空间，高起点搭建"卢氏县融媒体云平台"，高标准完成"卢氏县融媒体中心""卢氏县新时代文明实践中心"及"学习强国"河南学习平台卢氏通信站建设，实现传统媒体和新兴媒体的高效整合。

按照"集约节约、实用操作、可复制能推广、可升级能扩容"原则，聚力打造集融媒体指挥、协调、调度为一体的"神经中枢"，优化匹配了融媒体中心物理硬件和管理软件，对新闻宣传活动实现统一指挥、有序调度，初步形成了"一次采访、多元生成、多渠道传播"全媒体宣传目标。

此外，卢氏县建立学习制度，采用"走出去、请进来"与自学

相结合的培训方法，先后派人赴周口、平顶山等地参观学习，并邀请三门峡市委宣传部领导举办《善待媒体　善用媒体》专题讲座，不断提升新闻从业人员的政治业务素质，严格宣传纪律。

主动作为，全面发力，推动融合效应"立竿见影"

经过5年多的探索，卢氏县在传统媒体与新兴媒体融合发展方面取得了显著成效，把优质的图文、视听内容通过移动端发送，实现文字、图片、音视频等信息的多维度呈现，新闻生产力和产品竞争力快速提升。

媒体资源融合共享。卢氏县建立了新闻指挥调度系统、全媒体内容生产系统、舆情监测反馈系统和一键式便捷分发系统，实现了各类宣传任务的统筹、重大选题的策划、采编资源指挥调度的功能，为融媒体中心的制播业务提供资源支撑，聚合台内、互联网、微信等资源，从"全国""河南""卢氏""近七天""近24小时"等几个维度提供热点新闻、热点评论和热点词汇，方便进行舆情监测和研判，实现全媒体资源的聚合、管理和共享。

新闻外宣成效显著。卢氏县坚持围绕中心、服务大局，不断展现卢氏形象、传播卢氏声音、讲好卢氏故事。坚持"内容为王"，扩大媒体融合发展供给优势。今年以来，已在央媒发稿34篇，"学习强国"平台发稿180余条，新华社、新华社客户端、新华网发稿

11篇，省级媒体发稿34篇。卢氏县融媒体"学习强国"县级融媒号也于12月14日正式上线，这是2020年卢氏县融媒体中心新闻宣传工作的又一重大突破，将为讲好卢氏好故事、传递卢氏好声音、提升卢氏形象提供一个重要窗口。

政务宣传亮点频现。"清清卢氏"微信公众号影响力稳步提升，成为卢氏最具权威的官方微信平台，先后获得"2017年度河南省政务微信影响力十强""2018年度河南省政务微信新锐力量"荣誉称号；卢氏县广播电视台连续多年获得"河南省县级台新闻创新创优十佳单位"荣誉称号；卢氏宣传网点击率持续提高，卢氏手机台APP受到越来越多用户的青睐，新媒体的舆论引导、正面宣传的质量和水平不断提高，积累了一定的大众传播经验。

民生效应初见成效。卢氏县融媒体中心逐步实施"新闻＋政务＋服务＋大数据＋智慧城市"运维模式，聚力打造集融媒体指挥调度、政务、民生服务、大数据研判分析、智慧城市建设于一体的"县级中央指挥部"。增强服务意识，强化用户理念，聚合功能，精准传播。深度开发APP行政审批、志愿服务、便民服务等功能，深化卢氏县信息资源的有效整合和共享服务，目前已开通10余项生活服务功能，真正实现"让数据多跑路，群众少跑腿"。

义马市融媒体中心：
内容加运营，充分发挥融媒体作用

自2019年11月15日挂牌成立以来，义马市融媒体中心牢记"更好引导群众、服务群众"使命，坚守党媒政治责任，加大硬件投入，丰富软件建设，打造过硬队伍，顺应新时代媒体发展规律和新闻传播规律，在新闻内容生产和传播效果上取得了新突破，实现了融媒体中心建设的跨越式发展。

义马市在原文广旅局下属广播电视台的基础上，整合义马市新闻中心，成立融媒体中心，归属市委宣传部管理。融媒体中心成立前的义马市广播电视台，设备陈旧，不论是摄像机、导播设备还是播出、发射设备全部是模拟信号，办公室和机房位于发射塔下，单位不通自来水，院内硬件设施简陋。义马市以融媒体中心建设为契机，投资1321万元用于融媒体中心采编播设施高清化、发射塔维护、融媒指挥系统建设、演播室改造、电力线路改造等，经过一年多建设，

项目全部建成，中心所有设备全部实现高清化。特别是占地480平方米，集融媒体指挥系统和采访部于一体的办公大厅，大大改善了办公环境，提升了对外形象。目前，按照省级园林单位标准规划的院内绿化工程正在积极推进中。

融媒体中心成立前，广播电视台有广播、电视两个传统平台，新闻中心有《今日义马》内部刊物和"今日义马"微信公众号两个平台。融媒体中心成立后，在媒体矩阵打造上坚持移动优先，突出新媒体平台建设，按照"统一策划、一次采集、多种生成、全媒传播"的"中央厨房"运行模式，优化策、采、编、播、发、管等生产流程，构建了广播、电视、报纸、微信公众号、"云上义马"APP、"今日义马"抖音号等媒体矩阵，其中"云上义马"APP下载量和注册量都超过30000人，"今日义马"微信公众号粉丝11600人，"今日义马"抖音号粉丝达4.4万人。目前，这三个移动平台已经成为义马市最有影响力和公信力的媒体平台。

顺应新闻发展规律，适应新媒体发展趋势，义马市融媒体中心坚持内容为王，注重运营，打造精品，在新闻传播和舆论引导上扛实党媒政治责任，坚持正确舆论导向，突出引导服务群众，在"新闻+政务+便民"上积极探索，发挥了主流媒体的关键作用。开设《永远的旗帜》《美丽社区行》等8个品牌栏目，围绕项目建设、

城市建设、民生改善等全市中心工作，讲发展故事、聊热点话题、话百姓心声、亮发展举措、晒成绩清单、谋发展大计，采写了一批接地气、沾露珠、带泥土、有温度的新闻作品。今年1月在疫情防控工作中，融媒体中心充分利用广播、电视、微信公众号、抖音号、"云上义马"APP、应急广播等及时宣传上级权威信息，报道基层鲜活抗疫事迹，弘扬了正气，凝聚了正能量，为全市疫情防控阻击战全面胜利营造了良好的舆论氛围。

把"云上义马"手机客户端打造成"媒体+政府+服务+商务"的全媒体平台，实现一机在手，掌握全城的目标。融媒体中心所有刊播的新闻信息同步在"云上义马"APP发布，为各单位建立账号，及时发布全市各单位动态信息，"云上义马"APP成为义马市最大的新闻资讯发布平台。在APP开设了问政、短视频、直播、圈子、健康、智慧党建等特色版块，拓展了实时公交、生活缴费等12项生活服务功能。直面群众关切的问题和社会热点难点，开设舆论监督栏目《问政》，通过《问政》栏目追踪发布解决答疑群众问题300多项，报道民生新闻4条，制作了7期节目，开展APP直播8场，实现群众与职能部门"面对面"交流。

灵宝市融媒体中心：
狠抓"融"字文章，切实增强"四力"

2019年11月15日，灵宝市融媒体中心正式挂牌成立。成立以来，按照灵宝市委、市政府部署，以建设新型主流媒体阵地、综合服务平台、社区信息枢纽、区域性媒体品牌为工作目标，不断在探索中思考，在思考中实践，加大传统媒体与新兴媒体融合力度，着力提升新闻舆论传播力、引导力、影响力、公信力。

业务模式融合，采编流程再造，融出传播力

依托指挥系统平台，坚持移动优先、内容为主，建立以新闻生产为核心、"统一策划、一次采集、多种生成、多元传播"的业务模式，强化了宣传深度和广度。仅2020年上半年，在三门峡市级以上媒体发稿2200多条，其中主流媒体中央级发稿36条，省级410条，新媒体发稿1647条，发稿数量和质量均创下历史新高。6月、8月、9月、

10月连续在大象新闻"云上河南"指尖传播榜上发稿量名列前茅。"灵宝融媒"抖音号点赞量378万,粉丝量12.5万,位居三门峡地区官方抖音号领先地位。外宣荐稿工作分别在今年5月和6月两次受到河南广播电视台的表彰和奖励。在央视新闻客户端直播的《河南灵宝"保姆式"服务促企业复工复产》长达28分钟;新华社客户端播发的《河南灵宝:专车接俺们去上班》视频点击量达180万人次;《人民日报》客户端所发的《战"疫"就业两不误》阅读量达10万多。为擦亮灵宝名片、讲好灵宝故事、树好灵宝形象发挥了重要作用。

资源整合共享,推进媒体融合,融出引导力

以融媒体建设为契机,灵宝市融媒体中心将原有的综合管理科室编制缩减为2个,开展了中层干部竞聘上岗,打破科室界限,推行"一人多岗、一专多能",引导人才队伍全媒化转型。在此基础上,对采、编、播等各个环节和岗位的工作全部进行量化,制定了实际性、操作性强的人力资源管理体系、薪酬发放办法,激发了团队工作活力。目前整支队伍人心齐、干劲足,想干事、能干事、干成事的氛围日益浓厚。建立以移动客户端为核心,微博、微信官方账号和传统媒体为两翼的舆论引导矩阵,新兴媒体和传统媒体协同进行舆论引导,使舆论引导力最大化。

融入新兴媒体传播快捷、互动性强的特点,注重在内容、手段、形式等方面创新,重点在"准""新""微""快"上下功夫,不断增强新闻传播的针对性、实效性。"云上灵宝"客户端开设"V新闻""话题专栏""乡村振兴"等10多个新闻资讯版块,平均每周发布各类新闻资讯300多条,连续在省融媒体技术平台发稿量排行中位居前列。

多平台融合，实现"媒体+"，融出影响力

依托"云上河南"平台系统，充分利用大象融媒的资源服务和技术支持，搭建"云上灵宝"平台，建设"大数据分析""采编指挥调度""全媒体矩阵"等系统，实现"一次采集、多种生成、多元传播、全方位覆盖"的业务模式。在此基础上，"中央厨房"指挥调度的作用得到充分发挥，全媒体人才队伍得到充分锻炼，内容生产更加高效、用户触达更加精准、融媒体传播聚合效应越来越强，基层思想阵地不断壮大。

"云上灵宝"APP将中心现整合的广播、电视、公众号、网站、微信、微博等媒体资源全面打通，融于一体，有利于市委、市政府统一对外宣传，实现信息传播覆盖的无死角。"云上灵宝"APP自2019年11月运行至今，下载量已超过10万，实名注册用户65000余人，发稿量10000多条，开通订阅号347个，日活跃用户量约3万人次。"云上灵宝"APP实行"媒体+"的运行模式，拓展综合服务功能，以订阅号为核心，实现问政、视频直播、图文直播、政务服务、便民服务、网上投票等功能。推行"媒体+政务""媒体+服务"，积极承办各单位大型会展活动、文艺活动，为企业提供"打包式"宣传服务，拓宽增收渠道。

充分利用融媒体平台舆情监控功能，强化网络安全防范，积极履行网络主体责任，提升公信力

充分利用指挥系统内的网络舆情检测软件，全天实时监测本地舆情，严格执行"三审三校"等制度，进一步规范采、编、审、发工作流程，建立完善新闻采编工作和从业人员的各项管理规定，杜绝虚假新闻、"标题党"和"三俗"等问题，做到真实、准确、全面、客观，不断提升权威性和公信力。

下一步灵宝市融媒体中心将紧紧围绕市委、市政府中心工作，进一步提高新闻舆论传播力、引导力、影响力、公信力，全力建设新型主流舆论阵地和社会综合服务平台，打造老百姓离不开的融媒体中心。

南阳市

南召县融媒体中心：
守正创新，深度融合，
全力打造新型主流舆论阵地

南召县坚持守正创新，推动融合发展，在南阳市率先开辟了县级融媒体中心建设"试验田"，总体发展态势一直走在全省前列，探索形成了具有南召特色的县域融媒体发展新模式。

坚持"两个树牢"，建设基层宣传新阵地

南召县秉承"树牢服务大局的意识，树牢服务群众的意识"的理念，高起点规划，高质量建设，高速度推进，全面推进县级媒体融合发展，打造全媒体时代主流舆论新阵地。

政治站位高，组织领导有力。面对媒体格局和舆论生态的深刻变革，南召县委、县政府主要领导亲自听取汇报，细心研究方案，主持敲定规划，在政策、资金等方面予以大力支持。2018年9月初县委常委会研究通过关于筹建县融媒体中心的工作方案，成立了建设领导小组，全力以赴建设新时代全媒体宣传新阵地。

财政投入大，项目推进快速。县财政投入预算资金400万元，于2018年国庆节后开始施工建设，不分昼夜倒排工期，历时两个月全面完成各项硬件建设、软件系统安装调试，开始上线运行，2018年12月26日在南阳市率先挂牌成立。

立足"三个转变",探索转型发展新路径

南召县牢固树立互联网舆论引导有解思维,转变工作思路和方式,打造县级主流舆论阵地、综合信息平台、社区服务枢纽,更好地传播信息、引导舆论、服务群众。

转变载体平台。南召县强化互联网思维,遵循新媒体传播规律,统筹广播、电视、网站等媒体业态,协调推进媒体融合发展,开通"云上南召"APP,注册了南召融媒头条号、微信、微博、抖音,构建新型媒体矩阵。在"云上南召"新闻客户端精心开设了《头条》《要闻》《微视》等7个栏目23个专区,努力打造南召版的"学习强国"。制作的《主播带你看南召——南召柞蚕》短视频,在"云上南召"APP推送并由新华网转发后,点击量突破180万条。在纪念中国人民志愿军抗美援朝出国作战70周年之际,拍摄制作的《致敬英雄——90岁抗美援朝老英雄杨振江》一经在抖音推出,短时间内浏览量突破100万人次,点赞量近8万。

转变工作方式。南召县注重利用新技术、发展新应用,生产创作更多流量"爆款"产品,吸引凝聚受众,增加用户黏性。在"云上南召"客户端开设"丽音书香"《南召作家作品选》朗读会专区,由融媒体中心知名主持人高丽朗读本地优秀作家作品,通过朗读展现南召深厚的文化底蕴,展示本地人文风情、历史传说、优美风光,用文化滋养心灵,用阅读点亮生活;在"云上南召"新闻客户端探索开设网上"党校",由县委党校讲师轮流讲授"微党课",每周慕课用生动的语言、翔实的案例传播先进理论,用理论武装头脑,用理论滋养心灵。

转变组织机构。南召县编制委员会审批核定县融媒体中心为县委直属的正科级事业单位组织架构，设立1名主任，3名副主任，12名股级干部，内设8个部门。高效整合"两台"机构，转隶采、编、播人员96人，整合直播车、录音录像等设备37台套。

突出"四个拓展"，打造服务群众新平台

南召县以"全台网""云平台""大数据中心"为依托，打通各媒体平台，拓展舆论引导、网上商城、信息服务的高度、广度、深度，有效提升了新闻宣传和服务群众的水平。

拓展主流舆论引导功能。南召县统筹广播、电视、网站、微信、微博等优质媒体资源，构建新型媒体矩阵，壮大主流舆论阵地，自觉服务群众、引导群众。快速采写、编辑、推送源于本土的新闻产品，积极传播本地政经资讯，新闻宣传实现电视直播、手机直播，重大时政新闻、热点社会新闻实现当天推送到"南召融媒"系列公众号。

拓展本地网上商城功能。南召县在"云上南召"APP首页显要位置，设立"南召玉兰商城"，本地企业和专业合作社纷纷加盟入驻商城，在网上集中展示展销南召的波斯地毯、柞蚕丝被、植物酵素、艾产品、野生山珍等特色产品。同时，利用县内知名主持人担任农副产品形象代言人，在销售旺季策划网络直播活动，组织大型优质农副产品展销会，打通线上线下，把玉兰苗木、野山珍等本地特色农产品，通过"云上南召"APP宣传出去，销售到全国各地，助力

脱贫攻坚和乡村振兴。

拓展综合信息服务功能。按照"媒体+"的要求,南召县破"瓶颈"、通"堵点",深度对接政府职能部门,向广大基层干部群众发布政务服务、生活服务、便民服务、教育培训等综合信息,及时发布停水停电、交通路况、招生招聘等民生信息,把县级融媒体中心建成"媒体+政务+服务"的重要平台。探索开发"云上南召"便民服务平台,让广大干群一端尽阅天下事,一端解决柴米油盐醋。

拓展智慧城市服务功能。南召县充分发挥中科曙光南召城市云计算中心"最强大脑"作用,构建起县融媒体中心与县行政服务中心、大数据云计算中心紧密结合的智慧城市服务网络,把智慧城市、智慧扶贫、智慧党建、智慧城管等纳入县融媒体中心平台,把"云上南召"从单纯的新闻媒体传播平台,转变为全方位的智慧服务平台,让群众在信息化发展中有沉甸甸的获得感、满满的幸福感、稳稳的安全感。

方城县融媒体中心：
多措并举，求真务实

加快推进县级融媒体中心建设，打通新闻服务群众"最后一公里"，是近年来习近平总书记提出的一项重大时代命题，也是中央、省委市委宣传部门强力推进的一项重大工程，方城县应势而动，抢抓媒体变革良机，结合县域媒体融合发展实际，加强组织领导，整合各方力量，大胆探索推进，初步完成了媒体机构整合、技术平台搭建、工作机制重建，开启了方城县媒体融合发展的新篇章。

机制创新，聚合资源

坚持高位推动，全县合力在政策、资金、人才等方面对融媒体中心建设予以扶持。一是聚合政策资源。成立了以县委书记任组长的融媒体中心建设领导小组，领导小组下设办公室，县委常委、宣传部部长任办公室主任，办公室下设规划、设备、人事编制等专班

工作小组，将融媒体中心列为县委直属正科级公益一类事业单位，归县委宣传部领导。二是聚合媒体资源。将原来的方城县信息中心（方城消息报社）、方城人民广播电台、方城县电视台等县内媒体合而为一，县财政又投入600多万元，建设全媒体调度指挥中心，推动乡（镇、街道）、县直部门入驻"云上方城"APP客户端。三是聚合人才资源。突出媒体人才引进和培养，加强媒体从业人员队伍建设，推进媒体市场化运作，促进媒体转型创新发展，出台了《方城县融媒体中心绩效考核奖励办法》，实行"同岗同责、同工同酬、优劳优酬、灵活轮岗"制度，按照"送出去"和"请进来"的方式，开展常态化培训，增强采编人员的业务水平和工作积极性。

技术创新，打造平台

坚持移动优先策略，将"云上方城"APP作为方城融媒体建设的"龙头工程"和主力平台，致力于打造一个集新闻资讯、政务矩阵、便民服务、扫码支付、智慧城市、"媒体＋电商"、网络直播等于一体的载体。目前，"云上方城"APP客户端下载量已超过10万次，成为方城信息量最大、点击率最高、最受群众关注的综合信息服务平台。同时，再造采、编、播、发新流程，利用融媒体指挥调度中心，对"一报、两台、一网、一端、四微"9个传播平台进行调度，构建"全

媒发布、全网传输、全域覆盖"的崭新宣传格局，让党的创新理论"飞入寻常百姓家"。

内容创新，讲好故事

坚持内容为王，立足本土资源，积极向公益服务拓展。一是做特别电视栏目。推出《方城好人》《我的扶贫故事》《欢乐方城》《裕州广角》等多档接地气的原创节目，紧扣民生，在《方城新闻》栏目中开设《今日话题》等专栏，反映社情民意，创新移动新闻产品，推出短视频、动漫等形式作品。二是做精影视作品。加大创意研发，组织创作各类宣传片、专题片、微短剧等作品，尤其是纪录片《疫情下的方城》《春天里的花朵》用群众喜闻乐见的形式，科学宣传防疫知识，有力地增强了群众的自我防范意识和战胜疫情的信心，为方城疫情防控营造了良好的氛围。三是做优服务平台。实行"融媒体＋新闻＋政务＋服务＋商务"，"云上方城"客户端通过各项垂直应用的渗透和各类便民服务的聚合，已形成了载体多样、渠道丰富、覆盖广泛的移动传播矩阵，以优质内容驱动新闻生产并增加用户体验，为县域群众提供一站式综合服务，让群众真真切切地享受到信息化发展带来的获得感和幸福感。

镇平县融媒体中心："一体四翼"，其乐融荣

2019年4月，镇平县融媒体中心在镇平县广播电视台基础上挂牌成立。按照中央、省、市制定的县级融媒体建设规范，结合镇平实际需求进行建设，现有干部职工80人，是河南省文明单位。曾荣获全国广播电视先进集体、河南省五四红旗团委等荣誉称号。

高位启动　各级重视破难题

省委和市委宣传部领导多次到镇平调研指导融媒体中心建设工作，县委书记李显庆在融媒体中心成立前后，也多次召开专题会议，多次到融媒体中心实地调研，现场解决问题，确立融媒体建设发展方向。

守正创新　主流价值更聚合

镇平县融媒体中心建设坚持守正创新，确立"一体四翼"媒体

矩阵建设方向。其中，"一体"指传统媒体广播电视，这是几代广电人深耕细作的"熟田"；"四翼"指"云上镇平"手机客户端，"云上镇平"抖音号、快手号等短视频类媒体平台，"镇平融媒"微信公众号，以及"云上镇平"头条号等新媒体平台。"一体四翼"实现了"融媒统筹、新媒体先行、全媒体跟进"的运行模式。

融媒体中心传统媒体（"一体"）：电台转播一套新闻节目；电视台自办两套节目，分别是《镇平新闻综合频道》和《镇平玉乡综合频道》，每频道每天自办节目60分钟，每频道每天播出节目16小时，全年各播出时长5600小时，广播电视综合覆盖率达到98.5%。

融媒体中心新媒体矩阵（"四翼"）："云上镇平"手机客户端，累计推出作品3500条次；"云上镇平"抖音号和快手号，累计推出短视频作品3000多条；"镇平融媒"微信公众号，每天候推送内容，累计推送作品1800余条次；"云上镇平"头条号，主要推送图文类作品和视频类作品，累计发布作品超3000条次。四大新媒体平台运行近一年，总浏览量点击量超20亿人次，各平台粉丝数量稳步上升。

特色突出　亮点工作更"聚粉"

一是重结合。镇平享有"中国玉雕之乡"的美誉，玉雕是镇平的特色和支柱产业，"云上镇平"APP开设有《镇平玉雕》专栏，"云上镇平"抖音号创建有玉雕节合集等，及时宣传玉雕产品信息，发布行业动态，传播玉文化知识，助推镇平玉文化产业做大做强。

二是重直播。疫情期间，镇平把每年一度的玉雕盛会从线下搬到线上，镇平县融媒体中心新媒体平台进行了为期三天的现场直播；受此启发，还举办了线上广场舞大赛、感动镇平人物网络评选等活动。

三是重服务。"云上镇平"APP开设有问政、便民等服务版块，问政版块主要入驻医保、税务、公检法、城市管理、人社、教育等与民生福祉息息相关的单位，便民版块包含生活服务类、生活缴费

类、政务服务类、县内政务服务指南等。疫情严重期间，融媒体中心新媒体平台制作编发上级防控政策，传播防疫知识，网上推销助农等，效果良好。

四是重传承。成功举办2020年镇平县春节联欢晚会、镇平县首届诗词大会、2020年全民健身广场舞大赛等，积极弘扬传承中华民族优良传统，提升了融媒活力。

砥砺奋进　信心满怀融未来

融媒体是一个新的名词,更是一个新的时代。镇平县融媒体中心开局良好,镇平融媒人会珍惜发展好局面、巩固发展好势头,牢记党媒姓党的政治要求,继续打造好主流舆论阵地,同时增强互动性、针对性,把融媒体中心建设成为"媒体+政务+服务"的综合平台,成为社区信息总枢纽。

习近平总书记说"幸福都是奋斗出来的",镇平融媒人将牢记嘱托砥砺前行,撸起袖子加油干,创造出镇平融媒更美好的明天!

淅川县融媒体中心："融"出创新路径，"合"成传媒主阵地

近年来，淅川县认真贯彻落实中央、省委关于加强县级融媒体中心建设的精神，牢固树立主阵地意识，把统一思想、凝聚力量作为中心环节，坚持正确舆论导向，围绕淅川县委、县政府中心工作和经济社会发展，大力推进县级融媒体中心建设，使淅川融媒体工作实现跨跃发展。

明确融合定位，创新方法和路径

淅川县融媒体中心于2019年11月正式挂牌运行，致力把融媒体中心建设作为落实党的意识形态责任制的重要内容，加强组织领导，不断完善工作机制，成立了以宣传部部长任组长，宣传部副部长、融媒体中心主任为副组长的建设领导小组。

淅川县始终定位要把县级融媒体中心打造成为县域内牢固的"主流舆论阵地"，要求其必须成为县域新闻报道和舆论引导的主导力量和"综合服务平台"。强调县级融媒体中心向本区域百姓提供以政务服务为核心的各种本土化服务，即公用事业服务和生活服务平台，通过强化服务功能得到强大的用户黏性，使它更具人性化，更贴近群众实际。

立足本县，博取众长，跨跃发展。在建设之初，认真组织召开专题会议进行讨论，安排专人先后到省外和兄弟县市学习相关建设经验，结合实际情况，制定了以大象融媒为技术依托，对接省级"大象融媒"平台的县级融媒体中心建设方案，以实现"统一调度、一次采集、多种生成、多元传播"的全新融媒体中心建设目标，更好地服务于县域中心工作，为群众提供更便捷的资讯和生活服务平台，从而少走了弯路，实现弯道超车。

多方整合，扎实推进。淅川县融媒体中心建设严格按照"坚持正确方向、坚持集约发展、坚持移动优先、坚持'媒体＋理念'"的原则，加大工作力度，重点对媒体整合、平台建设、人员整合、人才引进等工作协调推进，重点突破，提高主流媒体传播力、引导力、影响力、公信力。

突出行业优势，以媒体融合为契机带动各媒体全面升级。2018年开始，淅川县整合了广播电视台新闻资源，结合新媒体发展实际，推动融合媒体进程；同时将台内的电视剧、自办栏节目、广播、新媒体等各类业务进行重构。从形式到内容进行真正的融合，成立融媒体新闻中心和新媒体部，实现采集、制作、传播、运营一体化，推动全台新闻报道从各自为战转变为"一盘棋"。2020年在"云上淅川"全面建设完成运行的情况下，又依托"大象融媒"的融媒体调度指挥中心，使之成为全县新闻报道工作的指挥中枢和"大脑"。

整合新闻资源，构建媒体融合发展新平台

淅川县融媒体中心在筹建之初就从三个"有利于"着手构建机构，即有利于媒体全面整合、有利于媒体主流地位建设、有利于宣传水平再上新台阶。

机构设置突出业务重点。在建设伊始就在机构设置上做了充分考虑。根据工作需要，"三定方案"申请并批复了融媒体中心机构设置10个股室，其中业务部门占8个。加强了业务部门的力量，上下形成共识，劲儿都往宣传一线、媒体发展方面使。

加强对淅川县域内媒体、自媒体的整合。目前，淅川电视台、电台、"云上淅川"手机APP、"淅川融媒"微信平台、102.8交通广播、"微观淅川"公众号、淅川网等平台已整合入融媒体中心，突出了主流媒体的权威性。还有一些发展得较好的自媒体，一方面通过网信部门被纳入管理，另一方面通过业务合作的方式进行交流融合。这样，主流媒体和自媒体之间形成了相互补充、融合发展的局面，更有利于媒体的全面健康发展。

发挥全媒矩阵优势，助力舆论主流媒体建设。2020年以来"云上淅川"还整合了全县17个乡（镇、街道）及60余个县直单位的公众号，为他们申请了"云上淅川"订阅号，各单位通过云上后台上传稿件，发布资讯、信息等，进一步加强了融媒体主流媒体的属性。2020年下半年以来，淅川举办了两次大型活动：一是在10月举行了

"淅有山川杯"主持人大赛，"云上淅川"全程直播，参赛选手来自全国各地，吸引了一大批粉丝关注，传播效果和宣传效果双丰收；二是11月2日跟央视三套综艺频道合作，全程直播央视大型户外相亲栏目《喜上加喜》在淅川的现场录制实况。除此之外，许多本地的体育赛事和大型活动，平台都参与直播和跟踪报道。

扩展融合外延，做强服务平台，优化媒体结构

在服务社会、服务民生方面，淅川县融媒体中心按照"大融合、大发展"思路，打造"媒体+政务+服务"模式，积极参与智慧城市、智慧社区等融媒体建设，整合县综治、教育、公安、环保、城管、水利等单位的智慧应用和基础信息数据，逐步搭建了智慧党建、智慧教育、雪亮工程、河长制护水等综合型融媒体平台，充分体现了"媒体+"模式的社会效应最大化。

媒体融合发展完成初级阶段任务的同时，也翻开了融媒时代新篇章。淅川县融媒体中心将会以更坚定的信念、更开放的理念、更务实的作风，明确以提高县级新闻舆论传播力、引导力、影响力、公信力为目标，为创造融媒事业更美好的未来作出更大的努力！

社旗县融媒体中心：
紧跟时代，一"融"俱荣

2019年12月16日，对于社旗新闻宣传战线有着里程碑的意义，社旗县融媒体中心正式挂牌成立了，这标志着社旗媒体融合工作进入到一个全新的发展阶段。经过近一年的调整、融合、磨合、发展，社旗融媒由当初摸着石头过河的迷茫，到如今实现了新兴媒体和传统媒体的大融合、大发展，媒体融合可谓一"融"俱荣，欣欣向荣。在2020年7月全省县级融媒体中心验收中，社旗县融媒体中心取得了较好的成绩。

紧跟时代　高度重视

近年来，新兴网络媒体发展势头强劲，传统媒体转型升级迫在眉睫，习近平总书记高瞻远瞩提出了媒体融合发展新思路，社旗县委、县政府紧跟中央指示，把县融媒体中心建设作为落实党的意识形态责任制的重要内容，多次召开专题会议，研究县融媒体中心建设工作，统筹协调县委宣传部、广电中心、财政、人社、编办等相关部门，全力配合县融媒体中心建设。县主要领导多次亲临现场办公，协调解决难题，在人、财、物等方面给予大力支持，为县融媒体中心建设提供坚强的基础保障。

与此同时，社旗县广播电视中心领导多次组织专业技术人员，学习习近平总书记有关新闻宣传重要思想，并组织外出参加培训学习，从思想上提高员工对新生事物的认识，让员工从思想上开始融合，不断研究探讨新时代媒体融合的方式方法，为县融媒体中心成立奠定了人才、技术基础。

重塑再造　提升"四力"

按照"编随事走、人随编走"的原则，打破原来"多套人马、多类平台、各干各的"的工作格局，把原采编播人员按岗设编，实现管理组织体系的重塑和再造。融媒体中心设置了总编室、媒体融合部等8个部门，涵盖了社旗电视台、"云上社旗"移动客户端、"社旗融媒发布""社旗发布"微信、微博公众号、社旗手机报、《社旗消息报》等，全力打造新闻生产策划、采访、编辑、发稿业务流程的综合平台，实现了新闻产品一次生产、多元分发，提升了社旗县官方媒体的传播力、引导力、影响力、公信力。目前，社旗县融媒体中心在组织架构、业务流程和激励机制等方面正在尝试探索建立更为合理的运作体系，进一步激发工作人员的向心力、凝聚力和创造力。

盘活资源　扩大宣传

融媒体中心建成后，对内建设基层版"中央厨房"，打造高效的融媒体管理体系和运行机制，有效盘活县域媒体资源。对外依托"云上社旗"移动客户端，以及微博、微信公众号，整合优质资源，打造快速高效的信息发布平台，既提升新闻舆论的传播能力，也增强新媒体平台的综合服务效能。比如去年年底举办的社旗县2020年少儿春晚，首先是在各大平台进行网络同步直播，观众可以边观看边交流互动，随后，还在"云上社旗"等平台发起"我最喜爱的少儿春晚节目"网络投票，并通过社旗电视台、社旗广播电台、《社旗消息报》等传统媒体进行深度宣传报道，在满足了群众文化需求的同时，也带来了一定的经济效益，同时也为"云上社旗"客户端带来了很高的话题量和粉丝关注度。

大胆创新　服务群众

在服务群众方面，一方面，我们积极探索融媒体智慧项目开发，全力打造集信息查询、便民服务、政务咨询办理等功能组合发展的新型智慧平台，为全县群众提供全方位的生活服务，构建起党和人民的连心桥；另一方面，我们也在尝试探索新的"媒体+"服务模式。

疫情期间，我们积极尝试创新，新闻主播、电台主播齐上阵，与商家、农户合作开展主播直播带货活动，为社旗县林果、蔬菜、中药材等多个涉农企业，以及家具家电商家开辟了新的销售渠道。2020年是社旗县脱贫摘帽年，从6月开始，县政府新闻办公室在融媒体中心连续举办了11场脱贫攻坚系列新闻发布会，全部通过我们的平台进行了现场直播，传播效果良好。

唐河县融媒体中心：
有"融"乃大，唯"合"则强

近年来，唐河县委认真贯彻落实习近平总书记关于抓好县级融媒体中心建设指示精神，不等不靠，主动作为，投资500余万元，按照中宣部"一省一平台"要求，积极与河南广播电视台"大象融媒"进行技术对接，于2018年11月底开工建设，2019年1月8日正式挂牌，建成了"一地一端"融媒体运行框架，创造了县级融媒体建设的"唐河速度"。

抓好"融"这个建设关键

打通台、网、微、端技术平台体系，设置全媒体采编团队，强调移动优先，构建本土特色"云上唐河"媒体品牌，讲好唐河故事，做好党委政府喉舌，反映人民群众呼声。

依托省平台，加强整合上下资源，联动开展创新策划，建立全盘融合宣传阵地，真正实现"一次性采集、多渠道发布、快速度传播、广覆盖受众"格局。

从无到有，建立全县网格化通讯员队伍。截至2020年，平台已入驻乡镇、县直局委订阅号74个，累计发稿3000篇以上，彻底打通县、乡、村三级信息传输壁垒，新闻线索当天报送、当天审核、当天发布。

以县融媒体中心为依托，逐步从单一的新闻宣传向"融媒体+"迈进。目前已在客户端开通了个人服务、便民服务、生活缴费、政务服务、信息查询等五大类 33 项功能。

用好"媒"这个传播载体

一是推进多维度、立体式传播。唐河县融媒体中心首次独立承办 2020 年唐河县春节联欢晚会,并在"云上唐河"APP 平台及唐河电视台进行同步直播。整合晚会精彩纷呈,线上线下好评如潮,取得了较好的宣传效果。

唐河县融媒体中心同时承担了唐河县"两会"、河南省"新时代宣讲师"志愿服务走进唐河、省政协"新时代文明实践专场文艺演出进唐河"等县内大型会议、晚会、展会 48 场直播录制活动,中心网络直播间共录制播发电视讲话、系列访谈 31 次。

截至 2020 年,"云上唐河"手机客户端共发布 12796 条视、图、文新闻消息,发布短视频 1368 条,稿件累计点击量 350 万余次,稿件累计点赞量 18000 余次,稿件累计有效评论量 9000 余条。APP 下载量 20 万余次,注册用户 1.2 万多人,日活跃点击量最高达 8000 余次。

其中 2100 余条新闻消息被省级以上新闻平台采用播发,《唐河:县第一小学开展"勤俭节约,从我做起"主题班会活动》《铭记"九一八"勿忘国耻 振兴中华》等新闻消息连续五天在全省新闻阅读榜上位列前三,在全省优质新闻月度评比中三次获得全省通报表扬和现金奖励。唐河县融媒体中心今年的外宣报道量同比增长 300%。

二是推进社交型传播。在服务高考期间,充分利用社交传播特性,把握热度、设置爱心助考议题,形成覆盖范围更广、发散路径更多、更快速高效的传播能力。推进靶向性、服务式传播。建立受众数据库和用户反馈机制,深度挖掘用户需求,制作更精准优质的内容,推送给有需求的用户。

对"云上唐河"重点打造三个特色。一是本地特色。设置特色

版块，准确解读县委政府决策部署，深耕本地内容。二是平台功能。创新表达形式，增强用户体验，满足受众多样化、个性化的信息需求，实现全媒化、定制化。三是运营能力。利用平台优势，开展多种类型活动，目前"云上唐河"直播活动已超百场次。

建好"体"这个长效机制

唐河县融媒体中心大胆进行重塑与再造，按照新业务流程探索建立规范、高效、灵活的全媒体生产运行机制，推动内容、技术、平台、渠道、经营、管理等深度融合。

在人才引进上，县委常委会召开专题会议研究下发会议纪要，要求编办、人社等部门要支持县融媒体中心加快推进人事制度改革，给予媒体更多、更灵活的用人自主权。参照上级媒体人才引进模式，新聘事业人员录用考试由县融媒体中心和县人社部门共同组织；允许融媒体中心通过人事代理、劳务派遣、自主招聘等方式吸引和使用好各类外部人才，补充专业技术人员短缺问题。目前，首批引进人才已招录引进完毕。

突破"钱"这个发展瓶颈

为解决资金支持不足这一问题，唐河采用的是政府"输血"和自身"造血"双管齐下。

一是县委、县政府高度重视县域融媒体发展，投资500余万元建设了融媒体指挥大厅、调度平台、新闻采编室等基础设施和相关配套设备；每年县财政还利用各种方式支持弥补创收不足问题；同时，在后期运营中还将争取启动资金，切实为县融媒体中心提供基本运行保障。

二是逐步拓展"新闻＋政务＋民生"的综合服务平台建设，做到先"守住阵地"，再"攻城夺地"。

三是坚持"融媒体＋"经营理念，利用融媒体资源，实现经营效益的最大化；并推出服务菜单，根据双赢原则，主动承接和服务客户的各类活动；充分利用融媒体资源，探索更多的盈利模式，从实际出发，创新推出一些新的项目，满足客户的多种需要，实现社会效益和经济效益双丰收。

博观而约取，厚积而薄发。唐河县融媒体中心建设虽然取得了一些成绩，但也有不足。下一步，我们将依托省"大象融媒"技术平台，不断吸收新经验，运用新方式，运用直播带货、智慧建设等新方法，在社会关注领域、政务民生服务领域继续发力，不断创新，着力打造以"云上唐河"客户端为主的特色系列品牌，努力打通宣传工作"最后一公里"。

新野县融媒体中心：
新时代，新传媒

新野县委、县政府和县委宣传部高度重视融媒体中心建设工作，快速行动，把握方向，加大投入，多策并举，于2019年11月28日完成项目建设任务，挂牌运营。

新野县融媒体中心内设新闻指挥调度中心、新闻信息采集中心、新媒体中心等13个部门，归县委宣传部领导。

2019年以来，在县委、县政府和县委宣传部的坚强领导下，新野县融媒体中心围绕"三大体系"建设、全媒体平台建设、内容生产再造和体制机制改革等全面发力，发展活力不断迸发。

加强"三大体系"建设

（一）制播能力体系建设

一是积极向县委政府汇报，筹资近400万元，对采编播设备进行系统升级或改造，实现全程高清化，新建虚拟演播室、电台直播间，新购置移动直播车、航拍机、VR相机、运动相机等，适应全媒体多样化发展要求；二是高标准筹建县级融媒体中心，投入资金600万元，高标准建设了融媒体中心新闻指挥调度大厅、策划选题会商议厅、新闻发布大厅等基础设施及配套设施，为媒体融合营造物理空间；三是对接省"大象融媒"，全面融入全省一张网，实现互联互通，为县级媒体实现内外全面融合提供技术支撑。

（二）传输能力体系建设

中心抓住政府专项债契机，争取资金积极推进有线电视传输网络高速光纤宽带建设项目，项目建成后我县有线电视网络即可实现数字化、智慧化、宽带化，为融媒体中心进军智慧城市建设和政务服务领域提供坚实保障。

（三）应急广播体系建设

中心积极推进新野县应急广播及演播大厅建设项目，投资6100万元，将建成160米高集实用和观赏于一体、覆盖新野全境的广播电视应急发射塔，更好地为公众提供防灾减灾等信息服务。演播大厅规划面积1000平方米，同时还在停车场规划汽车影院。

加强全媒平台建设

新野县融媒体中心坚持移动优先、内容为王，构建了以"云上新野"为龙头,以广播、电视为基础,以微信、微博、广电网、抖音号、头条号等新兴阵地为骨干的移动传播矩阵。依托核心部门,利用全省统一平台和"融媒指挥"APP技术手段,打破传统媒体和新媒体的壁垒,聚力打造集融媒体指挥、协调、调度于一体的"神经中枢",形成了"新媒体首发、全媒体跟进、融媒体传播"的高效节奏,实现统一指挥、有序调度、一次采访、多元生成、多平台呈现的全媒体传播格局。

加强内容生产建设

县融媒体中心挂牌以来,组建了微信公众号编辑室、客户端编辑室、直播团队、VR工作室、文艺活动团队、短视频制作团队等专门队伍,为新媒体业务发展提供了坚强组织保障。着力打造明星平台,推出了一批"网红主持人",塑造了一批知名品牌栏目。新野998电台抖音号粉丝量达100万+,单篇推文阅读量上亿;新野广电公众号位居全省县级广电微信公众号排行榜前三,单篇推文阅读量10万+,入围全国广电新媒体排行月度榜百强。特别是疫情防控以来,县融媒体中心各个平台齐聚发力,采写播发新闻累计1000余条,转发推送稿件1200余条,多篇公众号推文阅读量达10万+,多个抖音作品点击量达百万+、千万+,200多件不同形式的疫情宣传原创

音视频广为传播，微视频《新野战"疫"动员令》《战"疫"必胜》，MV《雪白的爱》，图文《且看春风花草香》《校园花开盼归来》等30多件作品被"学习强国"平台刊发。与县教体局联合开办"空中课堂"保障全县中小学生"停课不停学"。新野疫情防控经验做法两次在中央广播电视总台报道播出，充分发挥了全程、全息、全员、全效媒体作用。

加强体制机制改革

新野县融媒体中心以《新野县事业单位实施绩效工资的意见》为指导，坚持按劳分配、优绩优酬，统筹兼顾、综合平衡，总量控制、内部搞活总基调，将各项工作任务量化到岗、到人，探索以量化考核为主的绩效考核制度，创新激励机制、改革用人机制，最大限度激发创造力和积极性。

新野县融媒体中心积极拓宽经营渠道，发挥党媒阵地的公信力等优势，以跨界合作方式，开办了新新直播带货、新野融媒体小记者团等产业发展模式，延伸产业链，增加造血机制，支持并反哺新闻主业。着力打造导演团队，主动承接各类文艺活动；主动策划组织各类展会、文艺活动，如汽车展销会、人才交流大会、少儿春晚、青年歌手大赛、广场舞大赛、戏曲大赛等。疫情防控复工复产复市期间，新野融媒平台齐聚发力，多场次开展直播活动，6月11日，邀请县领导走进带货直播间，向广大网友推介新野当地的农特产品，吸引近60万人在线观看，下单"爆棚"，好评如潮。

中心广泛开展增强"四力"教育工作，开展大学习、大调研、大练兵活动，通过新闻实践，不断提高融媒体中心人才队伍的脚力、眼力、脑力、笔力，切实提升团队的战斗力。

新野县融媒体中心将加大资源融合力度，更好服务于宣传需求与智慧体系建设，更好服务于人民群众新闻资讯需求、文化生活需求、沟通交流需求，将融媒体中心打造成为主流舆论阵地、综合信息平台、社区信息枢纽，更好地传播信息、引导舆论、服务群众，为中原出彩和建设"活力新野、田园新野、幸福新野"提供强大的舆论支持。

桐柏县融媒体中心：
融媒建设初见成效

2019年以来，在省委宣传部的关心和指导下，桐柏县委、县政府以高度的政治站位和责任意识，狠抓中央和省委关于推动媒体融合发展的决策部署落地落实，桐柏县融媒体中心于2019年12月11日正式挂牌投入运营。目前运行良好，初见效果。

高度重视，凝聚工作共识

县委、县政府高度重视融媒体中心建设，专门成立了以县委书记莫中厚挂帅的融媒体中心建设工作领导小组，将中心建设列为"书记工程"和县改革重点；主要领导多次召开专题会议，研究、谋划桐柏县融媒体建设，对融媒体中心建设方案给予具体指导，议定解决了人员、经费等关键事项。县委宣传部认真学习领会中央《关于推动传统媒体和新兴媒体融合发展的指导意见》，组织县委宣传部、县属媒体有关负责同志，先后赶赴周口项城、河南广播电视台新农村频道、豫广网络公司总部、汝州市等地和单位学习考察县级融媒体中心建设经验，邀请专家到县讲课、指导，对县融媒体中心建设方案进行不同层次多次讨论、修改、完善，在不断学习碰撞的过程中，破除了思想理念的障碍，坚定用互联网思维、新媒体理念来谋划、推动工作。

深化认识,加快建设进度

按照《桐柏县融媒体中心建设工作实施方案》,桐柏县委宣传部在推动媒体融合上下真功、出实招,提高政治站位,以深化认识、平台建设、机制创新为抓手,快速推进"中央厨房"指挥中心的布局、装修及设备采购安装工作。项目启动后,县委、县政府高度重视,多次研究协调工作中的难题,统筹县财政局、县委机关事务局、县广播电视台等多部门协作,在桐柏县宣传文化中心调配建筑面积400余平方米办公场地,投入资金300万元,建设完成了融媒体中心基础平台建设、"云上桐柏"APP新闻客户端研发、配套基础设施建设和融媒体中心采编设备配套升级,全过程从启动到竣工仅用了一个月时间。

立足实际,彰显融媒特色

桐柏县融媒体中心挂牌运营后,稳步推进,逐步整合桐柏电视台、桐柏广播电台、桐柏网、"桐柏发布"公众号及"云上桐柏"手机客户端等多个传播平台,坚持"内容为王"这个根本,构建"一次采集,多种生成、多平台发布"的全新业务模式,在"准""新""微""快"上下功夫,通过优势互补,进一步巩固了党的意识形态阵地,提升了县内主流媒体的影响力、引导力、传播力和公信力,实现了由媒

体相"加"到相"融"的转变。

积极作为，提升宣传效果

2020年以来，桐柏县委、县政府继续加强融媒体中心建设，持续加大投入力度，增强服务属性，提升传播效果。上半年县内事业单位招考，为融媒体中心招录6名专业人员，充实进一线采编及播音主持岗位；协调资金购置了一台价值90余万元的融媒体中心直播车，提升宣传服务能力。在特殊时期，融媒体中心积极作为，组建融媒体中心"抗疫"临时党支部，派出多支宣传报道组，深入防控一线，全力投入疫情防控宣传报道，先后组织发稿973篇，制作播发特别报道21期，发布指挥部通告及防护知识451期，实现了即时发布、权威准确、公开透明，确保了疫情防控宣传引导工作扎实开展，达到了主流舆论阵地、综合信息服务平台、基层舆情聚合平台的目标定位。

邓州市融媒体中心：
全力向内容生产高地进发

邓州市区位优势明显，又是省直管县市，融媒体中心建设工作推进以来，邓州市委、市政府高度重视，第一时间组建了工作专班，多方进行了调研，盘点了本地资源，提出了在邓州广播电视台基础上组建融媒体中心的建设规划，在具体推进上，严格按照上级部署，超前谋划，高标准建设。目前，各项软硬件已经投入使用，融媒机构运转有力。

邓州融媒体中心成立以来，全力向内容生产高地迈进，取得了显著成绩。

一是对上报道实现新突破。 2020年在中央电视台、新华社客户端、河南广播电视台共发稿190多篇，与往年相比增长15%。

其中，新华社客户端今年累计发稿30余篇，仅《河南邓州：油菜花海"时光慢"》一个稿件累计浏览量就达110万。

二是对内报道实现新提升。截至目前《邓州新闻》栏目共播发240期1600余条。开设《强力推进一抓三突破》《脱贫攻坚　我们在行动》《我的扶贫日记》《决战决胜脱贫攻坚》《喜看贫困村变化》《大力推进生态文明建设》等专栏。

《清风邓州》栏目努力加大全市党风廉政建设宣传工作力度，切实增强栏目的可视性、专业性、教育性和引导性。《壹周城事》栏目共播出49期，把镜头对准基层群众。

同时，电台还和农业农村局合作制作节目（农业万象）72期，尝试抖音和快手直播31场，圆满服务好市委、市政府进行的8场党建、扶贫、工业园区等项目的观摩直播活动。

电视台围绕市委、市政府中心工作共制作各类工作汇报片、专题片20余部。

三是新媒体平台全面发力。截至目前，"云上邓州"总阅读量突破27万人次，平均阅读量9700次/天，单条最高阅读量1.2万次。截至2020年，"云上邓州"累计下载人数28736人，平均用户活跃数为1800人次。稿件编发总量为2149条。

开通了电视台抖音号，共制作短视频400余条宣传邓州，浏览量3000多万，单个视频最高浏览量252万，还与多部门合作，成功完成11场直播活动，为邓州经济发展助力加油。

四是全力做好疫情防控宣传。在《邓州新闻》栏目播发疫情相关新闻400余条，广播电台每天坚持12小时直播，共播出新冠肺炎疫情防控及实时新闻宣传800余条；微信公众号等新媒体平台围绕新型冠状病毒科普知识、应知应会、疫情防控、众志成城抗击疫情等方面，精心制作推文500余篇，制作短视频120条，把市委、市政府部署、基层经验、爱心行动、风险提示等声音第一时间传播出去。

为保证内容生产高质量，邓州市融媒体中心用一把尺子量人才、评业绩，做到"同岗同责、同工同酬、优劳优酬"，极大地调动了人员的工作积极性和创造性，至薪酬分配制度试行以来，原创稿件增加一倍以上，原创优质稿件增加三倍以上。坚持每周召开一次编委会，定期进行新闻阅评和业务研讨会，邀请省、市资深专家每月开展一次全员专题培训，利用上级媒体记者来我市采访的机会派人跟班学习，利用每年承办邓州春晚、各类大型文化活动进行直播实战，先后派出30余人次到外地学习考察，每月组织1~2次集中采访、岗位练兵、定期评比，使全体采编人员进一步开阔视野、更新观念、提升技能，从思想上、技术上彻底改变从业人员的观念。

新的一年已经开启，邓州市融媒体中心将在四个方面着力。一是继续深化融媒体改革。实施移动媒体优先发展战略，加强"两微一端"建设，实现"云上邓州"客户端安装量翻番。按照"三贴近"

要求，把镜头聚焦基层群众、生产一线，重大项目建设，不断推出微信热文10万余篇和一批融媒体作品。不断强化融媒体服务功能，建设综合信息服务平台，让群众爱看、爱用，全面提高新媒体的传播力、引导力、影响力和公信力。二是全面提升外宣发稿水平。充分发掘邓州经济社会发展的亮点，加强与上级媒体的协调合作，继续保持外宣上稿的强劲势头。在中央、省级媒体刊播邓州的典型报道、深度报道、重点报道上有新突破，以充分展示邓州工作亮点，增强邓州的知名度和美誉度。三是完善绩效考核体系。在引进优秀人才的同时，实行末位淘汰制，打开出口，对不干事、业绩差、不适应工作的予以辞退，切实增强工作的紧迫感和责任心，创造想事干事、争创业绩的良好局面。四是全力做好安全工作。安全刊播和舆情监测工作是媒体的生命线，融媒体中心将加大安全运行机制建设，确保市内无重大舆情和安全刊播、发布零事故。

商丘市

民权县融媒体中心：
做大做强融媒体，唱响时代最强音

民权县融媒体中心充分发挥主流媒体舆论引领作用，通过巩固"主阵地"、深耕"移动端"、着眼"可持续"，守初心、接党心、连民心、强信心，有序推进了民权县融媒体中心建设。

巩固"主阵地"，做大做强融媒体

民权县以建设高水平的县域新型媒体为目标，多次组织员工外出参观学习，不断掌握新知识、熟悉新领域、拓展新视野，探索找出一条新路。通过改造县融媒体中心办公场所，有效整合县域公共媒体平台，深度融合媒体生产流程，形成从指挥中心下派任务到编辑制作，再到内容分发的统一运行机制。通过加强与各级新闻媒体联系协调，着力做好对外主题宣传，推动走基层、转作风、改文风、制度化、常态化，增强新闻队伍"脚力、眼力、脑力、笔力"，全力讲好民权故事，传递民权声音，打造"广播+电视+网站+客户端+微信+微博+APP"的综合媒体矩阵，全力构建县域新闻"一体策划、一次采集、多元生成"的全媒体传播格局，让党的声音和新闻资讯，通过广播、电视、客户端和十大新媒体矩阵平台迅速传播，不断增强主流媒体的传播力、影响力、公信力，让正能量更强劲、主旋律更高昂。

深耕移动端，综合"齐发力"

一是全面升级，"融"会贯通。坚持内容建设和技术平台双轮驱动，制定出台《民权县媒体深度融合发展实施方案》，对微信、微博、抖音等新媒体重新定位和改版升级，着力打造广播、电视、微信、微博、手机APP、网站、短视频等移动传播矩阵，形成载体多样、渠道丰富、覆盖广泛的地域特色媒体终端。目前，电视、微信、微博、网站、抖音等传播平台已融入中心并正常运转，"云上民权"优化升级已推广上线。二是综合发力显成效。近段时间以来，围绕脱贫攻坚、"不忘初心、牢记使命"主题教育、扫黑除恶等各项重点工作，用翔实的文字和大量的图像全面、深入、及时、准确地完成了县委、县政府交给的宣传报道工作任务。近段时间以来，在中央电视台、河南电视台等播发稿件数量大幅提升，2020年5月至7月，"学习强国"平台采用率取得全市各县区第一名的好成绩。使县级融媒体传播力、引导力、影响力、公信力、服务力极大提升。三是造血功能不断提升。改变传统媒体广告宣传单一化弊端，抢抓融媒体发展优势，不断创新广告宣传模式，加大对文化旅游、生态产业、企业金融等领域的广告宣传，不断提高电视专题片、宣传片的节目质量、宣传效果，2020年6月，启动了网上直播，将活动现场"零"距离实时传送。

拓展"服务+",在服务群众中团结引领群众

一是做"疫"线宣传员。针对疫情防控问题,民权县融媒体中心加强全域联动,务求"全民动员"。中心联动卫健委、公安局、城管局等抗"疫"重点单位,充分利用民权发布矩阵效应,推出民权时时发布、"防控指挥部在线答问"、"12345"热线,倡导"口罩文明""口罩线上预约购买系统"等推送内容。二是推出融媒大众信息平台。为推动"六稳""六保"工作任务深入落实。民权县融媒体中心充分发挥中心社会热点、民计、民生等主题发布优势,在融媒体中心旗下的"民权网"微信公众平台和"云上民权"APP客户端发布求职招聘、二手物品买卖、房屋出租求租、房屋转让出售、打听求助、商业推广、美食特产等信息,工作人员每天核实整理汇总,然后通过平台免费进行发布,助力当地经济的发展。三是"书记县长信箱"架起干群之间的"连心桥"。"书记县长信箱"开通以来,共收到涉及招商引资、城市建设、干部作风、新农村建设等方面的来信1612件,解决问题1196件,回复率100%。目前,"书记县长信箱"已成为民权集思广益的"窗口",为民排忧解难的"绿色通道"。

着眼"可持续",打造思想舆论新高地

把牢"正能量"总要求,始终坚持正确政治方向、舆论导向、价值取向,全力推进县域主流媒体深度融合。一是打好主动仗。把

推进融媒体中心建设作为树牢"四个意识"、践行"两个维护"的直接体现,把党管意识形态工作作为"一把手"工程来抓,加强党的领导,积极主动加大政策、资金、人才支持,着力打造民权主流舆论高地。二是占领主阵地。充分统筹各类媒介信息资源,让正能量主导版面、荧屏、声频和网络。加强各类媒介平台尤其是新兴媒介平台的内容监管,把握好重大突发事件和热点舆情的引导,牢牢掌握舆论场的主导权。三是唱响主旋律。牢牢把握举旗帜、聚民心、育新人、兴文化、展形象的"五大使命任务",依托融媒体中心平台,广泛开展主题宣传、形势宣传、政策宣传、成就宣传,唱响主旋律,更好地凝聚人心,助推民权新发展。

睢县融媒体中心：
加强融媒建设，传播睢县强音

睢县融媒体中心于2018年12月25日正式挂牌成立，目前按照采、编、播的流程要求，机构和平台框架已初步形成。睢县融媒体中心设综合办公室、技术部、财务部、编播部、监管部、播出部、新闻采编中心、运营中心等14个科室。

围绕"党的声音"

一是传播好党的声音。在睢县县委信息中心和睢县县政府信息科派驻融媒体记者站，第一时间把县委、县政府中心工作部署准确及时发布，凝练报道篇幅，转换报道视角，提升报道质量，确保传播好党的声音。二是压缩常规政务报道。大范围压缩常规政务会议报道，为民生新闻、焦点新闻腾出空间，把镜头转向基层一线，对准人民群众。

把握"两个融合"

一是媒体平台的融合。目前，睢县融媒体中心整合了广播电台、电视台、睢县网、融媒体中心微信公众号、"睢县零距离"微信公众号、"睢县发布"微信公众号、县委信息中心手机报、"掌上睢县"APP、"云上睢县"APP共9个平台，初步搭建起了综合的新闻采编发布架构。二是人才队伍的融合。睢县融媒体中心现有人员是在原广播

电视台的基础上整体转移而来，因此，目前运行的基本架构还是原广播电视台的架构，需要对人才队伍进行深度融合。首先，整合全县通讯员队伍。将原来各乡镇、各单位的骨干通讯员、网络评论员、"学习强国"管理员等人员进一步整合，新组建了骨干通讯员（"学习强国"供稿员）队伍，完善了信息互联互通渠道。其次，打破部门约束。在现有人员条件下，挑选60人纳入一线"一专多能"培养对象，每周一召开新闻稿件点评和选题策划会，点评作业，分配任务。最后，通讯员队伍和记者队伍组建完成后，先后进行了两次集中培训，集合两个队伍150多人，开展了"不忘初心、牢记使命——身边的初心使命"主题采访全员大练兵活动，对20个乡镇同时进行了地毯式新闻亮点挖掘采访报道，要求"用群众的话、说群众的事、讲好群众故事"，利用新媒体平台随时随地即时采编发布信息，后续深度报道跟进，形成了网上网下、大屏小屏、同频共振的良好态势，形成了推动工作的良好舆论氛围。

寻求"三个突破"

一、"服务"是突破重点。融媒体中心想做好"引导群众、服务群众"的工作，起码要先让群众认识、熟悉、相信我们。全方位服务是增加这种"黏性"的重要突破点，通过提供服务、吸引参与、养成习惯、倚赖依靠的过程，在潜移默化中做好引导服务工作。目前，睢县融媒体中心在"掌上睢县"、"云上睢县"APP设置了便民服务版块，把与群众生产生活密切相关的生活缴费、日常出行、网上查询、天气预报等服务端口接入到APP，群众下载APP，即可享受一站式在线服务，进一步增加用户的黏性。目前，两个综合服务平台加上睢县融媒公众号用户量已达20余万。二、"焦点"是突破重点。睢县在融媒体中心微信公众平台探索开办了百姓呼声版块，群众可在平台上发表需要解决的事或者反映关注的焦点问题，其他看到信息的群众可以参与互动、跟帖、留言，记者对热点事件进行采访报道，跟踪问效，第一时间把事件进展情况通过广播、电视、新媒体等端口发布出去，扩大传播范围，按照件件有回声、件件有落实的标准推进，增加群众的参与性和互动性，力争形成吸引群众关注、提升自身影响力的一个突破口。三、"机制"是突破重点。人尽其才是机制成功的表现。睢县融媒体中心的机制还处于探索阶段，对采编运行机制进行了优化，对创新、创造举措进行了激励。在采编机制中建立了新闻采写报道四审机制和微信群即传即审快速反应机制，解决了权威报道滞后的问题。鼓励支持新媒体部逐步引进新平台，在稳步建设好、完善好、运用好现有微信、APP两大移动平台的基础上，为新媒体部增加力量，迅速上手抖音、快手、微博等新媒体平台。

2020年，睢县融媒体中心正式通过核查验收，获得互联网新闻信息服务许可证，融媒体影响力不断提升。我们坚持"大屏变小屏"，在精心维护"睢县融媒体中心"微信公众平台和"睢县融媒"官方抖音号的基础上，打造了"睢县融媒体中心"微信视频号，拓展了综合功能，成为睢县老百姓的"掌中宝"。

在加强自身建设的同时，睢县融媒体中心积极推动外宣工作，传播睢县强音。新华社、中央电视台、《经济日报》、《农民日报》、《科技日报》等中央级媒体多次聚焦睢县，让睢县的声音传遍祖国大江

南北。一拨拨主流媒体记者相继走进睢县调研，睢县实践、睢县做法、睢县经验、睢县模式……一篇篇重磅报道接连不断。

　　下一步，睢县融媒体中心将继续发挥主流媒体的内容优势，自觉承担起举旗帜、聚民心、育新人、兴文化、展形象的使命任务，坚持提高新闻舆论传播力、引导力、影响力、公信力，坚持以人民为中心的创作导向，坚持讲好睢县故事、传播好睢县声音，弘扬主旋律，传播正能量，发挥基层舆论引导主力军作用，为全县经济社会高质量发展搭建宣传推进平台。

宁陵县融媒体中心：
扬帆再出发，铸造新辉煌

2019年12月31日挂牌成立以来，宁陵县融媒体中心采取"媒体＋政务＋民生服务"的运营模式，实现了广播、电视、微博、微信、网站等全媒体融合发展。从而真正实现了"一次采集，多种生成，全媒传播"，打造新的传播矩阵，极大地提升了党的主流媒体的传播力、引导力、影响力和公信力。

提高政治站位，把握舆论导向，
始终把讲政治、讲党性摆在工作的首位

紧紧围绕中心，服务大局，积极创新传播手段和话语方式，让党的思想理论"飞入寻常百姓家"，切实将宁陵融媒打造成新时代宣传思想工作的主阵地，党委政府密切联系人民群众的桥梁纽带。

讲实效重管理，加大融合改革力度。宁陵县融媒体中心积极采

取各种措施，秉承"内强素质，外树形象"的工作理念，着力深化内部体制、机制改革，完善绩效考核体系，坚持用制度来规范行为、提质增效，充分调动职工的积极性、主动性和创造性，最大程度地释放改革活力。

深耕本土特色，关注群众需求，开展精品创作

坚持内容为王，结合宁陵实际，围绕脱贫攻坚、乡村振兴、大气污染防治等策划开展主题宣传，聚焦社会热点话题，讲好高质量发展故事。紧密联系对接上级媒体，搭建更多外宣平台，打造上下互融互通的良好宣传格局，传播宁陵好声音，展示宁陵新形象。推出大量沾着露珠、冒着热气的融媒精品。

例如，围绕宣传脱贫攻坚、乡村振兴，策划推出《我的脱贫故

事》《乡村振兴在行动》系列报道，安排全媒体记者深入田间地头、乡村院落，聚焦民生，诠释乡镇、村委基层党支部书记带领村民在脱贫攻坚、乡村振兴道路上的担当作为。报道中我们充分利用图文、视频、直播等多种形式，在全媒体平台推送，全力打造良好媒体生态，收到了很好的传播效果。

守初心担使命，真正承担起"举旗帜、聚民心、育新人、兴文化、展形象"的社会责任

宣传工作永远在路上，任重而道远。作为县级融媒体中心，下一步，我们不仅仅是要解决新闻舆论工作的"最后一公里"，也不是简单地把广播、电视、新媒体整合在一起去运营，而是要作为社会治理体系的重要组成部分，通过舆论传播来承担社会责任，满足发展需求，服务社会民生。我们不仅要高标准建设好主流舆论阵地，还要高规格打造好综合服务平台，更要高水准提供优质舆论服务。我们的目标是：把全县人民群众紧紧地聚焦在我们自己的平台上，形成强大的用户黏性，汇集海量"沾露珠""有温度"的数据资源，进一步影响群众、引导群众、服务群众，真正实现社会效益和经济效益的有机统一。

柘城县融媒体中心：
同心向"融"，"融"荣与共

2018年9月21日，柘城县融媒体中心挂牌成立以来，抢抓机遇、创新管理、推动媒体深度融合发展，构建了渠道丰富、覆盖广泛、传播有效、可管可控的移动传播矩阵。从原来单一的媒体发声、单兵作战，到现在的合力发声、抱团作战，柘城县融媒体中心紧紧围绕柘城县委、县政府中心工作，宣传群众、组织群众、凝聚群众、服务群众，努力打通基层宣传"最后一公里"，讲好柘城故事、传播柘城声音，提升了新闻舆论工作的能力和水平，取得了阶段性成果。

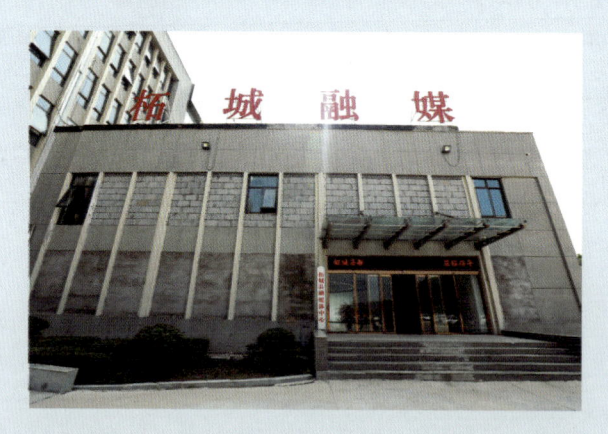

领导高度重视　助力融媒体中心建设

按照中央关于媒体融合发展的指导意见和巩固宣传思想文化阵地、壮大主流思想舆论的重大战略部署，中共柘城县委、柘城县人民政府高度重视，县委常委会召开了专题会议听取汇报，研究、部署融媒体中心建设工作，并为融媒体中心安排了新的办公场所，购置了设备。落实了"三定方案"，完善了运行架构，针对融媒体中心缺少高素质采编播人员的实际情况，还通过河南省"招才引智专项行动"确定面向社会为融媒体中心招聘16名播音主持、新闻采编高水平人才。县委书记梁辉、县长路标等主要领导多次到中心指导工作。县委宣传部主要负责人亲自带队赴外地考察学习。这些都为融媒体中心正常健康运行提供了必要保障。

强化绩效考核　激发员工工作激情

这几年，柘城县融媒体中心不断总结、完善，根据实际情况制定了一整套科学、合理、高效的内部管理运行机制以及采编评价体系，建立了完备的绩效考核制度，实现了"全员、全绩效"考核。针对不同序列、不同层级和不同门类岗位的性质、特点和职责，设置不同的考核指标：对采编岗位重点考核采编质量和数量，对经营岗位重点考核目标任务的完成情况，对行政岗位重点考核管理创新以及对一线部门的管理和服务质量，在完善考核的基础上确定薪酬标准。比如新闻采编方面：质量考评人员由具有丰富采编经验或具有扎实专业基础的资深采编人员组成，根据考评标准对新闻作品逐条进行打分，对主持人、图像编辑等同样实施考核评分，并据此进行工资分配。同时，设立末位淘汰机制，年终排名最后两名者（综合任务量、质量排行），待岗半年，视待岗期间表现而定，不适合留在本岗位者，换岗到后勤服务等其他部门，甚至"下课"。连续半年或全年累计有6个月未完成任务的予以下岗处理。

通过这种科学系统的考核，有效激发了员工的工作热情，最大限度地调动了员工的主观能动性，真正体现"多劳多得""能者多得"，从而实现了良性发展的局面。

深度融合媒体+　突出实际运行效果

在柘城县融媒体中心成立之前，就组织人员到浙江长兴、湖南浏阳、河南项城等地学习，综合借鉴他们的经验，在内部建立了"全媒体调度群""全媒体编辑群"，利用这种简便、快捷、成本较小的办法做了许多全媒体融合尝试，积累了一些行之有效的经验，这也为后来正式运行打下了良好基础。融媒体中心正式挂牌后，中心根据传统广播、电视栏目和微信公众号、网站、手机APP、抖音等平台的特点和需要，建立了总编协调、值班调度、部门沟通、采前策划等制度，形成采编发联动、人机无缝衔接机制，实现"一体策划、一次采集、多种生成、多元发布"。中心还有一个坚持多年不变的做法，就是每

天早操后就地举行编委会，派发当天采访任务，提醒采编注意事项，让一线采编人员在业务上少走弯路，提升效率。

　　2020年9月，"第十五届全国辣椒产业大会"在柘城举行，为了做好节会宣传，柘城县融媒体中心根据辣椒节议程安排和氛围营造需要，实行统一报道部署、统一策划主题、统一组织采访、统一编发稿件，先后采写拍摄各类形式的新闻作品60多件，并通过广播、电视和"两微一端"全媒体报道辣椒节盛况。这种主线清晰、形式丰富、集约多元、传播快捷的报道方式收到了良好的宣传效果，许多新的辣椒产业客商就是通过融媒体中心的宣传来到了柘城。

　　与此同时，中心还加强了与各单位、各乡镇微信公众号联系和管理，实现同频共振、二次传播，放大传播效应，最终形成新媒体首发、全媒体跟进、融媒体传播的媒体格局。

虞城县融媒体中心：
"两心"相融合，画好"同心圆"

推进县级融媒体中心和新时代文明实践中心建设，是党中央作出的决策部署，是推动习近平新时代中国特色社会主义思想往深里走、往实里走、往心里走的迫切需要。2018年，虞城县启动"两中心"建设工作；2019年，"两中心"相继建成并发挥作用；2020年，"两中心"融合推进初见成效。自此，虞城县探索新时代宣传思想文化工作的实践开始启动。

虞城县融媒体中心主要是整合广播电视、网站、"两微一端"等县域媒体，以建成主流舆论阵地、综合服务平台、区域信息枢纽为目标，通过流程优化、平台再造，实现资源通融、内容兼融、宣传互融、利益共融，形成"一体策划、一次采集、多种生成、立体传播"的新闻生产新格局，进而推进县级媒体在机构、内容、渠道、平台、人员、经营、管理等方面深度融合，重塑具有强大传播力、引导力、影响力、公信力的新型县级主流媒体。

虞城县委认真贯彻落实中央、省委和商丘市委决策部署，提高政治站位，把融媒体中心建设作为落实党的意识形态责任制的重要内容和"一把手"工程，成立了高规格融媒体中心建设工作领导组，县委、县政府多次召开专题会议，主要领导多次实地调研，现场解决推进过程中遇到的问题，在选址、资金、用人、机制各方面做好强有力的后盾。

县委、县政府把两个中心一起谋划，统筹推进。"两中心"在工作推进的过程中，找准结合点、定位共同点，携手画好"同心圆"。庚子年初，疫情突如其来，"两中心"共同发力，发挥优势，并肩作战。

特殊时期，广大志愿者下沉到一线，开展值班站岗、登记问询、信息梳理、物资发放等志愿服务活动，助力基层把严防死守的措施落到细微处，把关心服务群众的实事落到暖心处。

关键时期，融媒体中心采编人员逆行而上，通过全媒体发布推送涉及疫情防控的稿件5000余篇，总阅读量突破6000万人次，策划开展的几十个新闻选题和宣传活动反响强烈。通过一系列有效的宣传引导，彻底扭转了网上负面、悲观和恐慌的局面，为正确、科学面对"疫情"，万众一心、众志成城抗击疫情营造了良好的舆论氛围。

防控疫情是"两中心"联手打赢的第一场战斗。"两中心"资源共享、互为支撑，在统筹推进的过程中逐步形成了"四个一"的融合格局。

——共享一个办公场地。共同打造办公区域和展示区域，从各自为战到矩阵管理。

——共建一个指挥中心。通过"中央厨房"，建立和完善活动信息共享机制。

——共创一个专题栏目。在"云上虞城"APP 开辟了"文明实践"专栏，打通互动接口。

——共用一支人才队伍。融媒体中心采编人员全员担任文明服务志愿者，骨干志愿者纳入融媒体中心通讯员队伍。媒体记者既是党的声音的传播者，又是新时代文明实践活动的志愿者。广大志愿者，同时又是党的声音的宣传员、正能量的传播者、主流媒体的通讯员。

为壮大基层队伍，提升服务水平，"两中心"还与当地网红主持人、摄影师、撰稿人、艺术家、文史学者和公益文化团队、"非遗"项目、文化产业、爱心企业等开展签约合作。

激活新时代文明实践工作，打造线上支撑平台尤为关键。"两中心"注重发挥移动媒体优势，正在以"云上虞城"APP 为载体，探索开发"求助+帮办"系统，使线上点单求助与线下派单服务有机结合，让群众需求与志愿服务精准对接，打通群众"需求侧"。

"两中心"联手服务保障全县"两会"、脱贫攻坚、文明创建等中心工作,以及策划开展的"网络媒体看虞城""马牧集老街'地摊经济'""根雕艺术展""奔跑吧'虞小康'""苹果采摘节"和"爱心助考""爱心晚餐""助学筑梦"等一系列活动,有色彩、有情怀、有温度、有力度,充分发挥了宣传教育群众、引导服务群众的作用,实现宣传效果最大化、最优化。

  群众在哪里,宣传的主阵地就延伸到哪里;党的旗帜指向哪里,宣传工作的主战场就覆盖到哪里!在省、市委宣传部的坚强领导下,虞城县融媒体中心和新时代文明实践中心将不断探索、开拓创新,坚定扛起"举旗帜、聚民心、育新人、兴文化、展形象"的使命任务,守正创新、凝心聚力,奋力开创新时代基层宣传工作新局面!

夏邑县融媒体中心：
筑梦融媒，砥砺前行

志士惜日短，勇者常为新。奋进在追梦的路上，我们总感到光阴似箭。

扎实抓好县级融媒体中心建设，更好地引导群众，服务群众。习近平总书记高瞻远瞩，多次就推动媒体融合发展作出的深刻阐述，为夏邑宣传思想工作迎来了发展的春天。

夏邑县委、县政府提高站位，抢抓机遇，将融媒体中心建设纳入县域工作大局，以改革创新精神，推动媒体融合向纵深发展。2019年12月26日，夏邑县融媒体中心正式挂牌成立，标志着夏邑媒体融合工作进入到全新的发展阶段。

2020年，夏邑融媒用奋斗定义岁月，用拼搏留下印记。

这一年，夏邑融媒全新出发。整合"云上夏邑"APP、"掌握夏邑"微信公众号、"智慧夏邑"APP、"夏邑传媒网"、夏邑电视台抖音号及FM107.6频率、电视频道，建成融"端、微、网、屏、播"于一体的现代传播矩阵。

这一年，夏邑融媒重塑机制。下设指挥中心、采访中心、制作中心、编辑中心等业务部门，坚持党媒姓党，在守正创新方面持续发力。重塑采、编、播、发流程，制定成效考核、薪酬激励机制，中心的生产、传播、服务能力大幅提升，有效打通党的政策在基层落地落实的"最后一公里"。

这一年，夏邑融媒开拓创新。依托大象融媒"中央厨房"，实现"一体策划、一次采集、多种生成、多元传播、全方位覆盖、全流程调度"，使新旧媒体深度融合，形成合力，把夏邑声音放得更大、传得更远。

这一年，夏邑融媒阵地更强。"掌握夏邑"粉丝超过12万，获得过全省周排名第一、全国百强的好成绩，"夏邑电视台"抖音号粉丝16.8万，"云上夏邑"手机客户端下载量已逾8万。夏邑县融媒体中心正式通过省核查验收，被评定为优等县级融媒体中心，顺利获得省网信办颁发的《互联网新闻信息服务许可证》，融媒影响力不断提升。

这一年，夏邑融媒解放思想。坚持移动优先，突出小屏带大屏，在不断巩固"掌握夏邑"微信公众平台的基础上，投资打造了"云上夏邑"客户端，"一键打开、一端呈现、全效服务"，成为夏邑老百姓的"掌中宝"。

这一年，夏邑融媒强化服务。与时代同频共振，全媒体出击，全方位报道，全领域服务。脱贫攻坚、乡村振兴、城市建设……哪里有新闻线索，哪里就有夏邑融媒人忙碌活跃的身影。全年成功举办零彩礼集体婚礼、诗韵栗城诗会、乡村振兴巡访、"中国好声音"海选、西瓜节、丰收节等大型活动80余场，为宣传推介家乡，讲好夏邑故事凝心聚力。

这一年，夏邑融媒成果丰硕。全年播发新闻报道4100余条（篇），编发栏目460余期（档），"掌握夏邑"发稿2780余条，"学习强国"发稿280余条，"云上夏邑"APP发稿3090余条，广播电台FM107.6兆赫全天播音，忠实记录着夏邑发展变化的点点滴滴。有10件作品荣获河南省新闻奖评选一、二、三等奖，3件作品获得国家级一等奖，2019年度被表彰为河南省十佳县级广播电视台。

凡是过往，皆为序章。回望来路，真正值得我们感激和铭记的，是党对建强用好县级融媒体中心的期许，是夏邑这片火热奋发的土

地，是所有关注融媒体事业的社会各界的帮助支持。2020年，我们感恩一路有您！

一元复始，新的征程又将拉开序幕。2021年，我们将用奋发有为来定义未来。

新一年，我们将深入贯彻落实党的十九届五中全会精神，在县委、县政府的坚强领导下，不忘初心，牢记使命，切实为推动夏邑高质量发展提供强大动力。

新一年，我们将努力增强"四力"，紧扣时代脉搏，突出发展主题，做到策划有特色，宣传有声势，报道有深度，为夏邑发展营造蓬勃向上的舆论氛围。

新一年，我们将持续深化媒体融合新成效，练就融媒传播新本领，激发内部新活力，打造全媒新矩阵，实现内容随时发布，阵地无所不在，用更多优质内容赢得美誉，更好地引导群众、服务群众。

筑梦融媒，勇往直前。永怀梦想，一路向新。新的一年，我们定只争朝夕，不负韶华。我们相信，始于初心，成于坚守，所有美好，都将翩然而至。

永城市融媒体中心：突出重点，抓住关键，推动媒体深度融合

　　永城市融媒体中心于2018年被河南省委宣传部确定为全省39个试点县（市）之一，2018年11月7日正式挂牌成立。指挥调度大厅总投资600多万元，面积220平方米，工作机位38个，完善配套软、硬件设备系统和"云上永城"APP定制系统，有效整合了报纸、电视、电台、网站等多个传播平台，实现了新闻报道的全覆盖以及政务服务、便民服务、电子商务等功能的逐步拓展。

强化组织保障，在"统"字上下功夫

　　永城市委把融媒体中心建设作为落实党委意识形态工作责任制的重要内容和"一把手"工程。**一是从组织上首先确保改革过程中各项融合的高度统一**。永城市委常委会专门召开专题会议，起草通过《关于永城市融媒体中心建设的实施意见》，下发了《永城市融

媒体建设实施方案》。永城深改委会议研究成立了高规格领导组，市委书记任组长，市长任第一副组长，全体常委任副组长，宣传部长任副组长兼办公室主任，财政、编办、人事等有关职能部门一把手任成员，强力推进融媒体中心工作。**二是在平台舆论进出口的把关上高度统一**。要求永城辖区内的官方媒体和所有自媒体必须入驻"云上永城"平台纳入管理。**三是加强队伍的培训，达到队伍人员思想认识的高度统一**。把主流媒体记者、乡镇局委通讯员、自媒体人员分三期进行为期一周的强化培训，使所有新闻从业人员在思想、行动上自觉与党中央保持高度一致。

一体相融，多端发布，在"融"字上下功夫

一是人才相融，形成合力。永城市把200多名专业媒体人才聚集起来，重新编排，分成融媒体采编人员、互联网技术人员、新媒体编辑制作人员、信息发布人员、舆情监控管理人员，最大限度实现了县级媒体新闻人才的科学管理、高效使用。**二是资源相融，实现共享**。把原生媒体资源整合在一起，构建了新型采、编、播、管机制，各平台优势互补，互联互通。**三是信息相融，多端发布**。充分发挥"中央厨房"作用，形成一体化指挥调度、一体化内容生产、

一体化审核发布、一体化统筹管理、一体化发展经营的信息传播格局。

突出特色，以质取胜，在"质"字上下功夫

特殊时期，永城市融媒体中心在市委、市政府的坚强领导和宣传部门的正确指导下，坚持"早、快、细、实、新"，全面构建起网上网下一体、内宣外宣联动、宣传服务并举的宣传舆论和社会动员工作格局。组建疫情防控宣传报道"火线突击队"，全媒体编辑记者取消休假提前返岗，每天派出采访人员 50 多人次；推出大型融媒体节目，创作各类文艺、曲艺形式音视频 20 多个；推出"送菜到家、共抗疫情"微公益服务，发挥"联络员""帮销团"的作用，利用新媒体平台免费推广，帮助销售各类蔬菜、水果等滞销农产品 6000 余斤。推出疫情防控稿件共计 5000 余篇（条），其中，传播量达 10 万+ 的稿件共计 17 篇（条）；在中央、省、市上级主流媒体发稿 300 余篇；作为河南省第一家关闭活禽市场的县市，永城融媒官方抖音编发的《河南永城　防范新型冠状病毒我们一直在行动》新闻，单条浏览量 5747 万+，点赞 124 万+；6 月 11 日上午 10 点在久和直播电商基地正式举行的 2020 夏季商丘名特优产品云上展销会永城站，永城市人民政府副市长张峰通过快手、抖音、腾讯直播间共吸引了 32 万人观看，累计销售产品 2.8 万件，产生订单 8659 单，销售额超 264 万元；高考期间，永城融媒官方抖音短视频《高考期间睡在走廊里的父亲》浏览量达到 1120 万，点赞 59 万，评论 1.3 万条。

守正创新，融创发展，在"新"字上下功夫

一是拓展新思路。按照习近平总书记"举旗帜、聚民心、育新人、兴文化、展形象"的要求，以新思路指导新技术，以新技术拓展新思路。**二是开创新局面**。打破部门壁垒，建立健全更加高效的统一运作机制；打破身份限制，吸引更多的新媒体优秀人才加入到融媒体中心；

打破业务限制，走好"互联网＋新闻、互联网＋党建、互联网＋服务、互联网＋监督"的路子。融合各平台推出的《党风政风行风热线》栏目，帮助市民解决热点、难点问题，在全省范围内率先探索实施了"四位一体"多媒体联动模式；"云上永城"APP打造"互联网＋民生"，开启网上问政，定期公开上线单位、办事结果，及时回复民生问题。**三是迎接新挑战**。探索融媒体在内容、渠道、平台、经营、管理等方面的体制机制，实现更深层次、更广范围的融合。实行"周碰头，旬研讨，月总结，季通报"。坚持每周一召开业务研讨会和融媒体推进工作会议，总结上周宣传工作情况，谋划本周工作选题。

下一步，永城市融媒体中心将在新闻宣传的传播力、引导力、影响力、公信力上大做文章，成为群众喜爱的"大喇叭""口袋书""小视屏""信息港"，随时随地可视可见可闻党的声音，主动关注关心身边人身边事，让每位群众成为新闻舆论的关注者、传播者、受益者，弘扬主旋律，凝聚正能量，成为社会共同的行动自觉，努力把永城市融媒体中心打造成河南乃至全国的标准化县级融媒体中心的典范和样板。

信阳市

罗山县融媒体中心：
以"融"为媒，主力军进入主阵地

罗山县融媒体中心于 2019 年 12 月 25 日揭牌成立运行，2020 年 7 月在全省县级融媒体中心指标体系验收中，被评为"优秀"等次。罗山县融媒体中心坚持以习近平新时代中国特色社会主义思想为指导，紧紧围绕县委的总体部署，因地制宜，合理规划，推进传统媒体和新兴媒体优势互补、一体发展，让主力军进入主阵地，为罗山县政治经济社会发展营造了良好的舆论氛围。

坚持融合先行。将县属媒体的机构及业务融合作为推进融媒体中心建设的先手棋，推进广播、电视、报纸、网站业务集中统一管理，打造"新闻＋政务＋服务"模式融合媒体，罗山广播电视台 FM90.9 覆盖县城周边 30 公里范围，电视节目每天播出 14 小时，"云上罗山"APP 即时推送各类资讯，微信公众号每天及时更新，抖音号关注粉丝破万，今日头条号关注热点要闻，初步形成传统媒体和新兴媒体从相加到相融、优势互补、一体发展，实现了一个声音多个平

台发布的统一格局。

坚持内容为王。始终坚持党管宣传、党管媒体、党管意识形态工作不动摇,牢牢掌握工作领导权、话语权和主动权。紧扣时政主题,围绕习近平总书记视察河南深入大别山调研,党的十九届五中全会精神学习和脱贫攻坚,开办《学习习近平总书记重要讲话,促进大别山振兴发展》《牢记嘱托奋勇争先》《党的十九届五中全会专题报道》《决战决胜脱贫攻坚》等一系列主题栏目;坚持权威发布,及时发布,稳定民心,高度关注舆情信息,跟进报道,及时回应社会关注的热点问题;推进精品创作,成立编委会,始终坚持团结稳定鼓劲、正面宣传为主的方针,紧贴县委的中心工作,精心策划新闻选题、选准报道方式,并及时准确、全面深入地宣传报道了各行各业新举措、新亮点,一次采集,多元分发。《最美夫妻档同战"疫"线》《复工复产专题报道》等一系列稿件在省市台和新媒体平台大量采用,形成良好宣传效应。开展宣传协作,突出重点工作,开办疫情一线党旗红、身边的榜样,大力宣传基层党组织典型和党员先锋示范带动作用。与县纪委监委联合开办《纪检监察在身边》,与县发改委联合开办《重点项目建设》,展示经济发展重点成果;配合放管服改革,开办《便民之窗》系列栏目。开办《健康教育大讲堂》,关注群众健康。强化舆论监督,配合大气污染防治,开设创文创卫《曝光台》栏目,加强督查、限时整改,有效推进工作。加强活动转播,主动贴近市场,积极参与各类活动,先后开展第二届"最美莽张人"颁奖典礼、首届汽车下乡暨河南广电员工购车节、楠杆镇 2020 年农民丰收节、河南省 2020 年中国农民丰收节信阳分会场庆祝活动及第二届何家冲乡村振兴论坛颁奖晚会网络直播，传播效果明显，其中第二届何家冲乡村振兴论坛颁奖晚会浏览量5万余次。

坚持技术驱动。实施融媒体技术平台建设，建成大屏呈现数据可视化系统（融媒指挥系统）、合融合存储服务、视频制作工作站、网络编码安全设备和融媒体软件服务等系统；实施广播电视制播能力提升建设，建成虚拟演播室和硬盘播出系统，提高广播电视数字化水平；建成广播直播系统，恢复城区调频广播播出，采取"直播+栏目"方式，丰富节目内容；实施平台整合对接，与省大象融媒平台实施技术无缝对接、协同工作，充分利用好省级技术平台、本地协同传播，统一宣传；开展直播能力建设，添置网络现场直播设备，多机位协作提高直播效果。

坚持人才兴业。以培养复合型人才为目标，加速人员专心融合，积极营造学习氛围，积极培训单位人员，开展中心交流会，请厂家专业技术人员指导，选派人员外出参加业务学习，鼓励大家积极学习新技术，做到一专多能。实施引才计划，通过公开招聘，录用5名本科毕业生，进一步优化专业和年龄结构，为融媒体事业持续发展注入新的活力。

雄关漫道真如铁，而今迈步从头越。罗山县融媒体中心将在县委政府的正确领导下，积极探索新时代媒体运行规律，因势而谋、应势而动、顺势而为，坚持主力军进入主阵地，打通舆论传播"最后一公里"，不断提升县级融媒主流媒体的传播力、公信力、影响力和竞争力，讲好罗山故事，传播罗山声音。

光山县融媒体中心:"融"字当先,移动优先,创新为先

光山县融媒体中心自2019年6月正式挂牌成立以来,始终坚持以习近平新时代中国特色社会主义思想为指导,以全省融媒体中心试点县为契机,坚持"'融'字当先,移动优先,创新为先"的三"先"思路,大胆探索实践,让内容多起来,栏目活起来,粉丝动起来,从而更好引导群众、教育群众、服务群众,并取得了较好成效。2020年9月,光山县融媒体中心以优秀成绩通过省级验收,在全省"两中心"建设推进会上,县委书记刘勇代表光山县作了典型发言。

坚持"融"字当先

光山县委、县政府高度重视融媒体中心建设,坚持高站位谋划,高标准推进。县委书记亲任指挥长,坐镇指挥。县纪委专项督办,推动进度,仅用两个月时间就完成了融媒体中心硬件建设。同时打破传统媒体各科室各管一块、各自为战的模式,成立指挥调度中心,

统一调度，集体办公，实现了阵地的融合。仅用3个月时间就出台了"三定"方案，将电视台、《光山通讯》编辑部、光山新闻宣传中心合并，实现了机构的融合。将报、网、微各类媒体统筹一起，抱团发展，形成了"两台"（光山县电视台、广播电台）、"两号"（"光山县融媒体中心"今日头条号、抖音号）、"两微"（微博、光山广播电视微信）、"一报"（《光山通讯》）、"一端"（光山融媒APP客户端）的传媒矩阵。目前，"光山901""光山广播电视台"微信公众号粉丝量近10万，全市微信公众号（媒体类）影响力排名位于前十。恢复停办10余年的"光山广播电台FM90.1"，粉丝10余万人，蜻蜓在线广播排名全市第一，成为光山乃至周边县区群众喜爱的品牌栏目，实现了社会效益和经济效益双丰收。

坚持移动优先

坚定不移地推进内容为王，移动优先。将新闻传播的第一落脚点由广播、电视向手机移动端转变，加大移动端发稿权重，重设内部机构，重构"策采编发"流程，初步形成了"统筹策划、一次采集、多种生成、多元传播"的工作模式。同时，融媒体中心紧扣脱贫攻坚、决战决胜全面建成小康社会等重大主题、重点题材、重要活动，挖掘新闻资源，加强宣传策划，推出了一系列有力度、有深度、有温度的融媒体"爆款"产品。如，疫情期间创新开展了四个大型网络花节直播活动，全网观看人数达 4600 万人以上。"光山广播电视台"抖音号点击量突破 10 万的多达 210 多条，1000 万以上的 3 条。在全市排名前列。短视频《河南光山一网红县长直播帮农户卖货》，全网点击量超 1600 万。其于 2021 年 2 月 24 日，在全省县级融媒体中心建设工作专期第十二期上，受到省抗疫指挥部的通报表扬。短视频《一条河温暖一座城》《河南光山：小城夜色　绚丽多彩》获得"首届中国美丽休闲乡村短视频大赛"最佳创意奖、最佳组织奖。

坚持创新为先

一是形式上创新。创新推动融媒体中心与新时代文明实践"两中心"相融相促，实施"线上线下"互动，达到"1+1＞2"的效果。我们在"光山融媒"APP 上开通了新时代文明实践中心版块，同时，设立党建服务、政务服务、生活服务和互动功能版块，极大地方便了群众生产生活。二是内容上创新。在"光山融媒"上加入新时代文明实践网站链接，全方位宣传文明实践涌现出来的道德模范、光山好人，凝聚起强大精神力量。开办了"电商平台"业务，累计下单近 3 万单，成交量近 150 万元。三是在体制机制上创新。先后出台施行了每日编前例会、好新闻评选、竞聘上岗及绩效考核等工作制度，逐步建立起以岗定薪、岗变薪变、动态考核的评价体系，有效激发了队伍的积极性、主动性、创造性。

新县融媒体中心：立足红色资源，做有"温度"的新闻

2018年11月29日，新县融媒体中心正式挂牌运营，是河南省县级融媒体中心建设39个试点县之一。2019年9月16日，习近平总书记来到新县考察调研，对老区发展变化给予肯定，提出"两个更好"的殷切期盼。2020年7月，河南省委宣传部对新县融媒体中心建设进行全面验收，荣获优秀等次，新县融媒体中心建设位列信阳市前排。

健全人才梯队，聚拢人心搞建设

大屏转小屏，网络阵地的占领既需要有技术、有理想的年轻人加入，也离不开老媒体人的"传帮带"。一是引进人才。新县融媒体中心通过"红城英才"计划、政府购岗等措施，招聘引进专业播音员、采编人员15名。二是培养人才。先后组织技术骨干到中国传

媒大学、河南大学等院校进行业务培训 60 余人次，鼓励、引导青年人才在学习培训中提升自我。三是发挥原有人才优势。将传统媒体里沉淀下来的政治立场坚定、专业过硬的高素质人才，统筹在策划运营、"三审三校"环节把关，为优秀的融媒体产品保驾护航。

　　人才梯队建设迅速聚拢人心，加快了新县融媒体建设速度。一批能说会拍、能写会编的全媒体记者快速成长，在脱贫攻坚、抗疫阻击战、创文、创卫等主战场的锤炼下，成长为一支朝气蓬勃、担当作为的融媒队伍，撑起新县宣传的一片天。

立足县域资源，做有"温度"的新闻

　　新县多样的红色、绿色、古色资源，为宣传工作提供了丰富的新闻素材。新县融媒体中心立足自身资源，创建出一系列优秀的融媒作品，频频刊发于"学习强国"、大象新闻等客户端，《红色故事大家讲》栏目获得中纪委点赞转发，多部作品荣获河南省县级台新闻奖。其中，新媒体类作品《点赞红城正能量！寻找虹桥救人英雄！》《这场生命的接力赛！请您一定要加油！！！》分别荣获2018年度、2019年度河南省县级台新闻奖一等奖！移动先行，内容为王，新县融媒体中心立足县域特色，让新闻"新""快"的同时更有"温度"。

打造品牌，小城也有"大"精彩

改变传统新闻报道流程，让新闻现场编辑、现场报道、现场发布，一部手机就是一个"扬声器"。素材回台后，各端口精耕细作二次分发，全媒联动，一条新闻背后就是一支队伍。小县城也有"快"节奏，小县城也有"大"精彩。

一是打赢疫情阻击战。新县毗邻武汉，从腊月二十八开始，全台联动，深入一线，投入疫情防控工作中。其间，传达指挥部政令80多条，采制播出融媒作品300余期次，网络累积播放量1000万+，

牢牢掌握了舆论引导的主动权。新县融媒体中心党支部也被县委、县政府表彰为全县先进基层党组织，7名同志分别被表彰为优秀共产党员、优秀专业技术人才和先进个人。

二是打好助力脱贫攻坚成果战。启动"云游新县"线上旅游推介活动，推出复工复产、文化旅游、我为农产品代言等各类宣传片、短视频，营造脱贫攻坚良好氛围，助力脱贫攻坚成果巩固。在2020年9月14日全省广电媒体脱贫攻坚宣传工作会议上，新县融媒体中心作了典型发言。

三是发挥新闻舆论监督作用。聚焦"环境攻坚""创文创卫"等重点工作，开设的《局长就是营商环境》专栏，34位局长面向社会公开郑重承诺。全媒体播出后，有力地推进了新县营商环境的优化。

四是提升老区新县靓丽形象。围绕习总书记考察调研河南精神和县委、县政府中心工作，结合重要时间节点，开办《学讲话　抓落实　争出彩》《牢记嘱托　感恩奋进》《温暖的回响》等专题专栏，讲好红色故事，发扬传承好红色文化，挖掘利用好宝贵的精神财富——大别山精神，擦亮老区名片，让所有人都知道今天的幸福生活是怎么来的。

在一次次学习、创新、大练兵过程中，我们与周边兄弟县齐头并进，稳居河南省广电新媒体排行榜前30名。

守正创新，行稳致远。未来，新县融媒体中心将勇担"举旗帜、聚民心、育新人、兴文化、展形象"的使命任务，牢记习总书记嘱托，传承红色基因，弘扬大别山精神，争做出彩新县，为实现"两个更好"作出新的贡献。

商城县融媒体中心：
守正创新，融合发展

近年来，商城县坚持以习近平新时代中国特色社会主义思想为指导，全面贯彻落实党的十九大和十九届二中、三中、四中、五中全会以及全国宣传思想工作会议精神，深入落实党中央关于推动媒体深度融合、建成全媒体传播体系的战略部署，按照以人民为中心的发展理念，积极谋划、多措并举、守正创新，扎实推动媒体深度融合发展。2018年8月，商城县融媒体中心先行先试、率先成立，成为全省首批39个试点县之一。

甩掉包袱，轻装上阵

县委、县政府高度重视融媒体中心建设工作，融媒体中心建成后，多次召开专题会议，通过后期盘活广电土地资产，筹措资金近2000万元，全部留给县融媒体中心解决历史问题和用作后续发展资金，并将融媒体中心全供事业编制由原来的40个增加到104个，做到了"包袱甩得掉、队伍稳得住、人才引得进"，为融媒体中心的健康发展创造了宽松环境。

从"合"到"融"，做大做精

和大象融媒深度合作，依托"云上河南"搭建了全新的采编发管理系统，融合了"两微一端一报"的新闻宣传平台，构成了融媒

体平台矩阵，为源源不断生产优秀融媒产品提供了有力支撑。一是在"融"上做加法。将县阳光三务平台接入融媒商城客户端，吸入粉丝17万余人，日点击量最高达1.6万；高位推进，县委下发了《关于推广融媒商城客户端的通知》，动员各乡镇、县直各单位入驻平台，整合内容资源，最大限度聚合全县信息宣传、政务服务、民生资源，形成一城一端全覆盖、机关单位齐发力的全媒体；组织开展客户端积分兑换奖品活动，吸引广大干部群众积极关注参与，着力打造接地气、聚人气、扬正气的融媒平台。二是在"合"上做减法。对全县活跃度低、影响力较小、功能弱化的部分网站、微信公众号、头条号等进行精简整合，将部分功能模块整合到县融媒商城客户端，实现功能集中、内容集中、业务集中、受众集中的"四集中"运作模式。三是在"质"上做乘法。同信阳晚报社联盟，将原县委机关报《商城周讯》更名为《商城时报》，县融媒体中心负责供稿，信阳晚报社负责编辑、校对、发行，既提升了办报质量，又提升了报纸的知名度和影响力。

大胆探索，激活机制

按照省委宣传部下发的《河南省融媒体中心建设实施方案》要求，不断探索事业单位企业化管理模式，人员工资实行绩效考核，形成了多劳多得、优劳优得的薪酬激励机制。初步发挥短视频拍摄制作的传统优势，遴选了3个80后、90后年轻人组建大活动部作为试点，从2020年3月至今，先后购置了电影机、照相机、无人机、编辑机等一系列先进设备，专攻短视频创作。先后创作出各类宣传短片60余部，在新华社播发20余部，个个浏览量突破100万，单个视频上新华网热搜，浏览量突破4000万；短视频《如画商城》荣获全省"锦绣中华大美山川"微视频大赛三等奖；2021年11月份新华社客户端地方媒体稿件点击量排行榜中，商城县单篇作品点击量突破150万，荣获第一名。商城县的短视频作品屡次在新华社、中央电视台、人民视频、"学习强国"以及省、市台等平台刊播，多次受到上级通报表彰。积极探索"平台＋大型活动"模式，承办了樱花节、桃花节、桂花节、油茶花节等，不仅受到了社会各界的一致好评，还收获了很好的经济效益。新成立的大活动部仅8个月就创收100余万元。同时，我们通过招才引智招考引进8名专业技术人才，并聘请县内外知名摄影家、作家、网络大V成为融媒体中心顾问和优质内容生产者。

"两个中心"，同频共振

全省"两中心"融合推进会议后，商城县高度重视，第一时间

召开统筹推进"两中心"融合工作座谈会和推进会,积极谋划,扎实推进:一是深度融合。将新时代文明实践中心干部调整到县融媒体中心交叉任职,实现资源共用、业务互通、人员共享;借助省技术支撑平台,在县融媒商城客户端开辟新时代文明实践专栏,将县新时代文明实践数控平台与融媒商城客户端进行无缝对接,实行媒体"布单"、百姓"点单"、中心"派单"、志愿者"接单"、群众"评单"的精准服务和互动模式,切实将"两中心"平台打造成为新闻发布、群众文化、志愿服务、移风易俗、问政便民等一体化的综合平台。二是多元互动。紧紧围绕以人民为中心的发展理念,开通网上留言板,充分听取群众的意见和建议,吸引群众参与,了解群众需求,增强网络互动,凝聚群众共识,进一步提升了干部群众的知晓率、关注率和参与率,切实打通宣传群众、引导群众、服务群众、凝聚群众的"最后一公里"。三是提能增效。开通了"我的中国梦"网络征文、"最美声音"经典诵读、"最美人物"网络评选、"最美汉字"书法大赛等一系列线上线下活动项目,重点打造群众参与度高、特色鲜明、高质高效的志愿服务项目,不断增强平台与用户的黏性,让广大群众真正能够用得上、靠得住、离不开,不断提升"两中心"平台的服务效能。

固始县融媒体中心：
与时俱进，相融共生，
让主流媒体吹响新时代宣传号角

2019年3月19日上午，固始县举行县融媒体中心揭牌仪式，这标志着固始县新闻媒体告别了传统单兵作战模式，进入了资源整合、平台聚合的阶段。经过多年的建设发展，固始县已形成了涵盖《固始早报》、县广播电台、县电视台、固始网、固始手机报、微信、微博、抖音等多种形态的传播布局。

高瞻远瞩　精心谋划

为扎实推进融媒体中心建设，固始县成立了以县委常委、宣传部长王军同志为组长的领导小组，县委宣传部常务副部长庄志贵同志为副组长，保持高位推动。

融为一体　合而为一

在政治站位上，固始融媒坚持"听党指挥、党管媒体"的原则，坚定不移地坚持党对新闻宣传工作的集中统一领导，坚决贯彻执行党中央、省、市的方针政策和决策部署；坚持"守正创新、深度融合"的发展战略，践行"负责任、高标准、肯学习、善创新"的使命担当，严把正确导向，创新宣传机制，提升传播质量，努力营造全县上下良好的宣传舆论氛围。

在内容生产上，固始融媒始终坚持以宣传工作为中心，坚持正

确的舆论导向，弘扬主旋律，全方位地宣传党的方针政策，为地方党委、政府的中心工作和当地经济建设服务。开设的自办栏目有《固始新闻》《天下固始人》《周日晚八点》《与法同行》《经济广角》《百姓有话说》等10多个栏目，形成了以新闻节目为龙头，专题、文艺、社教、经济类节目相补充的自办节目体系。"云上固始"APP开设有《固始频道》《热点资讯》《脱贫攻坚》《党建园地》《精彩原创》《文化经典》《好好学习》《公益民生》等栏目。

以2020年7月宣传报道为例：夏季我县普降大雨，防汛救灾面临重大压力。面对严峻的汛情形势和军民一家、争分夺秒、众志成城的感人场景，县委宣传部周密部署、认真安排，县融媒体中心坚守正确舆论导向，派驻记者并协同人民网、光明网、《人民日报》、央视网、中国网、网易河南、映象网、猛犸新闻客户端、大河网、今报网、《东方今报》、《信阳日报》、信阳消防等中央、省、市媒体记者奔赴一线，及时为民众传送一线防汛信息，架起了防汛救

灾畅通的资讯桥梁，打赢打响了防汛期间媒体宣传报道攻坚战；此次防汛救灾报道受到省台的高度肯定和认可，取得了良好的社会效益，叫响了"云上固始"的品牌，赢得了固始县融媒体中心防汛救灾报道攻坚战的阶段性胜利。

初心不改　创新不止

为更好推进固始县媒体融合，县融媒体中心新址确定在县奥林匹克体育公园内，将启动融媒体中心"中央厨房"装修方案设计，办公新址面积5300平方米。目前，融媒体中心新址办公场地基建已完工，正在进行内部装修筹备。

新时代，新征程；融媒体，最强音。随着融媒实践的深入，建设县级融媒体中心将不仅是推动主流媒体融合发展的深刻变革，更是推进基层社会治理现代化，提升党的执政能力的重要手段。我们有理由相信，在不久的将来，固始县融媒体中心依托大象融媒云计算、大数据，打通云端，夯实终端，把握好一体化发展的方向，深化信息生产的供给侧结构性改革，大力培养全面人才；进一步拓展县级媒体的公信力和权威性，搭建更为广阔的平台，用好信息化革命的成果，让党的声音传得更开、更广、更深入，让主流媒体吹响新时代的宣传号角！

潢川县融媒体中心：
聚力发展谋新篇

潢川县融媒体中心成立于2019年11月8日，以潢川县广播电视台为基础，加强媒体融合，全媒体事业发展迈上了新的台阶，宣传工作取得了重大突破。

聚力融合，创新突破

一是抓融合。县委宣传部牵头，将县域内的党政机关网站、手机APP、"两微一端"等统一整合到"潢川宣传联盟"融媒体矩阵。民间主体运营的互联网平台实行个体申请，县委宣传部准入的方式入驻，由县融媒体中心统一管理，接受统一调度指挥。

二是抓政务服务。提高政务服务效能，依托潢川政府网，积极推进基层政务公开标准化、规范化工作，依法保障人民群众的知情权、参与权、表达权、监督权。作为全省8个国家级基层政务公开标准化规范化试点县之一，潢川县2019年网上办理事项42855件，取消行政审批事项9项，保留30项，调整22项，9个部门56项事项实现提速办理，减少证明129项。各类市场主体发展到3.2万家，新增5029家，基本实现"政府决策让群众看得到、听得懂、能监督、好参与"的工作目标，形成了一套标准体系、"线上"和"线下"两个平台、"阳光三务"公开，抓住四个注重，制定"一码一号一卡一群一平台""五个一"服务的政务公开"1+2+3+4+5"潢川模式。与潢川在线合作，开设的《民声在线》专栏，总浏览量近500万，总帖量近4000条，处置群众诉求200余条，多次受到市委宣传部的肯定。

三是抓民生服务。拓展生活服务功能，整合各类便民服务资源，实现电费水费手机费缴纳、快递查询、便捷出行等服务功能。其中与客运公司协同开发的速达小程序，为群众提供约车、租车服务，截至目前载客159000多人次。

四是抓渠道拓展。增加运营渠道，承接县域各类宣传推介活动，启动直播带货模式。2019年12月12日，承办"第二届潢川县州姜文化节"，深度发掘"潢川州姜"的食用、药用价值及文化内涵，传承发展"潢川州姜"生产技艺，通过做活"一块姜"，把我县州姜这一传统特色产业做强，以实际行动助力脱贫攻坚，仅活动当天，现场便售出州姜10000余斤。2020年4月15日，承办"走进淮河小龙虾第一县、品味潢川生态小龙虾"直播活动，县长兰恩民走进直播间，吸引了全国 30 余万网友的关注，助销小龙虾制品 8.6 万斤。随后，还承办了"潢川甲鱼、黄岗鱼汤美食文化节"和"潢川小龙虾、香飘千万家暨龙小甲品牌"等线上线下推介活动。

围绕中心，主动作为

一是壮大主流舆论。在县委宣传部的积极引导下，潢川县融媒体中心与河南广播电视台合作，开发手机终端"云上潢川"APP，在全县范围内进行推广，将其打造成为潢川县宣传党中央决策部署、党的创新理论，宣传社会主义核心价值观的主流舆论阵地，为广大基层干部群众提供党务公开、政务公开、生活服务的综合平台。县融媒体中心成为县内主流舆论阵地，既能围绕县委、县政府中心工作统一发声、正面鼓劲，又能积极回应民生关切，为疫情防控、脱贫攻坚等县委、县政府中心工作营造良好氛围，充分展示了作为县域主流舆论阵地的良好形象。

二是抓好主题宣传。在学习贯彻习近平新时代中国特色社会主义思想和党的十九大精神、建国 70 周年等主题宣传活动中，县融媒体中心认真落实中央、省、市相关工作部署，在网站、"两微一端"开设专栏，积极设置议题，引导干部群众参与到主题宣传活动中来，收到良好的社会效果。同时，融媒体中心组织精干力量，深入基层，结合主题，挖掘先进典型和线索，一方面对外推出外宣精品"走出去"，另一方面邀请中央、省市主流媒体"走进来"，传递潢川好声音。

三是抓好典型宣传。宣传全国道德模范黄久生先进事迹和责任担当。2021 年 3 月 6 日、16 日，黄久生和中共潢川县驻郑州流动党员工作委员会先后分别被省委组织部通报表扬。3 月 22 日，中共信阳市委决定开展向黄久生同志学习活动。号召全市党员干部要以黄久生同志为榜样，弘扬践行大别山精神，在谱写新时代中原更加出彩绚丽篇章中奋力实现"两个更好"，努力向党和人民交上一份满意答卷。

四是抓好重点宣传。疫情防控工作中，县融媒体中心认真落实疫情防控"六个一"宣传工作要求，充分利用潢川电视台、潢川手机台、"走进潢川"公众号、抖音等融媒体矩阵，坚持移动优先，第一时间发布新闻动态、权威信息，及时回应群众关切的问题，报道战疫一线感人事迹。共发布各类疫情引导、服务、教育新闻180余条，抖音60余条，各类公益广告600余条，浏览量达到"10万+"的有28条。其中推出的《医生家门外的小饭桌》《黄久生：疫情不息 捐赠不止》《贫困户——为返乡隔离人员送温暖》等感人报道被全媒体传播，引起社会各界强烈反响，登上了中央、省、市主流媒体，成为疫情防控宣传工作的排头兵、主力军。

在决战决胜脱贫攻坚关键之年，融媒体中心将新闻宣传与脱贫攻坚同频共振，多形式、全方位、立体化为全县巩固脱贫攻坚成果、决战脱贫攻坚和助力乡村振兴鼓与呼，讲好脱贫攻坚潢川故事，"一元公交拉动乡村跑起来""贫困村的农民春晚""虾稻共作助民富"等被中央、省、市主流媒体和网络媒体报道。先后组织了"一元村村通""州姜文化节""县长带货小龙虾"等大型媒体报道团走进潢川主题活动。2020年上半年，潢川县脱贫攻坚主题宣传稿件939条，在全市名列第一。

目前，潢川县融媒体中心已经全面建成，今后将通过建立全新

的运行模式，依托省级平台，形成传播体系矩阵，利用全省资源共享，打造省、市、县一体化的全媒体传播体系，继续做大、做强融媒体品牌，抢占制高点，发挥主流媒体作用，引领舆论宣传，讲好潢川故事，做好党和政府的吹鼓手，发挥舆论宣传的重要作用。

淮滨县融媒体中心：
以媒体融合发展为契机，提升"四力"

近年来，淮滨县以全媒体调度为抓手，以媒体融合为基础，以手机 APP 为核心，以互联网技术为纽带，不断推进媒体融合、台网融合、跨界融合、区域融合，打造全媒体的价值链、智慧城县的数据链、跨界融合的产业链、区域融合的合作链，全力推进融媒体中心建设。

坚持移动优先，始终扭住"云上淮滨"这个关键点

以"云上淮滨" APP 为依托，淮滨广电汇集储存各级、各部门、各乡镇、各行业的各类信息，建设淮滨广电媒资库，实现内部数据融合共享，同时研发运用"多屏分发"技术平台，将新闻资讯、直播节目、社会公共服务信息等数据信息同步分发到手机端、PC 端、30 万广电数字电视用户、户外屏、广播终端，实现了数据的互联互通，构建了较为完整的资讯传播链条，有效助推了淮滨信息化进程。

与此同时，淮滨建立"全媒体中心"和"指挥调度中心"，逐

步优化采、编、发流程，形成协调联动、高效运转的融媒机制，在实践中培养了一支"一专多能"的融媒体人才队伍。对电视台、电台、手机台等"三台"的平台和人员实行统一调度和管理，电视台记者一次外采，即可同时生产手机台新闻、广播新闻、电视新闻，确保新媒体首发、全媒体跟进、融媒体传播，实现资讯融合发布。"一体策划、一次采集、多种生成、多元传播、全天滚动、全媒覆盖"的全媒体调度，有效推进各媒体平台优势互补、资源共享。打造立体舆论监督体系。2019年，淮滨县委、县政府成立高规格领导小组，以广播电视台为主体，对新闻、广播、新媒体、报纸等多个传播平台进行融媒调度，初步形成"一体策划、一次采集、多种产品、多媒传播"的工作格局。2019年10月，淮滨县融媒体中心成立，成为河南省高规格县级融媒体中心之一。

聚焦民生民利，牢牢把握跨界融合这个着力点

"媒体融合绝非简单的媒介融合"，要"黏着受众走，跟着民生跑"，运用"新闻+政务""新闻+服务""新闻+电商"等模式，推动互联网、大数据和各部门、各行业、各领域的跨界融合。从民生实事着手，抓住群众就学、就医等民生问题，开发一批优质项目，比如"在线教育"项目，在有效整合全国优质教育资源的基础上，

充分发挥台网融合优势，由电视台录制幼教、小学、初中、高中各阶段淮滨本地名师优秀教育同步课程，全域免费推送。"在线教育"项目成为淮滨教育精准扶贫重点项目。

着眼合作共赢，持续激发品牌辐射这个兴奋点

由于受人口、区域和经济总量等因素限制，县广电发展平台狭小，成为发展的最大瓶颈。要突破困境，首先必须打破区域界限。淮滨按照"深耕本土、辐射周边"的思路，扩大"淮滨融媒"品牌影响力，提升融合发展张力。牵头区域联盟，充分发挥"直播淮滨""专业视频生产商"等品牌效应。

锐意改革创新，不断强化全面保障这个支撑点

近年来，淮滨大力推进媒体运行机制改革，促进了媒体转型创新发展。积极探索实施县级媒体机构薪酬改革，推行绩效工资制，实行同工同酬，调动了媒体从业人员的工作积极性。优化人才保障。突出媒体人才引进和培养，通过"请进来"与"走出去"相结合、内部培训与外部学习相结合的方式，加强媒体从业人员的教育，不断提升从业人员的政治意识和业务素质。经过近年的不断努力，淮滨县推进媒体融合取得了阶段性成果。

一是阵地地位巩固提升。要扎实抓好县级融媒体中心建设，更好引导群众、服务群众，其根本就是要巩固好主流宣传舆论阵地。通过大力推进媒体融合和县级融媒体中心建设，淮滨主流宣传舆论阵地地位巩固提升，淮滨广电的视频制作、活动策划、全媒体直播得到广泛认可，品牌价值不断彰显，党媒传播力、引导力、影响力、公信力显著提升。

二是服务能力显著增强。不管媒体怎样融合，服务民生的理念不能丢。目前，淮滨的融媒项目已辐射到群众生产生活和群众关注关心的诸多领域。淮滨群众通过新媒体获取新闻资讯，通过监督平台向政府部门发表建议、反映诉求，通过"智慧城市"项目办理各类审批手续，通过"在线教育"获取优质教育资源，通过各媒体互动平台参与休闲娱乐，通过"智能家居"项目享受品质生活……媒体融合让县级融媒体中心更好引导群众、服务群众的目标逐渐成为现实，使服务党政、服务民生的能力显著增强。

三是媒体团队奋发作为。近年来，淮滨的媒体融合转型发展，融媒体中心建设被中广电设计院领导称为"淮滨经验"。同时，淮滨媒体的工作也得到了县委、县政府的充分肯定，员工自豪感油然而生，对行业的发展更加充满信心，团队士气持续高涨、凝聚力不断增强，激励着大家继续积极打造基层宣传思想工作和精神文明建设的重要平台，打造为民排忧解难、做群众思想政治工作的重要平台，把基层百姓所需所盼与党委政府积极作为对接起来，把服务延伸到基层、问题解决在基层。

周口市

扶沟县融媒体中心：
以"融"为媒，增强"四力"

扶沟县融媒体中心自 2020 年 3 月成立以来，立足新发展阶段、贯彻新发展理念、融入新发展格局，紧紧围绕县委、县政府中心工作，发挥新媒体作用，打造"扶沟融媒"网络传播品牌，做好网上正能量宣传，凝聚社会强大合力。坚持以"融"为媒介，紧抓"融"字做文章，切实增强"四力"，倾力打造县域新型主流媒体，在融合发展中奋力谱写全面建设社会主义现代化新扶沟的绚丽篇章。

整合资源促融合，融出传播力

扶沟县融媒体中心有效利用指挥中心系统平台，改革创新新型管理体系，进一步完善全媒体生产模式，融合了扶沟人民广播电台、扶沟电视台、扶沟网、"扶沟融媒"官方微信公众号、抖音号、今日头条号、"云上扶沟"APP、《扶沟融媒报》、扶沟手机报等 9

大宣传平台，实现了资源的整合，建立起了规范有序的运行协调机制，实现了统一管理、统一运营、统一办公。逐渐形成"新媒体首发、全媒体跟进、融媒体传播"格局。同时加大新闻宣传力度和密度，让党的创新理论"飞入寻常百姓家"。

扶沟县融媒体中心成立以来，《稳生产保供应》在中央一套《新闻联播》播出，《舌尖上的保障多措并举，降低蔬菜种植和运输成本》在中央电视台新闻频道《朝闻天下》栏目播出，《国庆节假日扶贫干部坚守岗位》在中央人民广播电台播出，多篇新闻稿件在省、市电视台"新闻联播"中上了头条。"扶沟融媒"官方抖音发表作品300多条，单条浏览量最高达到50万+，10万+的有多条。《崔卫国同志全票当选为扶沟县人民政府县长》浏览量达到72万+，《扶沟县各高中录取分数线划定》浏览量达到36万+，5万+以上作品20多篇，这些作品为擦亮扶沟名片、讲好扶沟故事、树好扶沟形象发挥了重要作用。

统筹发展促融合，融出引导力

为确保改革工作取得实效，统筹推动传统媒体和新兴媒体融合发展。扶沟县结合实际，健全机制，完善体系，县融媒体中心设立了办公室、财务室、人力资源部、总编室、采编部、新媒体发展部、文艺专题制作部、广告部、平媒部、外联部、播出部、技术部等12个部（室），按照岗位设置各司其职，各尽其责。

推进资源统筹发展，更好地发挥主流媒体的作用。利用多种媒体平台，回应社会关切的热点问题。紧紧围绕县委、县政府工作要求和战略部署，跟紧跟进重点工作和重大任务，及时开辟专栏、版块，策划新闻选题，深入解读政策，挖掘典型，为推动经济发展、社会稳定、民生改善提供有力的舆论支持。坚持内聚力量、外树形象，不断加大对外宣传力度，不断提升扶沟的知名度、美誉度和影响力。

突出重点促融合，融出影响力

以县广播电视台为突破口，推进扶沟县新媒体发展，打通传统媒体与新兴媒体"两个舆论场"，使扶沟县主流媒体舆论生成、传播能力日渐增强，初步形成媒体融合发展的业务模式，构建立体多样、融合发展的现代传播体系。

集中人力资源优势，实现扶沟人民广播电台的改版升级开播。积极培育品牌栏目，努力创作精品内容，打造名牌频率，重磅推出了一批听众喜闻乐见的节目。

加强新媒体平台建设与推广应用。融媒体中心"云上扶沟"实行"媒体+"运作模式，拓展综合服务功能，可以让百姓足不出户在手机上缴纳电费、水费、燃气费、话费，网上购票等，让百姓享受平台便利。

强化人才队伍建设，积极引进调配新媒体人才，加强业务知识专题培训，切实提高从业人员水平。实施"新闻精品"工程，生产贴近群众需求的新闻产品。做大做强已建成的新媒体，打造一批顺应时代发展、体现本土特色、贴近本地群众的新媒体平台。在2020年的抗疫斗争中，县"两会"、市"两会"筹办的"首届中原蔬菜博览会"，脱贫攻坚、重点村居整治项目，农村人居环境整治等阶段性工作的宣传效果比较显著，得到了领导的认可、群众的好评，融出了影响力。

强化安全促融合，提升公信力

扶沟县融媒体中心成立以来，充分利用指挥系统平台，加强舆情监测，强化舆论安全意识，加强舆论引导，树立以人民为中心的创作导向，挖掘正面典型，讲好扶沟故事，传播社会正能量。加大对社会公德、扶沟好人的宣传力度，打造一批具有广泛影响力的节目、栏目。

把好舆论导向关口，全面落实"三审三校"制度，规范编辑初审、部室负责人二审、分管负责人终审流程。建立完善新闻采、编、播工作和从业人员的各项管理制度，做到新闻作品真实、准确、全面、客观，不断提升扶沟融媒的权威性和公信力。强化播出监管，不断加强对播出机房、播控系统、传输线路、发射传输设备等重点区域、重点设备的检修和隐患排查，实现安全播出零事故。

扶沟县融媒体中心作为全县新闻舆论的重要阵地和对外宣传的重要窗口，围绕中心、服务大局、科学谋划、协调推进，坚持"党管媒体"原则，坚持团结稳定鼓劲、正面宣传为主的方针，把正确的政治方向、舆论导向贯穿到融媒体中心建设各环节、全过程。坚持贴近群众、服务民生，牢固树立"以人民为中心"的工作导向，察民意、解民忧、疏民怨，把融媒体中心建设成为县委、县政府联系群众的重要平台、服务群众的重要途径、接受群众监督的重要渠道，着力提升扶沟主流媒体的传播力、引导力、影响力、公信力。

西华县融媒体中心：创新机制，融合发展，构建全媒体传播主阵地

西华县融媒体中心深入贯彻落实习近平新时代中国特色社会主义思想和习近平总书记在全国思想宣传工作会议上重要讲话的精神，落实中央、省、市关于推进县级融媒体融合发展的指导意见，立争把西华县融媒体中心建成能够承担"举旗帜、聚民心、育新人、兴文化、展形象"使命任务的党的理论宣传阵地，全力构建全媒体传播新格局。

2019年6月开始启动县融媒体中心建设工作。先后投入资金600多万元，完成了融媒体中心设备更新、融合指挥平台建设、基础设施完善、办公设施配备等工作。县融媒体中心于2020年4月25日试运行，8月正式挂牌运行。2020年8月11日，融媒体中心"云上西华"APP和"西华电台FM91.8"微信公众号获得互联网新闻信

息服务许可。2020年8月21日通过省委宣传部县级融媒体建设验收并获得全省县级融媒体建设优秀等次。

领导重视　提供政策支持

西华县委、县政府高度重视融媒体中心建设工作，召开专题会议研究融媒体中心建设工作，并出台了《西华县加快推动融媒体中心建设运行实施方案》，县财政每年拨付200万元运行经费扶持融媒体中心运行发展，给予融媒体中心全方位的支持。

县委书记林鸿嘉多次亲临现场指导融媒体中心建设工作，要求西华县高标准、严要求推进融媒体中心建设。在建设期间，省委常委、宣传部长江陵，省委宣传部副部长方启雄，市委常委、宣传部长王少青，市委宣传部副部长李向宏先后到西华县融媒体中心调研指导。

机制创新　构建融合发展

西华县融媒体中心打破原有新闻采访机制，广开新闻渠道，实行一线人员分包乡镇、部门，挖掘各单位工作亮点和成效，将优秀稿件往"学习强国"平台、新华社客户端、大象新闻客户端、今日头条推送。融媒体中心还与新华社河南分社建立了合作关系，可以使用新华社县级融媒体专线和短视频专线推送。

流程再造　坚持移动优先

突出总编室的策划、选题和"三审三校"职能。实现新闻选题、拍摄、制作、审核流程规范化、程序化。每周评出民生类、社会类新闻优秀作品，组织全体人员观摩学习。按照一省一平台的要求，积极与河南省县级融媒体中心技术平台对接，通过与大象融媒技术公司合作共建融媒体指挥系统，建成了多产品网络发布能力的采编中心和"中央厨房"运行模式，再造新闻生产流程，实现了共享融通。

西华县融媒体中心整合县域内电视台、电台、微信公众号、订阅号，实现常态化运作。自成立以来，先后建成并投入运营了"云上西华"APP、"西华融媒"APP，注册了"西华融媒抖音号""西华融媒今日头条号""西华融媒微博"等平台官方账号，加上西华县电视台、西华县广播电台、"爱西华"微信公众号、"FM91.8电台"微信公众号和"今日西华"手机报，目前已形成10个传播平台的新闻媒体传播矩阵。

西华县融媒体中心坚持移动优先，多次开展直播活动，先后承接"县'三好两户'颁奖典礼""农民丰收节""出彩新人说""河南省青少年游泳锦标赛""中国·西华第四届胡辣汤大赛"等大型直播活动，为观众提供第一手的精彩盛况，逐渐形成了活动前多平台预热宣传，活动中多形式跟踪报道，活动后多渠道传播推广的全

媒体传播格局。

人才引领　注入发展活力

西华县融媒体中心持续深化人事、财政等配套改革，打破人员身份和资历限制，在融媒体中心内公开竞争各中心主任岗位，大胆起用政治素质过硬、业务能力强的年轻人充实到融媒体中心领导岗位，形成能者上、庸者下的用人导向，不断为融媒体中心发展创造有利条件。

2020年5月，县委、县政府通过公开招聘的方式为县融媒体中心招聘25名年轻、业务强的骨干力量，为融媒体中心发展运行注入新鲜血液。建立责任与业绩相统一的《西华县融媒体中心绩效考核制度》等薪酬分配制度。通过人事、薪酬体制的创新，全体人员归属感和获得感明显增强，干事创业氛围浓厚，社会的认同感得到极大提升。

西华县融媒体中心坚持把加强新闻采编和新媒体运行人员业务培训作为融合后的最紧迫任务，把补齐业务短板、努力打造中心传播平台强势品牌作为终极目标，采取请进来、走出去的办法学习外地先进经验，聘请行业专家到融媒体中心兼职并手把手指导教学，为全体员工营造一个努力学、用心学、争着学的良好学习氛围。

业态拓展　引导力不断增强

西华县融媒体中心创新"媒体+"运行模式，一手抓企业广告、联办节目、承接活动等传统经营，一手抓企事业政府部门的政务线上线下宣传，不断增强自我造血功能，逐步形成了"节目生产、广告经营、活动营销、产业开发"四大版块的多元化融媒发展新格局。

特别是在疫情防控期间，融媒体中心积极策划、拍摄、采编、推送西华一手抓疫情防控，一手抓复工复产的经验做法，被央视《新闻联播》《新闻60分》《新闻直播间》报道，被《人民日报》、《光明日报》、《农民日报》和新华社等中央级主流媒体刊发，先后7次被《河南新闻联播》播出。融媒体中心宣传主阵的作用进一步彰显。

创新引领发展，改革焕发活力，西华县融媒体中心坚持创新机制、融合发展，在媒体融合的道路上不忘初心、积极探索、精益求精，全力构建媒体传播新格局，不断增强县级融媒体影响力、竞争力。

商水县融媒体中心：
媒体融合，永远在路上

进入新时代，面对新闻传播、媒体格局和传播方式上发生的深刻变化，习近平总书记审时度势，对党的媒体宣传工作作出顶层设计，县委、县政府高度重视，认真贯彻落实习近平总书记关于推动传统媒体和新兴媒体融合发展的重要讲话精神，以及中央、省、市有关推进媒体融合的工作要求，在县级媒体融合发展道路上探索出了有效路径。

2020年5月19日，中共商水县委机构编制委员会下发文件，同意商水县广播电视台更名为商水县融媒体中心（商水县广播电视台名称暂时保留）。踏着时代的鼓点，商水融媒时代全面展开！

整合资源，全力发展

融媒体的"融"在于融合了多形式、多样式的全渠道传播，商水县融媒体中心在制度上进行创新，打破广播、电视、纸媒人员之间的界限，搭建全媒体新闻集成平台，推动传统媒体与新媒体在内容、渠道、平台、管理等方面深度融合，构建资源通融、内容兼容、宣传互融的新型宣传形态。

顺应融媒体发展趋势，商水县融媒体中心于2018年与周口众邦科技有限公司展开合作，签约成立了商水广电新视界传媒有限公司，成为商水县首家国有传媒公司，企业化的运营，更好地服务商水县由传统媒体向新兴媒体的转变升级。2019年5月24日，自主研发的具有国家版权局下发的计算机软件著作权证书的"新商水"手机客户端正式上线，成为商水县首个获得此项认证的新媒体应用程序。

融合理念，形成合力

融媒体中心作为移动优先、全媒融合的载体与平台，"新商水"APP、"云上商水"APP致力于打造商水第一综合门户，截至目前共发布新闻3200余条，阅读点击量高达324万；以公司为平台，以矩阵为抓手，"商水融媒"抖音号开通3个月以来吸粉4.5万，共发布视频235条，浏览量高达4000万，点赞量达173万，其中二次创意的热点视频点击量达到2000多万，部分原创作品点击量破百万，点击量破10万的原创作品近30条；头条号自开通以来，共发布内容343条，阅读量达15万，其中有37条内容登上周口十大热议榜单；同时，融媒体中心与腾讯企鹅号、新浪微博、百家号、搜狐号、网易号等各大主流媒体平台高效融合，有序分发，使商水融媒发展如虎添翼！

聚合能量，发挥优势

春种一粒粟，秋收万颗子。融媒体中心第一次独立策划摄制的商水城市形象专题片《厚德载物 商善若水》，在全国市、县电视台优秀节目展播活动中获得短视频类一等奖的荣誉！它真正开启了商水融媒视频制作从一无所有到百花齐放的大门——广播类长消息《故宫首次为农民捐赠者举办追思会》获得河南省县级台新闻奖评选活动一等奖；电视类长消息《商水：巧媳妇工程 助力精准扶贫》获得河南省县级台新闻奖评选活动二等奖；《炸油条PK大赛 群众共话脱贫路》获得全省县级台新闻奖电视短消息二等奖；河南省电视剧"大河奖"一等奖、河南省新闻论文一等奖、河南省县级台新闻奖一等奖等大大小小的荣誉纷沓而至。两年来，摄制《美丽新商水》《豫东城南 金色溵川》等专题片60多部，其中为商水县纪律检查委员会制作的《清廉过节 节洁双赢》被中纪委官方网站采用并播出，《拒绝虚假微笑 真诚服务群众》《清廉过节 盘他出手》《激浊扬清 初心护航》《向诬告陷害亮剑》均被省纪委官方网站采用并播出。承办全县各类大型活动直播24场，项目观摩广播直播25场，"群星演唱会""戏迷擂台赛""商水县庆祝中华人民共和国成立70周年大型文艺演出""2020年商水县春节联欢晚会"等近20场大型线下活动。2020年疫情防控期间，"抗疫宣传报道小组"创作的《逆行的身影》《小城战役》等一系列积极向上、鼓舞人心的"抗疫短视频"，与全县文艺工作者携手共抗疫情，创作出《党旗下宣誓的身影》《守护》等斗志昂扬的音乐短片，《孩子，松开妈妈的手》《泪水是热的》等配乐诗朗诵，视频均被"学习强国"

采用，配乐诗朗诵被省纪委官方网站选用并播出。

2020年是商水县融媒体中心发展的上升期，各项工作呈现出好局面、好形势、好态势；商水县融媒体中心不仅与河南广播电视台旗下河南大象融媒体集团有限公司签约合作，还将与腾讯、百度等各大主流网站达成全方位战略合作，与抖音短视频协商打造一流的抖音培训基地；目前，抖音官方号已经开始运行，后期将形成抖音号、头条号为引领的一批商水县融媒体中心新媒体矩阵，充分发挥主流媒体强信心、暖人心、聚民心的核心作用。

海纳百川，有"融"乃大！站在新起点，面对新征程，商水融媒人将把组织的信任化作神圣的职责，把领导的期望化作不竭的动力，把广大干部群众的需求化作不懈的追求，融合时代力量，把握时代脉搏，让新闻舆论工作铸就商水新形象，奏响商水最强音！

沈丘县融媒体中心：发展纪实

县融媒体中心基本情况介绍

沈丘县融媒体中心是直属中共沈丘县委的正科级事业单位，于2019年5月6日挂牌成立，以原沈丘县广播电视台为主体，整合了原有县域媒体，办公总建筑面积达到6682平方米。

沈丘县融媒体中心下设15个部门，现有14个媒体平台，核定编制123名，设主任（台长）1名，总编辑1名，副主任（副台长）3名，股级领导职数15名，2019年9月，媒体机构、人员融合基本完成。

挂牌成立后工作开展情况

全力推进融媒体中心建设

2019年5月6日，沈丘县广播电视台和县融媒体中心在县融媒大楼挂牌，5月24日，整体搬迁至县融媒大楼合署办公。9月，政府网站、《新沈丘》编辑部正式移交县融媒体中心运维，目前已出版57期。10月上旬，电视台旧发射塔完成拆除工作。10月14日起，沈丘县广播电视台免费无线数字电视节目增加为15套。对节目进行了大幅度的改版，以"电视、手机、广场LED大屏"三屏联动为载体，制作了短视频300余条，专题报道82期，新开办栏目5个，改版栏目4个。11月4日，成功举办了第20次中国记者节暨"电商新时代"抖音短视频展播评选活动，在抖音平台上的点击量达到25000次，取得了良好的社会效果。11月5日，沈丘县新闻采编人员通过"学习强国"线上考试获取从业资格，县融媒体中心共有51名新闻采编人员参加，考试通过率为100%。

2020年，为了推进县广播电台建设，打造本地"新广播"，讲好沈丘故事，传播沈丘好声音。1月14日，电台试播，1月18日，广播电台正式开播。1月18日，成功举办"守初心，担使命"首届融媒之声春晚，并在"云上沈丘"APP同步直播，取得了较好的社会效果。7月，省委宣传部专家组对融媒体中心建设工作进行验收，沈丘县融媒体中心被专家组评定为"优秀"。

围绕中心开展高密度主题宣传

对内宣传浓墨重彩。截至目前，《沈丘新闻》发稿近1500条，短视频300余条，专题报道82期，新开办栏目5个，改版栏目4个。"云上沈丘"APP目前下载量8000余次，日活跃量平均700余次。

对外报道亮点纷呈。截至目前，在市级广播电台发稿800余条，

市级电视台发稿400余条（不含疫情期间宣传报道数量）。

　　疫情面前，融合媒体平台彰显强大能量。疫情就是命令，大年初二，全中心各部门坚守岗位，全力以赴做好抗疫宣传报道工作。截至目前，各媒体、各平台共发布疫情防控类稿件10580条，其中，在国家级媒体平台发稿81条，省级媒体发稿50条，市级媒体发稿337条，县级媒体发稿10112条。采写拍摄的"王国辉系列"新闻在人民网上的点击量达到了130余万，在县级平台"云上沈丘"APP的单条新闻点击量也达到了10多万。2020年4月26日，周口市文明委授予沈丘县融媒体中心等集体"周口市新冠肺炎疫情防控先进集体"称号。2020年5月8日，河南省文明办评定沈丘县融媒体新闻中心团队为全省疫情防控中的"身边好人"。

下一步工作打算

继续推进融媒体中心建设

　　一是严格按照《县级融媒体中心建设规范》等要求，严格工作纪律，规范工作流程，确保高质量运营好融媒体中心技术平台。

　　二是推进传统媒体和新媒体的深度融合，在舆论引导、栏目策划、内容创新上进一步优化和突破。

　　三是结合融媒体生产实际，制定、完善与之适应的系列管理制度和考核、分配机制制度，坚持以岗定薪、竞争上岗，实施薪酬分配制度改革，实行全面绩效管理，全面激发生机活力和干部员工干事创业的激情。

四是进一步加强与各级媒体的沟通联系，早日完成对接工作。

进一步围绕中心做好主题宣传

一是把宣传贯彻习近平新时代中国特色社会主义思想、党的十九大和十九届五中全会精神、庆祝建党100周年作为宣传报道的首要政治任务，深入宣传科学内涵、思想精髓，营造学习宣传贯彻的浓厚氛围。

二是围绕县委、县政府中心工作，精心策划"四大经济"专题专栏，报道沈丘县新思路、新举措、新成效。

三是加强外宣工作力度，从提高节目质量、抓好节目定位、突出特色内容入手，建立有效的宣传机制，为提高沈丘的知名度、美誉度及吸引力、影响力提供舆论支持。

进一步加强作风建设，增强党组织战斗力

进一步加强党员干部作风建设，认真开展好"不忘初心、牢记使命"主题教育，"以案促改"警示教育活动，将纪律督查与日常考勤考绩相结合，健全各项制度。

打造全媒体记者团队。进一步打破小部门界限，成立全媒体记者团队，使其产生功效提升的质变。切实保障安全播出和发布，努力提高播出和发布的质量，确保安全播出和发布零事故。

郸城县融媒体中心：
走在前面，干在实处，努力打造县级融媒体中心建设标杆

郸城县融媒体中心于 2018 年 10 月正式挂牌成立，是河南省县级融媒体中心建设的 39 个试点县之一，同年 11 月全省新时代文明实践中心、融媒体中心和志愿服务中心"三中心"建设现场会在郸城召开，时任省委常委、宣传部长赵素萍出席会议并讲话。2019 年 3 月 15 日，省委常委、宣传部长江凌到郸城调研指导县级融媒体中心建设，就县级融媒体中心建设提出明确要求，为县级融媒体中心建设指明了方向。2020 年 7 月，河南省委宣传部对郸城县融媒体中心建设进行全面验收，其获得优秀等次，进入全省第一方阵，周口市县级融媒体中心建设第一名。

超前谋划，高位运作

郸城县委、县政府深入学习贯彻习近平总书记关于县级融媒体中心建设的重要思想，深刻认识县级融媒体中心建设的重大意义。说了算，定了干。郸城县委、县政府把融媒体中心建设列为 2018 年全县重点工程建设项目之一，成立了郸城县融媒体中心建设工作领导小组，县委书记罗文阁任组长，将其作为"一把手工程"，同时下发了《关于加强融媒体中心建设的实施意见》，加大财政投入力度，

全力打造河南省县级融媒体中心建设标杆。在建设过程中，县委书记、县长多次亲临现场办公，督导工程进展情况。两年来，在县委、县政府的关心支持下，攻坚克难，不断创新，加大投入，县财政先后投入879万元。目前，中心设施完善，功能齐全，设计合理，设备先进，科学配置，人岗相适，运行良好，作用凸显，实现了从无到有、从小到大、由弱变强。

整合资源，统一发声

媒体融合势在必行，改革发展刻不容缓。郸城县作为全省39个县级融媒体中心建设试点县之一，先行先试，责无旁贷，机构人员和业务融合是融媒体改革的硬骨头，面对现实，郸城县委、县政府审时度势，科学谋划，迎难而上，顺势而为，彻底整合县域媒体资源，将县广播电台、县电视台、县政府网站、《郸城时讯》、官方微博、官方微信公众号、APP客户端、"云上郸城"APP等8个平台融为一体、合而为一，构建了"一中心八平台"的郸城县融媒体中心矩阵。同时，将新时代文明实践中心、志愿服务中心、清风中原、百姓文化云、党建频道、"大象融媒"和"学习强国"等平台融入指挥调度中心，建立信息资源库，打通了省、市、县三级媒体的发稿渠道，实现了资源共享、信息互通。目前，已整合全县65个微信公众号、300多个微信工作群，实现了统一管理、统一运营、统一发声。

守正创新，流程再造

依托省级大象融媒技术支撑平台，郸城县融媒体中心重新建立采、编、审、发生产流程，对新闻策划、采访、编辑、发布进行流程重设，新闻生产流程可管可控，全程保留操作痕迹，基本实现所有采编力量统一调度，通过新闻指挥调度中心进行任务下派、认领、签到、素材回传、中心后台编辑制作，经三审三校，生成适合不同媒体平台播发的产品，实现了新闻产品"一次采集、多种生成、多端发布"的工作目标，提高了县级媒体传播力、引导力、影响力、公信力。

同时，坚持"内容为王"，着力打造《郸城新闻》品牌栏目，紧紧围绕三大攻坚战、创建全国卫生县城和省级文明城、乡村振兴、六村共建、洺河生态水系建设、户厕改革、城市基础设施建设、招商引资和党的建设等工作，积极设立"壮丽70年、奋斗新时代"、"创建卫生县城、建设新郸城"、"创建文明县城 构建和谐社会"、"乡村振兴大家谈"、"代表履职"、"委员风采"、"不忘初心 牢记使命"主题教育等版块，注重主题宣传，提高新闻实效。新闻素材第一时间上传至"云上郸城"APP、官方抖音、官方微博、官方微信公众号、县政府网站等平台，责任编辑第一时间审核播发。加大专题栏目、微电影、短视频、《微党课》创作。两年来，共完成专题栏目46个，微党课68期，短视频212条。尤其是在突如其来的疫情防控工作中，媒体融合发挥了不可替代的作用，《郸城抗疫24小时》被新华社采用并推送到北京站、王府井和上海陆家嘴户外大展屏播放；丁村乡长罗晓为农户直播代言，滞销包菜6万斤次日售完，全网浏览量超过1000万，为我县打赢疫情防控阻击战提供了良好的舆论氛围。

链接政务，提升服务

本着"让信息多跑路，让百姓少跑腿"的原则，按照"媒体+"的要求，全力打造"新闻+政务""新闻+生活""新闻+服务"发展模式，积极主动把"数字城管""蓝天卫士""12345政府热线""县长信箱""注册办证""水电费缴纳""医保缴纳"等与群众息息相关的政务服务、民生服务等端口连接到融媒体中心的"云上郸城"APP，搭建了政府与群众、部门与单位之间的新桥梁，打造出了"指尖上的政务云"。"云上郸城"APP于2019年7月12日正式上线运行，下载用户超过22万人，尤其是在疫情防控、三大

攻坚战、基层党建、创建全国卫生县城和省级文明城、乡村振兴、六村共建、洺河生态水系建设、城市管理等工作中发挥了重要作用，极大地提升了群众的获得感、幸福感和满意度。

融媒体中心始终坚定"党媒姓党、绝对忠诚"的信念，自觉承担起"举旗帜、聚民心、育新人、兴文化、展形象"的使命任务，紧紧围绕县委、县政府中心工作，不断加大舆论宣传工作力度，积极推进媒体深度融合，讲好郸城故事，传播好郸城声音，更好地引导群众、服务群众，为全县经济社会高质量发展作出积极贡献。

太康县融媒体中心：
深度融合，占据县域传媒制高点

2019年以来，太康县委、县政府高度重视融媒体中心建设，整合太康县新闻中心、广播电台、电视台，组建太康县融媒体中心，先后投入516万元，引进大象融媒技术管理平台等先进技术设备，组建了全媒体演播厅、中心机房、新闻指挥中心，建成"中央厨房"，实现传统媒体与新兴媒体在内容、渠道、平台、经营管理等方面的深度融合，逐步形成形态多样、手段先进、覆盖多型终端的新型县域主流媒体。

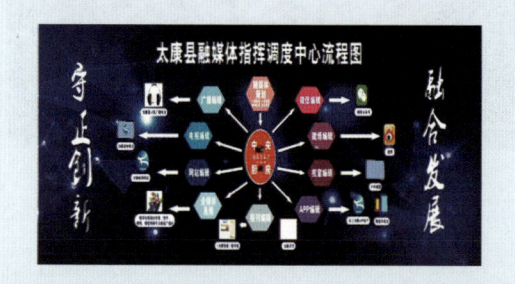

融合平台　统一发声

坚定"党媒姓党、绝对忠诚"的信念，牢记围绕中心、服务大局的初衷，推进媒体深度融合，县融媒体中心、太康电视台、广播电台、《太康月刊》、太康新报数字报、"云上太康"APP、微信公众号、官方微博、太康新网、今日头条、新华社现场云、政府视窗和抖音、快手短视频发布平台构成的"一中心十二平台"融媒传播矩阵。建立新闻指挥中心、编委会工作制度，完善新闻采访统一调度、新闻作品全媒生产机制，高质量开展选题策划、任务统筹、资源调配、节目审核等业务，着力建设信息采编"中央厨房"，策、采、编、发全流程一体化管理，实现了同频共振、同向发力、聚合传播。

融合技术　顺向发力

坚持移动优先原则，将传统广电媒体"单一、定向、固定"的传播方式和相对简单的节目形式，逐步转变为新兴媒体"多屏、移动、社交"的融合传播方式和多样态融合产品。高标准引进大象融媒技术和采编发设备，配备高清视频卫星直播车，更新视频编辑设备，为一线记者配备手机稳定器、笔记本电脑等移动采编设备，实现实时新闻全网直播、动态信息随时更新，实现新媒体首发、融媒体跟进的工作格局。"云上太康"APP2021年7月上线运行以来，围绕"新闻＋政务＋服务＋商务"模式，不断加强移动服务窗口建设，和网站、电视同步播发新闻专栏信息，开通93个政务号、23个乡镇号、23家企业号、30多个大V号，开通了评论留言、群众问政，开通了缴纳水费电费手机费、网上商城等功能，为群众提供了更加便捷的掌上服务窗口，拓展用户7万多人，发布信息3000多条。

融合人才　高效运作

坚持融媒体人才引进发展战略，持续推进体制改革措施。实行事业单位企业化管理，打破身份限制，打通编外人员成长通道，员工能上能下，能进能出。完善机制，实行基本工资加绩效考核制、全员竞聘制、末位淘汰制，实现多劳多得。广纳人才，实行岗位聘任制，公开招聘播音员、主持人、编辑、记者，人员结构更加年轻化。加强学习培训，大力培养全媒体记者、编辑和管理人才，邀请专家、学者开展融媒知识讲座，组织人员到先进县市学习，开展"脚力、眼力、脑力、笔力"教育实践，在实战演练中选树行业标兵，着力打造能写、能拍、能说、能剪的"四能"人才。

融合产品　大力宣传

坚持内容为王，着力打造本土特色传媒品牌。我们深入跟进县委、政府中心工作，深耕优质内容领域，丰富传播形式和手段，运用短视频等可视化表现形式，将内容优势转变为传播优势。设立《文化太康》《文明太康》《太康品牌》《孝善文化》《脱贫攻坚第一线》等一批新创栏目。开展"招商引资突破年""最美双拥人物颁奖"等大型活动的电视直播和云直播。在太康新闻开辟了《主流媒体看太康》《"两会"进行时》《直击高考》《水东地委旧址复原工程进行时》子栏目和"学党史、念党恩、跟党走、展风采"，"一把手"谈以案促改等系列报道，较好地发挥了地方媒体正能量的传播力、影响力。

融合发展　效果凸显

2021 年以来，太康县融媒体中心各平台发稿量较往年呈现量、质齐升的良好趋势。"两微一端"等新媒体播发图文信息和短视频 4800 多条，电视播发新闻 1338 条。其中，新媒体单个短视频最高点击量 298 万次，"学习强国"平台省级采用信息 63 条、全国平台采用5条，市级电视采稿量连续7个月全市排名前三位，《河南周口投放新项目延伸产业链扶持纺织业》等5条本地新闻被央媒采用。下一步，我们将以习近平总书记重要指示精神为指导，深化融媒改革，延伸服务触角，进一步加大全媒体平台推广，重点提高"云上太康"APP软件地方普及率，提高县域微信群、网站群整合率，做群众看得见的媒体；进一步加大党政便民服务拓展，深度整合县域各单位服务窗口资源，着力打造百姓指尖上的"网络服务沟通窗口"，做群众用得着的媒体；进一步加大平台内容建设，着力打造开放、包容、联通的县域宣传平台，吸纳更多自媒体用户入驻平台，创作更多、更及时、更贴近群众生活的作品，做群众喜欢看的媒体，为中原更加出彩、绘就周口特色添彩画卷，贡献太康媒体人的智慧和力量。

鹿邑县融媒体中心：
创新机制担使命

建强用好县融媒体中心，是党中央部署的一项重大改革任务。2019年1月25日，中央政治局集体学习把"课堂"设在了媒体融合发展的第一线，习近平总书记在主持学习时强调，推动媒体融合发展、建设全媒体成为我们面临的一项紧迫课题。

2019年3月29日，鹿邑县融媒体中心在原鹿邑县广播电视台的基础上，融合《新鹿邑报》、"老子故里网"等平台，正式挂牌成立。融媒体中心按照"引导群众、服务群众"建设要求，创新体制机制，优化策、采、编、播、发、管等生产流程，基本实现"一次采集、多种生成、全媒传播"。

抢抓人才建设"制高点"

融媒体中心始终把人才作为长足发展的基石。

一是选好"领头雁"。突出政治标准，按照"忠诚干净担当"的用人要求，优中选优、配强配齐中心负责人和领导班子。通过公开竞聘的方式，明确中心各部室负责人，并出台岗位职责、三级审稿、人事管理、业务提升等一系列规章制度。

二是拓宽引智渠道。推动县域内各类媒体建立市场化人事、薪酬分配制度，探索特殊人才激励手段，把更多优秀专业人才会聚到媒体融合发展事业中来。创新体制，突出"内容为王"工作导向，将发稿数量和质量与记者们的薪酬待遇相挂钩，倒逼大家多写稿、写好稿。借助30多个空余编制，2020年以来，通过公开招考，共引进2名编导、1名播音主持。广纳贤才，通过向社会广发"英雄帖"，高薪聘请新媒体部中心高级责编、市场营销人员。通过举办主持人大赛等活动，优选3名获胜选手入职融媒体中心。通过多措并举，进而全面打造一支能征善战的全媒体人才队伍。

三是加大育智力度。发挥战略合作优势，组织现有专业技术人员分期分批到河南电视台、河南大象融媒等地跟班学习；完善学习制度，适时邀请专家、学者进行授课，力求通过常态长效化学习，在学习交流中提升能力；自觉践行"脚力、眼力、脑力、笔力"的"四力"要求，深化"走、转、改"成果，采取以老带新方式，组织新闻采写人员，到"三大攻坚"一线，感受发展变化的真实图景，在田间地头、群众的"炕头"，听"掏心窝子的话"，着力提升用笔头、镜头和话筒讲故事的能力。

紧抓平台重塑"关键点"

一是加大投入，重塑传统平台。按照"资源集约、结构合理、差异发展、协同高效"的全媒体传播体系建设要求，高标准建设演播大厅和融媒体指挥调度中心。坚持"移动优先"策略，对设施、设备、器材等进行改造升级，突出"时、度、效"，抢占传播"制高点"。

二是精准发力，形成媒体矩阵。聚焦电视、报纸、电台、"两微一端"等平台，围绕深度融合做文章，突出问题导向，树立精品意识，完善采、编、发流程，注重"一次采集，多平台传播"，发挥矩阵效应，使主流媒体具有强大传播力、引导力、影响力、公信力。

三是实施全媒体传播能力提升行动。深入贯彻落实习近平总书记关于推动媒体融合发展、做大做强主流舆论的精神，坚持正能量是总要求、管得住是硬道理、用得好是真本事，加强思想教育、业务培训，加强理念创新、机制创新，推动宣传思想工作队伍，熟练掌握新媒体传播规律、传播知识、传播技能，不断提升优质信息内容的生产能力、传播能力。

四是创新媒体选人用人机制。完善聘用和岗位管理制度，切实解决融合发展中日益凸显的从业人员身份双轨制问题，实现同岗、同权、同待遇，提升从业人员的事业心、归属感和忠诚度。探索打通传统媒体和新媒体人才使用通道，鼓励和推动名编辑、名评论员、名主持人到新媒体平台开办原创栏目，培育品牌公众号，成为传播正能量的"网红"。融媒体中心有效整合各类媒介资源，积极跟进报道，稿件数量增长120%，优稿率提升92%，用户关注度提升168%，创作出点击量"10万+"新媒体产品6个，点击量"5000+"作品70余个。

严抓作风转变"着力点"

一是铸好魂。坚持用习近平新时代中国特色社会主义思想武装头脑，旗帜鲜明坚持正确的政治方向、舆论导向、价值取向，持续铸牢思想政治根基。

二是守好纪。发挥融媒体中心意识形态工作主阵地作用，聚焦主责主业，设好政治红线、纪律底线，筑牢思想"防火墙"，牢牢掌握意识形态工作领导权和主动权。

三是尽好责。建立和完善一整套与媒体融合发展要求相适应，能够充分调动全体工作人员积极性，确保采、编、发流程安全的制度体系。树立正确的用人导向和绩效激励机制，鼓励创新，力求通过理念、内容、形式、方法、手段等创新，推动媒体融合向纵深发展，做大做强主流舆论，巩固全党全国人民团结奋斗的共同思想基础，为实现"两个一百年"奋斗目标、实现中华民族伟大复兴的中国梦提供强大精神力量和舆论支持！

项城市融媒体中心：以改革创新推进媒体融合向纵深发展

近年来，项城市按照习总书记关于推动媒体融合发展的战略部署，以改革创新精神，推动媒体融合向纵深发展。2016年10月，在全国率先组建了融媒体中心，融合8大平台、70家网站、42家微信公众号、公交车站牌、户外广告等宣传资源，维护1080个微信工作群，形成"一呼百应"的号召效应。积极融入"央视新闻+智慧平台"、河南广电，壮大主流舆论，成为全国县级融媒体中心的"领头雁"、新标杆。

荣获了全国广播电视媒体融合先导单位、首届全国20强市县电视台、全国县级广播电视系统十佳电视台、2019年度县区最强融媒品牌等荣誉称号。中央政治局委员、书记处书记、中宣部部长黄坤明，河南省委常委、宣传部长江凌到项城融媒体中心调研，给予了充分肯定。

领导重视，高质量推进融媒体中心建设

一是党委重视。成立了媒体融合工作领导小组，由市委书记任组长，市长任常务副组长，宣传部长兼任办公室主任。制定下发了《中共项城市委关于完善项城市融媒体中心发展的实施意见》等文件，市委、市政府多次召开专题会议，研究解决媒体融合建设中存在的问题。

二是政策倾斜。把融媒体中心确定为市委宣传部直管的正科级事业单位，增加了事业编制，并充分放权，给予融媒体中心招聘人才的自主权。对招聘的高端人才，按照一定标准发放安家费和生活津贴。

三是资金扶持。市财政先后投入上千万元，建成了"中央厨房"，购买了直播车，建设了360度全媒体演播厅，添置了采、编、播高清设备，为媒体融合夯实了基础。

改革创新，推动媒体融合向纵深发展

一是体制创新。打破身份限制，打通编外人员成长通道，体制内外一样，员工能上能下，优胜劣汰。招聘有朝气、有思想的年轻人，

优化人员结构，目前，团队平均年龄为 26 岁，中层领导都是富有开拓创新精神的 90 后。

二是管理创新。实行事业单位企业化管理，实行绩效考核制、零工资制、全员竞聘制、数据考核制、末位淘汰制，实行五级管理，充分放权给部室主任以人事和薪酬分配权，融媒体中心对各部室考核，各部室对员工考核。建立长效的激励机制。管理机制的建立，实现多劳多得，工资从几百、上千、上万元不等，激发员工工作积极性。

三是人才创新。建立全媒体人才机制，与央视网、央广网、中国人民大学新闻传播学院等合作，大力培养全媒体记者、编辑和管理人才，打造能拍、能写、能剪、能播的"四能"人才，由一人一岗变为一人全岗；聘请全国 30 多位专家组成智囊团，聘请专家定期"把脉问诊"，为融媒体中心发展提供了强有力的智力支撑；广泛邀请业界大咖授业解惑；积极走出去，到头部媒体进行学习，引进先进经验。

四是技术创新。建设"中央厨房"，再造策、采、编、播业务流程，建立云服务采编系统，资源共享、协同作战，实现"一体策划、一次采集、多种生成、多元传播"，不断探索把新技术运用到新闻产品中，结合新媒体技术，为媒体融合赋能。引进了智能剪辑机器人、AI 主播，

让新闻更具及时性、新鲜度，推动从"融媒体"向"智媒体"转型。

五是内容创新。围绕引导群众，每年生产不少于50档栏目，凝聚起全市人民共识。《一场20分钟的相见》新闻稿件一经播出，迅速燃爆整个网络，《人民日报》、新华社、中央电视台等全国200多家媒体转发，点击量破亿，受到了中宣部、河南省委领导的充分肯定。围绕服务群众，开设了43个专栏，关注百姓生活，成立了"维权哥""帮帮团"，建立了"爆料团"，成为群众离不开的"贴心人"；视频短微化，坚持移动优先，以客户端为主阵地，加快"主力军"向"主阵地"挺进。构建"小屏首发、大屏选发、多平台播发"的传播格局。目前"项城云"每年有2000条以上的短视频生产能力，爆款短视频层出不穷，全年流量达10亿+，单条视频12小时的点击量最高突破1亿；以手机直播为主要生产内容，直播常态化。2019年直播632场，每次直播点击量在30万以上。

六是运营创新。形成"媒体＋产业＋圈本地＋栏目＋活动"的运营模式，实现收入逆势增长。房产推行包销模式、提点分成模式、宣传销售模式，2019年地产收入达千万元；和13个单位联办栏目，由政府或联办单位购买服务；举办文明实践活动、项城春晚、少儿春晚等各类公益活动的同时，积极联合商家举办商业活动，每年商业活动可达200多场。

创新"媒体＋"模式，为新时代社会治理赋能

一方面搭建政务服务平台。打通了42家职能部门和各镇办服务大厅的网上端口，为群众提供1193项政务服务项目，群众办事从线下向线上转变，提高工作效能。另一方面搭建群众诉求表达平台。整合职能部门热线电话，搭建平台，开设栏目现场问政，把问题解决在一线。截至目前，已累计收到报料13.6万多个，问题解决率达98%。搭建社会治理平台。围绕市委政府重点工作，助力三大攻坚，

从建设扶贫大数据、智慧环保大数据平台入手，搭建基层治理技术支撑体系，助力基层治理。

经过几年改革创新和探索实践，项城市融媒体中心媒体融合效果凸显，融合出巩固舆论阵地的新气象，融合出媒体"大合唱"的新格局，融合出项城对外宣传的新形象，融合出经济社会发展的新局面，成为当地经济发展的"助推器"、社会和谐的"稳定器"。

驻马店市

西平县融媒体中心：
守正创新，有"融"乃强

根据中央和省市安排部署，西平县融媒体中心于 2019 年 10 月挂牌成立。一年来，西平县融媒体中心紧紧抓住媒体融合发展的"牛鼻子"，倾力打造县域新型主流媒体，坚持稳中求进的原则，真融深融，形成了"一次采集、多元生发"的全媒体矩阵，一支政治坚定、作风优良、业务精湛、党和人民信赖的新闻工作者队伍正在西平县各条战线上发出最美的"西平声音"，讲述最生动的西平故事。

寻路径，加快媒体深度融合

按照总书记的路线图，西平县融媒体中心建设蹄疾步稳、日行日新，打通各媒体平台，重构"策、采、编、审、发"流程，努力使"台、网、端、微、屏"做到差异化传播，积极融合上级媒体驻西平工作站，实现"一体策划、一次采集、多种生成、多元传播"。

同时把西平县内影响力最大的8家社会新媒体纳入管理范围，加强监管，统一发声，形成合力。

西平县委、县政府高度重视县融媒体中心建设，先后召开县委常委会、县政府常务会议，专题听取融媒体中心建设情况汇报。成立了县委书记任组长，县委副书记、县长任常务副组长的西平县融媒体中心建设工作领导小组，对各成员单位明确职责，提出具体要求。县财政共投入资金1000余万元，为融媒体中心增加编制10名。目前，一期建成使用的有融媒体指挥调度中心、采编中心、网络直播间、4K视频工作站等。二期融媒体全景演播室、大型综合演播厅正在建设当中。

建矩阵，壮大主流舆论阵地

从"你是你，我是我"到"你中有我，我中有你"，西平县融媒体中心不断强化"媒体一盘棋"思想，牢牢把握"融合矩阵"这个落脚点，打破原有平台界限，推动传统媒体和新兴媒体的深度融合，着力形成"统一策划、一次采集、多次生成、多元发布、全媒传播"的现代传播格局。

在融媒体指挥调度中心大屏上，广电、公众号、新媒体各家信号源一览无余，通过数字智能化云平台，实现选题策划、任务分配、稿件上传、修订审签、多元播发的平台化操作，使得传播效能大大提升，融合效应也得以展现。与河南工业大学新闻与传播学院签订了战略合作协议，聘请该院教授定期进行培训。组织人员先后赴南阳市唐河县、许昌市建安区、周口市项城市和周口市郸城县等地进行学习考察。一年来，在新体制机制的催生作用下，西平县融媒体中心初步完成从"物理融合"向"化学融合"转变，一大批"提笔能写，对筒能讲，举机能拍"的全媒体记者涌现出来，以高度的干事创业热情生产出"上接天线、下接地气"的新闻作品，在媒体融合的过

程中不断锤炼脚力、眼力、脑力、笔力。

西平县融媒体中心按照移动优先战略,重磅推出"云上西平"客户端,着力打造实时性的新闻发布、智能化的掌上服务,先后开办了"海棠花开""拜祖大典""声动西平""晓哥帮忙""脱贫攻坚"等多个版块,实现"网上办事、掌上生活"。并举办了"云上西平"积分兑换活动,增强用户黏性。从推进产品融合、渠道融合,到推动平台融合、生态融合,西平县融媒体中心实现了传统媒体和新兴媒体优势互补、一体化发展,主流舆论阵地不断巩固壮大。

讲故事,传递"西平好声音"

成立以来,西平县融媒体中心强化融媒体思维,从"相加"到"相融",探索推进内容创新,精心策划宣传报道,一批"有温度""有质感"的优秀作品先后落地,传递了"西平好声音"。

先后承办开展了《2020 年春节联欢晚会》《庚子年嫘祖故里拜祖大典》和多次直播活动。春晚直播全网观看人数近 45 万。嫘祖故里拜祖大典全网观看人数超过 100 万。举办"云上游豫坡""2020 中国服装品牌"直播大会等 10 多场,全网观看人数达 155 万。2020 年 6 月 5 日、7 月 17 日,西平县融媒体中心拍摄的照片作品两次登上《人民日报》,6 月 28 日,西平县融媒体中心记者原创的两篇视频新闻登上央视《朝闻天下》。西平融媒抖音号单条最高点击量 260

万人次。

2020年4月,依托"云上西平"手机客户端开展的"云端颂西平"全民朗诵会暨文学作品征集活动,作品通过"云上西平"手机客户端进行展示、投票,吸引了福建、陕西等省外和全县近千名文学爱好者参与,征集到作品1200余篇,"云上西平"最高点击量22000多人次,投票参与总人数超过10万人。

沧海横流方显英雄本色,危难面前更见初心使命。面对突如其来的新冠肺炎疫情,西平县融媒体中心充分发挥"移动优先、多媒相融"的优势,广泛宣传疫情防控的各项举措,生动讲述战疫一线的感人事迹,挖掘报道"凡人善举"。疫情防控期间,共推送疫情防控知识、辟谣稿件360余篇,制作推送短视频和公益视频18个。播出流动字幕18000余条,智能广播播出标语、防控知识、通告6200余条。应急广播维修队共出动维修人员220人,车辆95台,维修排除城区乡镇的50多个村的广播故障,维修线路1.5万多米,维护抢修失声广播600多只。有微信公众号、抖音等5部新媒体作品单篇点击量达到10万+,总点击量260万。其中,融媒体中心帮助解决贫困户因疫情滞销农产品的做法和西平县一手抓疫情防控一手抓复工复产的重头稿件两次受到省委宣传部的通报表扬。

2020年6月以来,河南省每半月对县级融媒体中心指尖传播进行排名,西平县6次进入全省前十名。7月,河南省县级融媒体中心验收中,西平融媒体中心获评优秀等次,排在全省前列。

上蔡县融媒体中心："八力"齐发成效显，唱响主流"好声音"

上蔡县融媒体中心自2020年3月底正式组建以来，实现了从传统单一媒体向全媒体矩阵的嬗变，唱响了主流"好声音"。

多方给力夯根基

上蔡县委、县政府高度重视并大力支持融媒体中心建设，多次召开县委常委会、县政府常务会，推动融媒体中心组建与发展。筹措资金260万元建成融媒指挥中心，投入经费200万元整修大楼大院，争取央企华录集团30万元帮扶资金，购置无人机、单反相机等新型采、编、播设备，为优质宣传产品的输出打下了坚实的基础。

育人合力强本领

经常向省平台技术人员请教，指挥系统已被活学活用。每周五定期召开业务点评培训会，邀请优酷视频大区经理任新、南方医科大学乔泽平等10多人授课，参与"16小时爱上洛阳"大型直播活动和第二十三届中国农加工投洽会现场直播，让采、编、播人员大开眼界。与黄淮学院签订了人才双向培养协议，专业院校的新鲜活力被源源不断地输送进来。

节点得力客户端

新冠肺炎疫情期间，上蔡县融媒体中心抢抓居民隔离在家权威信息相对空白的重要机遇期，及时推广"云上上蔡"APP，半个月总下载量突破14.5万。不断更新权威、及时、有用的资讯，让老百姓爱不释手，"云上上蔡"被称为"上蔡百度"。尤其是志愿服务专栏，极大地提升了全县各类志愿服务的质效和群众的满意度。

矩阵发力广传播

共安装乡村大喇叭13000多个，实现全县1600多个自然村的扶贫广播全覆盖。目前，中心已基本形成融客户端、微信平台、腾讯视频号、今日头条号、抖音号、微博号、央视频、交通广播电台、扶贫广播等传媒渠道为一体的全媒体矩阵。累计拥有各类粉丝90多万人，粉丝数占全县总人口的60%左右，"一次采集、多种生成、多渠道传播"的融合宣传效果得以实现。

内容聚力树品牌

融媒体中心开设的《东西南北上蔡人》《脱贫攻坚百村行》《走向我们的小康生活》《我为农产品代言》等10多个栏目，群众喜爱看，社会关注度高，品牌效应日益凸显。交通广播FM98.4的忠实听众10多万人，在全国综合类县级台网络排名中位居前三。

纾困助力暖民心

"云上上蔡"搭建了"媒体+政务+服务"平台，全县80多个县直单位和26个乡（镇、街道）及时入驻，工作职责、办事流程、咨询电话等在平台上公布，特殊时期每天处理问政200条左右，官方媒体的公信力持续提升。上蔡县融媒体中心通过与省内外媒体和购物网站互动的方式，还通过县委常委、县政府副县长等公职人员的直播带货，强力推荐上蔡滞销的优质农产品，越来越多的贫困户获得了消费扶贫收益。

改革加力激干劲

上蔡县融媒体中心依据"德勤绩"择优选拔一批中层干部，组建了10个专业部室的组织架构，先后制定各类规章制度20多个，以制度管人管事，以业绩作为考核"指挥棒"，形成了你追我赶干

事创业的氛围。为鼓励采、编、播人员多出精品，上蔡县融媒体中心还制定了《"三审三校"流程及责任追究细则》和《新闻工作奖惩办法》，一线采编人员的积极性和获得感同步提升。

持续接力开新局

2020年7月以来，上蔡县融媒体中心全媒体日均视听总量达90多万人次，单月总视听量近3000万人次。8月11日，《河南新闻动态》以《上蔡县融媒体中心"四力"齐发培育后发优势》为题，介绍了上蔡县融媒体中心的发展经验。9月中下旬，在全省广电媒体脱贫攻坚宣传工作会作典型发言后，又与中央广播电视总台农业农村节目中心合作，直播"《佳节又重阳》中国·上蔡第十八届重阳文化节"系列活动，在线观看总量达500多万人次。11月23日，"学习强国"平台刊登《河南上蔡融媒体中心："八力齐发成效显" 唱响主流"好声音"》。12月1日，短视频《"艾"莫能助人自强》在"DOU来防艾"抖音短视频大赛中获得一等奖。

下一步，上蔡县融媒体中心将继续补齐短板，再接再厉，克难攻坚，多出力作，多出精品，为党和人民交上满意答卷！

平舆县融媒体中心：两个中心融合发展，线上线下双翼齐飞

近年，平舆县积极推动"两个中心"同步建设、互联互通、融合发展，着力打通引导群众、服务群众的"最后一公里"，各项工作取得了初步成效。

多措并举，筑强舆论新阵地

坚持守正创新，强化统筹兼顾，促进互联互通，实现整体推进，不断将媒体融合推向"纵深"，打造全媒体时代的新型主流思想舆论阵地。

坚持一体化推动。将融媒体中心和新时代文明实践指挥中心同步策划、一体打造。融媒体中心方面，归并《舆乡风》编辑部、电台、电视台，在全市率先组建县融媒体中心，下设10个职能部门事业编

制54人，完成融媒体指挥调度平台和"云上平舆"手机APP建设，成为省委宣传部重点支持的39个县级融媒体中心之一；构建县、乡、村三级联动网络，文明中心、所、站、点四级服务阵地，实践中心1个，实践所19个，实践站224个。实现县、乡、村全覆盖，截至目前，按照"六有六讲六结合"的要求，开展各类实践活动5000多场，受众18万多人次。

坚持高标准建设。高度重视"两中心"建设，专门出台实施方案，加大财政资金支持力度，支持"两中心"建设。专门聘请大象融媒编制中心设计方案并提供技术支撑，配备了4K高清摄像机等一批新媒体采编设备，为高质量生产新闻产品夯实了基础；在行政新区开辟专区建设新时代文明实践中心，进一步提升文明实践成效，2020年又投资1200万元在天水湖公园建设文明实践中心新区，一期建筑面积2000平方米，内设有精神文明创建、移风易俗、志愿服务中心等18个场馆，以声光电设备结合实物展示，营造活跃现场，为新时代平舆全面振兴、全方位振兴提供有力思想保证和强大精神力量。

坚持融通式发展。积极推动"两中心"上下贯通、左右联动，真正做到群众在哪里，文明实践活动就延伸到哪里，宣传报道就跟进到哪里。开通了抖音、头条、企鹅等官方平台，全面整合全县186个微信公众号，50个单位官方微博，60个官方微信工作群，并连接县、乡、村三级文明实践中心、所、站，同时加强与上级新闻媒体协调合作，

实现与新华社现场云直播平台、省大象融媒等媒体平台信息互联共享，构建"两微一端一抖"新媒体矩阵，全平台粉丝量达到40余万。在2020年疫情期间，两个中心同频共振，线上线下同向发力，画好抗疫最大同心圆，挖掘的最美逆行者——刘海龙全网点赞量超过700万次，被省委宣传部遴选为10个传播效果较好的县级融媒体中心新闻产品之一。

多线融合，搭建服务新平台

着眼平台融合，以"云上平舆"APP平台为核心，在承担舆论宣传功能的基础上，创新"融媒体＋政务＋服务＋党建＋产业＋电商"的融媒运营模式，实现信息云上看、服务云上点、诉求云上办，目前已有20余万人下载使用。

"融媒体＋政务"，提供优服务。"云上平舆"APP通过"平舆号""厚重挚地"等版块，为群众提供新闻资讯、政务服务、镇街直通等服务。平舆县建设了"市民之家"，推动政务服务全部入驻，并打通了与"云上平舆"APP的技术通道，连接43个单位的1000多个窗口服务项目，实现了水、电、气等线上智能查询、智能办理，为群众解决困难问题61万件；聚焦营商环境和政务服务水平，对县直单位重点股室组织开展网络评议，已征集群众评议和意见17000余条；借力网络平台，为群众提供信息咨询、应急服务等。在2020

年新冠肺炎疫情期间，融媒体中心下属各平台，播发信息400万余条，实时发布疫情动态、及时引导应急防控，营造了全民抗击疫情的良好氛围。

"融媒体+文明"，引领新风尚。"云上平舆"APP开设"'舆'践文明"等版块，将19个镇（街道）文明实践所站全部接入平台，实时更新、动态监控。比如，将每周六作为学雷锋志愿服务日，号召全县市民每周六就近就便到社区志愿服务工作站开展志愿服务活动，依托"云上平舆"，探索开展志愿服务网上管理，努力实现群众需求、志愿服务、指派任务、活动开展、时长认定等各环节网上操作、线上认定；同时在线下建成全市首家"好人馆"，集中展现平舆县100多位道德模范、志愿明星、身边好人的先进事迹，营造关注好人、宣传好人、推荐好人、争做好人的浓厚氛围。截至目前，全县共注册线上线下志愿服务队伍165支，志愿者12万名，崇德向善蔚然成风。

"融媒+民生"，提升幸福感。开设"便民服务""脱贫攻坚""扶贫商城""平安平舆"等版块，着力解决人民群众关心的热点难点问题。"两中心"联手县民情调查中心，打造了《"舆"情收发室》栏目，同时在全县新时代文明实践中心、所、站开设线下"舆"情收发室。群众遇到的困难和问题，可以通过"云上平舆"APP平台进行发布，也可以通过拨打热线电话或委托各文明实践中心、所、站"舆"情收发室，进行收集发布。

打造24小时不下班的民生服务平台，为群众提供全天候、全方位、全程式服务，目前，已累计收集处理群众意见建议和投诉6000多件。

正阳县融媒体中心：以用户思维，借移动优先，实现媒体融合跨越发展

正阳县融媒体中心自 2019 年 11 月底挂牌成立以来，在扎实做好基础融媒信息技术平台建设的同时，建设好融媒传播矩阵，以用户思维生产媒体产品，借移动端优先快速传播，实现媒体融合新发展。

建好融媒矩阵，多端发力宣传

正阳县融媒体中心高标准建设了融媒体新闻指挥平台，通过指挥平台进行新闻的采访策划、任务下派、任务认领、素材回传等，改变了传统广电采访模式；建成了网络直播间，拓展直播业务；建成了数字化虚拟演播室。目前，该中心融合了广播、电视、移动端等媒体平台，形成了"云上正阳"客户端、"正阳县融媒体中心"微信公众号、"正阳融媒"和"正阳综合广播"抖音号等新媒体，它们与传统媒体构成了融媒矩阵。截至目前，正阳融媒已在移动端新媒体发稿 1000 多篇，其中浏览量在 6 万以上的有 200 多篇。

以用户做产品，增加受众黏度

正阳县融媒体中心坚持"用户思维、内容为王"，根据不同用户、不同社群的喜好，生产他们喜欢的产品。融媒体中心为让新闻采编人员适应新媒体的传播特点，以互联网传播思维做内容，邀请河南大象融媒技术有限公司技术人员到中心进行授课，讲解新媒体传播技术特点；邀请资深记者传授图文拍摄、内容策划技巧。

正阳县融媒体中心根据热点开展直播活动，在移动端吸引受众关注，助力脱贫攻坚。比如，对2020国际花生产业发展大会暨花生文化研讨会、广场舞大赛、新年戏曲文艺晚会等进行手机直播，产生了很好的传播效果，活动总浏览量达100多万。

移动优先传播，做好宣传引导

围绕该县发展大局，正阳县融媒体中心采编人员及时策划时政、民生类新闻，采访的作品实现"一次采集、多元分发、多端发布"，优先在移动端进行发布，与传统的广播、电视同频共振，形成了聚合传播效应。

正阳县融媒体中心今后将进一步深化媒体融合传播效果，努力打通基层宣传"最后一公里"，讲好正阳故事，传播正阳声音，并把正阳县经济社会发展的大好形势、聚精会神谋发展的良好状态传播到全媒体，传播到千家万户。

确山县融媒体中心：
立足实际，打造融媒体"中央厨房"

近年，确山县融媒体中心立足县域发展实际，按照"更好引导群众、服务群众"的要求，重点突出新闻传播、舆论监督、为群众服务三大功能，积极打造融媒体"中央厨房"。

确山县融媒体中心自2018年9月正式挂牌成立以来整合了广播电视、政府网站、内部报刊、"两微一端"等多个传播平台，破除传统媒体与新兴媒体壁垒，实现了"一次采集、多元生成、多渠道传播"，已开设新闻监管平台和新闻任务从派发到监测、跟踪等多种服务功能。

特别是"云上确山"手机APP投入运行以来，突出为民服务功能，内容上包含"红色确山""清风确山""平安确山"等20多个微信公众号，还整合了政府网站、确山特刊，实现了在手机APP上收听、收看确山新闻频道电视节目，并开设了"问政"和"便民服务"

版块，展示从收集问题、曝光问题、督办问题、解决问题的全过程，切实发挥舆论监督作用，履行党和政府和群众桥梁纽带作用，打通服务群众"最后一公里"，有效提升了确山县融媒体中心的传播力、引导力、影响力、公信力，收到了良好的社会效果。

泌阳县融媒体中心：
创新机制，融赢未来

泌阳县融媒体中心于2019年10月挂牌成立以来，突出体现"融"的理念，强化互联网思维，实施"移动优先"战略，正由渠道、平台、经营、管理等方面的深度融合转向全媒体生态系统。

整合资源，深化融媒改革

泌阳县融媒体中心开始组建以来，便在"融"字上下功夫，在"合"字上做文章，打破原来隶属部门界限，实现机构合并、人员融合。融《泌阳报》、广播、电视、互联网、政府网站、"说泌阳"微信公众号为一体。融合后，融媒体中心打破原来部室界限，根据实际情况，成立了"新闻组""融媒帮""智慧人大""智慧政协""法治在线""美丽乡村""行在泌阳"等13个栏目小组，各小组既明确分工，又互

相协作。

泌阳县融媒体中心与自媒体实现互联互通。泌阳县融媒体中心高度重视社会自媒体的宣传力量，与泌阳微帮、泌阳在线等 10 余家自媒体在专题片制作、承办县内活动方面保持着良好的合作关系，还根据自媒体季度发稿任务和阅读量以评奖等综合方式进行奖励，并给予社会自媒体政治荣誉，使自媒体有社会归属感、认同感，从而实现"资源通融、内容兼融、宣传互融、利益共融"的新型媒体形态。

泌阳县融媒体中心流程和生产融合。泌阳县融媒体中心依托省级平台开发建成融媒体采编平台，线索、选题、记者调配、撰稿、审核、分发全流程网上办理，做到了"一次采集、多次生成、多元发布"，并着眼全媒体选题策划和全平台新闻发布，全力推进"音视图文"多样性新闻产品开发。

泌阳县融媒体中心和泌阳县新时代文明实践中心的融合。泌阳县积极推进新时代文明实践中心和县级融媒体中心互联互通、优势互补、深化融合，融媒体中心利用平台开设《新时代文明实践》专题专栏，选派全媒体记者参与文明实践活动，通过图文、音视频、短视频、直播等多种载体宣传新时代文明实践活动，开设评论、话题、聊天室等渠道与志愿者和群众开展互动，充分发挥融媒体优势，

积极报道文明实践的先进典型和特色亮点，让群众了解并参与进来，达到"1+1>2"的效果，让"双中心"联动成为打通宣传群众、教育群众、关心群众、服务群众"最后一公里"的重要平台。

筑牢阵地，传递时代正能量

泌阳县融媒体中心自正式运营以来，突出体现"融"的理念，在"媒体＋政务""媒体＋服务"等领域做了积极有益的探索，并初见成效。泌阳县融媒体中心开设的"云上泌阳"，设有头条、"魅力泌阳"、"政务服务"、"智慧人大"、"智慧政协"，还开设有"融媒帮"、"亚杰问"、微信视频号、快手、抖音等短视频。"云上泌阳"历经推广，目前拥有"粉丝"20多万，平均"日活量"（阅读量）超10万，"云上泌阳"的"融媒帮"版块"日活量"达上万人次。2020年11月5日至6日，第十五届中国牛业发展大会在泌阳县召开，融媒体中心进行了现场直播，点击量达3万多。2020年11月16日至18日，融媒体中心对第七届河南省曲艺大赛的现场直播，点击量突破5万。县融媒体中心的影响力日益扩大，成为服务全县经济高质量发展和宣传工作的主阵地。同时，融媒体中心还开通"问政"平台，开通至今，"云上泌阳"的"问政"版块共收到群众问题2608条，经过后台筛查后发布、转交各单位1495条，回答率100%。通过各单位答疑解惑，"问政"版块成为群众舆情信访最前沿阵地，把群众的信访舆情解决在萌芽状态，社会反响较好。

改变观念，实现从"输血"到"造血"转变

泌阳县融媒体中心成立以来，成功策划少儿春晚、走基层送欢笑、第十五届中国牛业发展大会直播、第七届河南省曲艺大赛现场直播等大型活动，将融媒体打造成群众家门口的信息窗口，具有地方特色、群众喜闻乐见、贴近用户需要的服务平台。通过优质的内容生

产和服务，不断增强自我造血功能。其次，泌阳县融媒体中心成立了泌阳县融媒传媒有限公司。2020年泌阳县融媒体中心招聘23名精英骨干，为媒体发展注入了动力，逐步建立起自我"造血"和"输血"的良性循环。

泌阳县融媒体中心下一步将按照新形势下宣传思想工作要求，自觉承担起"举旗帜、聚民心、育新人、兴文化、展形象"的使命任务，打通宣传思想工作"最后一公里"。

汝南县融媒体中心："融"出守正主阵地，"合"出创新大平台

汝南县融媒体中心自2020年3月成立以来，主动担当，积极作为，"融"出守正主阵地，"合"出创新大平台，传播时代好声音。2020年11月27日，在全省统筹推进县级融媒体中心和新时代文明实践中心建设观摩会上，受到全省观摩团成员的高度评价。

"融"出守正主阵地

汝南县委、县政府高度重视融媒体中心建设工作，多次召开县委常委会和县政府常务会议，专题研究融媒体中心的筹备、组建、运营、发展等具体事宜，印发了相关文件，对融媒体中心职能配置内设机构和人员编制做出明确规定。

依托河南广播电视台的技术支撑，建立了指挥调度中心技术平台，再造新闻策划、采编、发布流程，新闻生产全程留痕，可管可控，对采编人员、技术力量统一调度，实现了"一体策划、一次采集、多种生成、多元发布"的工作目标，打通了省、市、县三级媒体的发稿渠道，成为全县传播主流舆论的主阵地。

"合"出创新大平台

积极整合县域媒体资源，将县广播电台、县电视台、县政府网站、"云上汝南"APP、汝南发布官方微信公众号、汝南融媒今日头条号、

汝南融媒新浪官方微博、汝南县融媒体中心抖音号等 8 个平台融为一体，构建了"一中心八平台"的汝南县融媒体中心矩阵；按照"移动优先、小屏首发"的原则，重点打造"云上汝南"APP，开设了"时政资讯""理论学习""志愿服务""脱贫攻坚""扫黄打非""问政便民"等 10 多个版块，注册用户近 20 万。通过"云上汝南"文明实践版块，实现群众点单、文明实践中心派单、志愿者接单、群众评单这样一个志愿服务流程。目前，已整合全县 30 多家微信公众号、200 多个微信工作群，累计拥有各类粉丝 30 多万，粉丝数占全县常住人口的 30% 左右。高度重视网络民意，始终把网络问政工作放在突出位置，目前累计收到 283 条群众咨询求助，已解决 271 条问政信息，回复问题率超过 90%。

利用平台创新工作，发挥自身优势，开展系列扶贫直销、直播带货活动，汝南袁月英麦草画、臻头河烤鸭蛋、信念食品等通过直播带货平台，已成为销售火爆的网红扶贫产品，提升了汝南县的知名度和美誉度。10 月 10 日，在汝南县举办的第三届中国农民电影节晚会上，组委会专门邀请袁月英上台展示麦草画作品《大鱼治水》，并被组委会收藏。

加强顶层设计，统筹推进"两中心"形成优势互补、协同共享的新型综合服务平台。"两中心"分管副职交叉任职，工作上一体

规划，活动上一起开展。融媒体中心在新时代文明实践中心设立工作室，新时代文明实践中心开展的活动，融媒体中心保障同步直播，多平台发布，线下活动，线上呈现，既提高了文明实践活动的传播力，也增强了融媒体的客户黏性，实现了"两中心"的融合发展。截至目前，"两中心"已推出文明实践活动相关报道1000多条。

传播党的好声音

2020年以来，融媒体中心所属微信公众号、今日头条号、"云上汝南"等围绕疫情防控、决战决胜脱贫攻坚、"六稳六保"等发稿6000多条，被大象融媒抓取300多条，阅读量超5000的作品100多条、"10万+"的作品30多条、"100万+"的作品20余条。今日头条号共有50多条被评为"驻马店十大热议"。汝南发布进入驻马店新媒体（微信）影响力排行榜前六名。稿件《亮点纷呈！省委宣传部组织观摩团到汝南开展"两中心"建设观摩》《征集汝南县南城门名字由你投票决定！》《南海湿地公园夜景》等入围河南省县级融媒体指尖传播榜。

由县融媒体中心提供新闻线索、参与策划采访的新闻稿件《黄连铺：由苦到甜的变迁》，7月9日在中央电视台《新闻联播》栏目播出，新闻频道《朝闻天下》也播出了5分钟的报道，央视中文国际、农业农村频道等都进行了播发。播出以后，县融媒体中心及时跟进，制作了短视频、抖音等新闻产品，在不同的平台进行二次推送，产生了很大的社会反响。

2020年10月，"2020中国农民丰收节 第三届中国农民电影节"在汝南县美丽的宿鸭湖畔举行。中央相关部委和省市领导、特邀嘉宾、社会各界群众3000多人观看了开幕式文艺演出。融媒体中心作为承办单位之一，充分发挥融媒优势，全方位进行会前的预告推介、会中、会后的宣传报道，围绕电影节制作了系列融媒产品，被100

多家主流媒体、重点新闻网站采用或转发。制作的电影节宣传短片，网上点击量突破 1 亿人次。融媒体中心还为多家县直单位和乡镇提供直播技术支持，其中 2020 年汝南县庆祝"八一"建军节文艺演出、2020 年汝南县庆祝第三个"中国医师节"表彰大会暨文艺汇演、汝南县留盆镇第二届红薯节等直播活动，累计近 30 万人围观，既传递了党的声音，又打通了服务群众的"最后一公里"，受到社会各界好评。

遂平县融媒体中心：
守正创新谋宏图，融合发展谱新篇

习近平总书记在2018年全国宣传思想工作会议上指出，要扎实抓好县级融媒体中心建设，更好引导群众、服务群众。为贯彻落实习近平总书记重要指示精神和中央、省、市工作部署，县里成立了县委书记任组长、县长任第一副组长的融媒体中心建设领导小组，扎实推进县融媒体中心建设。省、市、县领导多次莅临指导，给予了无微不至的关心和支持，为融媒体中心的建设和运营提供了坚强的后盾和保障。

遂平县融媒体中心于2019年11月正式挂牌成立，2020年5月从老城区搬到目前的新址。遂平县融媒体中心面积约3500平方米，主要功能区包括新闻指挥中心、综合演播厅、导播间、广播直播间、新闻发布厅、新媒体运营中心、播控中心、录音室、协同策划中心、广播运营中心、营销服务中心等。融合的媒体有遂平县电视台、遂

平县广播电台、"云上遂平"APP、"遂平广视"在线网、遂平县人民政府网、遂平县文明网、"遂平零距离"微信公众号、"遂平融媒"抖音号、"遂平融媒"微信公众号等。同时,在今日头条、新浪微博、一点资讯、腾讯、快传、搜狐、百度、网易、"趣头条"上均注册有账号,为《驻马店日报》、《天中晚报》、驻马店广播电视台、驻马店网等市级新闻媒体驻站记者和其他上级媒体记者设置了服务中心,使媒体业务融合贯通,初步建成了全媒体传播矩阵。

遂平县融媒体中心建立了新闻指挥中心,将资源和业务有效整合,打破了原有的新闻"策、采、编、制、播"相互分割、各自为战的格局,重组流程,全面改造,初步实现了"一体策划、一次采集、多元生成、多种传播",形成了立体化的全媒体宣传大格局。

遂平县融媒体中心紧紧围绕宣传贯彻习近平新时代中国特色社会主义思想,紧扣全县改革发展稳定大局,聚焦打好"三大攻坚战"、做好"三篇文章",加强"脚力、眼力、脑力、笔力"四力建设,坚持"走、转、改",着力采写一些有高度、有温度、有深度、贴近基层、贴近群众的稿子,在庆祝新中国成立70周年系列活动宣传中,采取现场网络直播和全媒体宣传,在全县营造了浓厚的爱国主义氛围。在疫情防控宣传引导中,采取全媒体立体宣传,推出了《党旗在防控疫情斗争一线飘扬》《推迟婚期上战场 春暖花开再娶你》等一大批优秀作品,浏览量均达到了10万+,各级媒体共发稿

25000多条，为打赢疫情防控阻击战提供了强大的精神动力；为嵖岈山镇周楼村银乃群滞销的120万斤洋葱进行直播代言和全媒体宣传，一周就帮助销售了100余万斤。

融合发展，拥抱未来。遂平县融媒体中心积极探索"新闻＋政务＋服务"的新路子，牢记"举旗帜、聚民心、育新人、兴文化、展形象"的使命任务，紧跟党走，以人民为中心，把握时代脉搏，顺势而为，不断提升媒体融合水平，开创融合发展新局面，绘制融媒体更加美好的明天！

新蔡县融媒体中心：
守正创新，以融为媒，
建强、用好县级融媒体中心

2019年以来，新蔡县委、县政府高度重视县级融媒体中心建设，按照功能齐全、实用的原则，整合新蔡县广播电视台、新蔡县新闻中心，组建新蔡县融媒体中心，投入资金280万元，采用河南大象融媒100T设计方案，新增加高清无卡非编站、高清播出设备和原有设备组网对接调试，新建成的数据库使素材管理更便捷，制作生产新闻产品的速度更快，传统媒体和新兴媒体的融合使传播平台更广，播出质量更高。

内容汇聚　移动优先

2020年6月，新蔡县融媒体中心"云上新蔡"APP客户端正式投入使用，新蔡县电视台、新蔡县广播台在"云上新蔡"APP客户端实现实时不间断播出，全县24个乡镇街道、114个企事业单位开通专用账号，部分村级第一书记、新闻信息员以及自媒体、网红人物开通600多个大V账号，用于上传稿件，在严格实行三审制度的前提下，纳入大宣传格局，广播电视、微信、APP等多平台矩阵分发，实现统一发声。

整合资源　重铸流程

新蔡县融媒体中心高度重视采编队伍建设，优化采编流程，本着"重人才、融内容、促发展、优服务"的原则打造全新的媒体采编中心，通过融媒指挥系统，实现统一指挥、严格审核、多平台发布的采编工作格局；新开设、改版的《民生在线》《蔡州记事》等栏目在广播电视、"云上新蔡"APP客户端、微信公众号等多平台分发，各乡镇、单位提供的稿件和自采新闻除了在自有传播平台播发，还积极推送到国家和省级主流媒体平台，自运营以来，新蔡县融媒体中心在"学习强国"平台、河南电视台、大象新闻客户端发布县内视频、图文等形式的新闻作品400多篇。

深度融合　媒体+N

新蔡县融媒体中心以推动媒体融合发展作为工作方向，努力拓展服务功能，加强互动性，通过举办线上线下活动、制作精品音视频产品、增加直播频率等方式，黏住现有用户，发展新用户，打造全媒体传播体系。在浏览新闻资讯的基础上，"云上新蔡"APP客户端还在版块设置上开通便民服务、政务服务等功能，实现不出家门即可缴纳水费、电费、话费以及查询住房公积金、身份证办理等。与新时代文明实践中心深度融合，全县志愿者服务队纳入"云上新蔡"平台，开展志愿者活动；与"学习强国"河南学习平台新蔡通讯站深度融合，共享新闻资源，推介新蔡、宣传新蔡；与县域内自媒体相融合，大美新蔡网等自媒体、大V网红在平台播发的多个短视频，获得较好社会效果。

建强用好　争先创优

2020年8月，新蔡县融媒体中心以良好等次顺利通过全省县级融媒体中心建设第一批验收；"云上新蔡"客户端发布的稿件《红马甲——新蔡一道美丽风景线》在7月上旬河南省县级融媒体中心大象新闻客户端"云上河南"优质稿件传播量排第六名，获得省市通报表扬和奖励；创作的10篇作品在河南省新闻奖评选中分别荣获一、二、三等奖；在我县脱贫攻坚、抗击新冠肺炎疫情、宣传工作、秸秆综合利用等重点工作中，分别得到县委、县政府表彰。

新蔡县融媒体中心坚决贯彻落实各级加强县级融媒体中心建设，推进媒体深度融合发展的部署要求，在县委坚强领导、县委宣传部正确指导下，巩固深化岗位技能练兵活动成果，在平台建设、人员整合、内容创新、服务拓展等方面下硬功，建立以内容建设为根本、先进技术为支撑、创新管理为保障的全媒体传播体系，打造新蔡县综合性主流媒体传播矩阵，提高主流媒体传播力、引导力、影响力、公信力，更好地讲述新蔡好故事、传递新蔡好声音、树立新蔡好形象、助力新蔡高质量跨越发展。

后 记

2018年8月21日至22日，习近平总书记在全国宣传思想工作会议上发表重要讲话，指出"要扎实抓好县级融媒体中心建设，更好引导群众、服务群众"，从国家战略层面提出了县级融媒体建设的发展方向。这标志着推进媒体融合工作从省以上媒体延伸至基层媒体。河南省委宣传部统筹规划，精心组织，试点先行，全面推进，中原大地县级媒体融合整合的大幕拉开。

从硬件部署到软件开发，从全面建设到全面验收，从局域单点建设到全省多点联动、资源共享，河南省县级融媒体中心通过两年多的生动实践，实现了县域媒体在体制机制、生产流程、平台建设、人才技术等方面的融合发展，基层新闻宣传工作气象一新，引导群众、服务群众的能力不断加强。

2020年8月，河南省委宣传部、河南广播电视台策划并组织了"百家融媒话融媒"系列活动，邀请业界学界专家学者，邀请河南省县级融媒体中心主任（总编），交流经验做法，总结实践心得，明确发展方向，并以此为基础，集结出版《县级媒体融合实战策》一书，记录建设发展轨迹，见证媒体融合潮涌。在图书编写的过程中，我们时常对照其他兄弟省份的先进案例和出色成绩，查漏补缺，扬长补短，为河南县级融媒体中心建设各项后续工作积累了有益经验。

本书的编写得到了专家学者和各级单位的大力支持，中国社会科学院新媒体研究中心副主任、新闻与传播研究所数字媒体研究室主任黄楚新，国家广电总局广播电视科学研究院产业规划研究所所长苗勃，浙江长兴传媒集团总编辑、浙江省记协副主席王晓伟，湖南省浏阳市融媒体中心副主任于承明等提供了具有前瞻意义的建设性指导意见。中国教育电视台、新华网融媒体未来研究院、国家广电总局广播电视科学研究院产业规划研究所、北京大学新闻与传播学院、中国传媒大学协同创新中心、中国电影电视技术学会摄影摄像专业委员会、江西省分宜县融媒体中心、"云上河南"编辑部、河南广播电视台全媒体营销策划中心等单位也给予了全力配合。河南各省辖市委宣传部、济源党工委宣传部参与了协调工作，104个县级融媒体中心提供了系列鲜活、生动的素材，大象出版社为本书编排提供了不少出版工作上的建议，在此一并表示感谢！

在书稿编辑过程中，为保留真实性，在排版上尽量还原素材原貌，但受篇幅限制，根据章节设定进行了取舍，各融媒体中心报送的素材未能全部收录。时间所限，书中难免有不足之处，敬请批评指正！

本书编委会
2021年6月